構文の
意味と拡がり

天野みどり・早瀬尚子=編

Constructional Meaning and Its Extension

© Midori AMANO and Naoko HAYASE

First published 2017

All rights reserved. No part of this publication may be reproduced,
stored in a retrieval system, or transmitted in any form or by any means,
without the prior permission in writing of Kurosio Publishers.

Kurosio Publishers
3-21-10, Hongo, Bunkyo-ku, Tokyo 113-0033, Japan

ISBN 978-4-87424-744-0
printed in Japan

まえがき

　言語分析の重要な課題は、複数の要素で組み立てられた言語構成体がどのような意味と結びつくかを解き明かすことであると言えよう。特定の意味との結びつきを有する言語構成体を「構文」と呼ぶなら、この課題は構文とそれに結びつく意味の関係を解明するということになる。構文と意味の結びつきの有り様は多くの場合、一対一の対応ではなく極めて複雑な様相を呈する。また、構文と結びつく意味のなかには、構文の構成のあり方に直接対応するものばかりでなく、言語外知識などを含む文脈に依存するものも見られるであろう。本書の「構文の意味と拡がり」という標題には、文法論から語用論に跨るこのような研究課題の意義が込められている。

　このような研究課題に取り組む本書の特筆すべき点は、日本語学と言語学・英語学の協同によるプロジェクトであるという点である。日本語学における研究の流れと言語学・英語学における研究の流れのコラボレーションが実現したのは、「構文の意味と拡がり」という研究課題を共有した天野みどり氏と早瀬尚子氏のご尽力によるものである。天野氏と早瀬氏はそれぞれ日本語学における研究動向と言語学・英語学における研究動向を深く理解したうえで、これら2つの流れが合わさって1つの大きな流れを形成する道を模索し、そうした協同が実を結ぶようプロジェクトを推進していったのであった。

　次に、本書成立のプロセスと本書の構成について多少の説明を加えておきたい。本書の刊行につながる最初のきっかけは、2012年10月6日に益岡の呼びかけにより神戸で開催されたワークショップ「構文の意味をめぐって―日本語研究と構文理論の接点を中心に―」であった。そこでは、天野氏、早瀬氏、益岡が研究発表を行い、本多啓氏がコメントを提供した。このワークショップを受けて天野氏と早瀬氏が企画した拡大ワークショップが2013年10月12日に和光大学で開かれた「構文と意味の拡がり」である。このワークショップでは、天野氏、早瀬氏、本多氏、益岡に加え、三宅知宏氏、今野弘章氏が研究発表を行った。

この拡大ワークショップの後、天野氏と早瀬氏は十分な準備期間を設け、論文集の形による研究成果の公表を実現すべく研究集会を企画した。それが2016年10月8日に大妻女子大学で開催された研究集会「構文と意味の拡がり」である。この研究集会では、発表者として新たに加藤重広氏、大澤舞氏、柴﨑礼士郎氏、渡邊淳也氏が加わり、計10件の研究発表が行われた。論文集による成果発表を目指して、研究発表の準備に際しては、発表者相互の言及が行われるよう、事前に発表者間で参考文献を提示しあうなど活発な情報交換がなされた。これは、統一性のある協同が実現するようにとの天野氏・早瀬氏の深い配慮の賜物である。

　次に本書の構成であるが、その中心をなすのは上記研究集会における研究発表を論文化したものであり、それら10編の論文がその内容に基づき第3部「構文の成立と拡がり」と第4部「規範からの逸脱と拡がり」に分けて配置されている。また、日本語学と言語学・英語学の協同によるプロジェクトという本書の姿勢を体現するものとして、天野氏の総論と早瀬氏の総論が冒頭の第1部「構文研究の流れ」に収められている。この2つの総論において日本語学の流れと言語学・英語学の流れにおける構文研究の概要が明瞭に示されるとともに、本書に収められた諸論文がそのなかに的確に位置づけられている。加えて、本書の研究課題に深く関わる逸脱性の問題を記号論の観点から論じた有馬道子氏の論文が第2部「記号論の視点からの拡がり」として収録され、本書にさらなる展望を与えている。

　「構文の意味と拡がり」という意義深いプロジェクトに参加させていただいたうえに、本書の「まえがき」を草する機会が与えられたことに対し、編者の天野みどり氏・早瀬尚子氏をはじめとする本プロジェクトの関係者の皆様に感謝申し上げます。また、本書刊行のためにご尽力くださった、くろしお出版編集部の荻原典子氏にもお礼申し上げます。

　本書の刊行がきっかけとなって、異なる分野の協同による研究が今後さらに進展していくことを心から願う次第である。

2017年8月1日

益岡隆志

目　次

第1部　構文研究の流れ

第1章
総　論 .... 早瀬尚子　3
―構文論の最近の展開と今後の展望―
1. はじめに　3
2. 構文論の展開　4
3. おわりに　8

第2章
総　論 .... 天野みどり　11
―日本語研究分野における構文研究―
1. はじめに　11
2. 日本語学の構文研究―構造研究、記述的研究、構文のひとまとまり性の研究へ　11
3. 構文研究の課題　13
4. おわりに　16

第2部　記号論の視点からの拡がり

第3章
逸脱表現とアブダクション .... 有馬道子　19
―日本語と俳句とハイクとコンクリート・ポエトリー―
1. 序論　19
2. 「驚き」の解釈としてのアブダクション　20
3. アブダクションによる創造的解釈　24
4. 結論　39

iv │ 目　次

第3部　構文の成立と拡がり

第4章
分詞表現の談話標識化とその条件 .... 早瀬尚子　43
―懸垂分詞からの構文化例―

1. はじめに　43
2. 懸垂分詞の特徴―早瀬（2009）、Hayase（2011）から　　44
3. 談話標識としての懸垂分詞節表現　47
4. ネットワークと拡張性　56
5. さらなる構文化　57
6. まとめ　63

第5章
日本語の発見構文 .... 三宅知宏　65

1. はじめに　65
2. 発見構文　66
3. 補助動詞 "～テミル" と発見構文　　68
4. 英語との対照　74
5. おわりに　77

第6章
日本語恩恵構文の意味の拡がりと構文の関係性 .... 益岡隆志　79

1. はじめに　79
2. 筆者のこれまでの研究の概観　80
3. 恩恵構文の意味の拡がり　83
4. テモラウ構文とテクレル構文の関係　90
5. 構文のネットワーク　94
6. おわりに　97

第7章
受益構文の意味拡張 .... 天野みどり　99
―《恩恵》から《行為要求》へ―

1. はじめに　99
2. ナイト中断節構文　100

目 次 │ v

3. テモラワナイト中断節構文　　103
4. テモラウ中断節とテクレル中断節の使用状況差　　104
5. 相違の要因　　109
6. 意味的拡張の推進と抑制—《評価表示》を例に　　113
7. おわりに　　116

第 8 章
構文推意の成立と拡張　　　　　　　　　　　　　　　加藤重広 119
—日本語の助動詞構文を主な例にして—
1. はじめに　　119
2. 構文推意とその理論的背景　　119
3. 語彙推意とテクスト推意　　124
4. 構文推意を引き出す形式　　131
5. まとめと関連する問題　　138

第 4 部　　規範からの逸脱と拡がり

第 9 章
逸脱的構文から見る中核的現象と周辺的現象との相関　大澤　舞 143
1. はじめに　　143
2. 中核的現象への近接　　144
3. 中核からの遠離　　151
4. おわりに　　160

第 10 章
イ落ち構文における主語の有無　　　　　　　　　　　今野弘章 163
1. 序　　163
2. 先行研究　　164
3. イ落ち構文と主語　　169
4. 知覚・認識上の性質と非伝達性　　173
5. 名詞化分析の検討　　175
6. 結語　　179

vi | 目 次

第11章
構文としての日本語連体修飾構造 ……………………… 本多 啓 183
—縮約節構造を中心に—

1. はじめに　183
2. 先行研究の確認―寺村 (1975–1978) による連体修飾の分類を出発点として　184
3. 「内の関係」「外の関係」とは?　185
4. その他の連体修飾構造　188
5. 連体修飾構造についての私見のまとめ　189
6. 「縮約節」とは?　190
7. データの再説―構文としての縮約節構造　197
8. 補足　197
9. まとめ　198

第12章
アメリカ英語における破格構文 ……………………… 柴﨑礼士郎 201
—節の周辺部に注目して—

1. はじめに　201
2. 研究史の概観　204
3. 分析基準と分析結果　210
4. 考察　213
5. 結論と今後の課題　218

第13章
フランス語および西ロマンス諸語における
「行く」型移動動詞の文法化 ……………………… 渡邊淳也 223

1. はじめに　223
2. aller のあらわす移動について　224
3. 仮構的移動 (parcours fictif)　225
4. 迂言的未来形 (futur périphrastique)　226
5. 迂言的過去形 (prérérit périphrastique)　230
6. 異常なふるまい (allure extraordinaire)　234
7. 特徴づけ (caractérisation)　238
8. 間投詞化　239
9. その他の慣用表現　241
10. おわりに　243

第1部

構文研究の流れ

第1章

総　論
構文論の最近の展開と今後の展望

早瀬尚子

1. はじめに

　言語学および英語学の分野では、Fillmore and Kay らの研究に端を発する構文文法（Construction Grammar）の発展により、それまでは統語規則に基づいてできあがった結果としての副産物に対するラベルでしかなかった「構文」が、それ自体が学習され言語知識として蓄積されるべき重要な単位とみなされるようになった。また、なにを「構文」ととらえるかという定義も、当初は統語的に見て部分の総和以上の意味をもつものに限定されていたが、構成的に作られるものであってもその表現の内部構成や周囲の要素との結合パターンの可能性など、何らかの側面で予測が難しいとされれば構文と認定できる、という考え方に変わった。またその後、構文を認定するレベルも変わり、従来の抽象的なレベルのみならず、むしろ具体的なレベルでも積極的に構文を認定しようという動きがある。また接辞レベルから文を超えた談話レベルにも構文を認定しようとする動きがあり、「すべてのレベルに構文が見られる（It's constructions all the way down）」と言われるようになっている。本論ではこの構文文法の流れと現状を概観し、新たな展開と今後の展望について解説する。

2. 構文論の展開

2.1 Fillmore による構文文法

構文という考え方を最初に推し進めたのは、Fillmore を中心とするアメリカ東海岸の UC Berkeley の一派である。彼らはそれまでの言語学での主流の考えであった、動詞を中心とした個々の要素から全体の形式および意味が組みあがるとする構成性に対して疑念を呈した。そしてむしろ全体としての形式に結びついた特定の意味や機能が文法知識として必要になることを、非標準的な「周辺」事例の分析を通じて示そうとした。

（1）a. He wouldn't use a bicycle, *let alone* a car.（自転車には乗らないし、車なら尚更乗らないだろう）　　　　　　　（Fillmore et al. 1988）

　　b. What's Bill doing inspecting a car? / What's it doing snowing in August?（車を精査するとはビルはなにをやっているのだ？／8 月に雪なんてどうなっているのだ？）　　（Kay and Fillmore 1999）

　　c. Him be a doctor!?（彼が医者だって？ ありえない）（Lambrecht 1990）

　　d. It is ASTONISHING the age at which they（=children）become skilled LIARS.（子どもが巧みな嘘つきになる年齢（が早いこと）といったら驚きだ）　　　　（Michaelis and Lambrecht 1996）

　　e. If you will come to order. /That you should say such a thing!（注文取りに来てくださいますか／そんなこと言うなんて！）

　　　　　　　　　　　　　　　　　　　（Panther and Thornburg 2003）

これらの構文は部分から規則的に産出できない側面をもつ。（1a）の let alone には前後の要素の比較対比という全体的意味が結びつくし、（1b）は確かに文法規則で産出できる疑問文だが、実際には現状を非難する意味を伝達する。（1c/d）は破格的で文法規則で生成するにはかなり例外的な側面をもち、表す意味も独特である。また（1e）は従属節や補文だけが独立して使われて特有の発話行為を伝達する、中断節（suspended clause）または言いさし文と呼ばれる現象である。いずれの意味も動詞を元に算出されるものではなく、むしろ文全体としての鋳型が表す語用論的な意味と言える。非母語話者がこの文を適切に使うには、使用文脈についても学ばなければならない。こう

いった形式、意味、使用文脈すべてについての知識を、全体としての構文に結びつけて考える必要がある。

　本書でこの流れを受けているのは今野論文、加藤論文および天野論文である。今野論文は (1c) と同じく動詞の屈折要素のない非標準的な形式に感情的な意味がこめられる「イ落ち」表現の諸相を扱う。また加藤論文は (1b) に相当する、字義通りの意味ではなく語用論的推論が定着している間接発話行為的表現についての考察を行っている。さらに天野論文では (1e) に相当する補文の言いさし文「〜てもらわないと」がもつ語用論的推論の意味について論じる。いずれも、字義通りの意味からは得られない全体としての意味に着目した論考であり、この構文論の精神を受け継ぐものと言える。

2.2　項構造構文の拡大—Goldberg (1995, 2006)

　言語現象の周辺へと焦点を当てた Fillmore らに対し、Goldberg (1995) は「構文」という考え方を「動詞の項構造に基づく文」という、文法の「中核的」現象に当てはめた。そして文形式全体には、その部分である語を足し合わせた以上の、構文独自の意味が対応することを主張し、動詞本来がもっている項とは別に、構文がトップダウン式に与える項もある、と主張した。

（2）a.　Joe baked her mother a cake.（二重目的語構文）

　　　b.　Sue sneezed the napkin off the table.（使役移動構文）

　　　c.　She drank the whole pub dry.（結果構文）

　　　d.　He elbowed his way through the crowds.（Way 構文）

（2）で動詞の目的語位置にあるものは本来動詞がとる項ではなく、構文が与えた項だと考えるのである。

　当初 Goldberg (1995) では構文という単位を「部分の総和以上の意味を全体としてもつ言語形式」、つまり構成性の原理では説明ができない事例に限定していた。しかしその後 Goldberg (2006) では構文の定義を拡大し、「構成性の原理に基づいて得られる構成体でも、それ自体の意味の何らかの側面に予測を超える部分があるならば構文とみなせる」とした。「何らかの側面」とは、形式面では統語・音声や音調、コロケーションの可能性など、また意味機能の側面では意味論・語用論・談話上での使用状況の特徴や生起環境な

ど、さまざまな側面が広範囲に考慮に入れられている。その結果、構文と認定される対象の可能性が大きく広がり、倒置や命令文など統語理論が派生的に産出してきた一般性の高い表現であっても、用いられる文脈やその意味の偏りをもっているならば、それ自体でいくつかの構文形式がゆるく関連しあった複合体を構成するとみなせることとなった。

構文という全体要素が文法上重要な役割を担うとする Goldberg の考え方の功績は大きく、これに引き続いてさまざまな構文研究が発展することとなった。本書における益岡論文での恩恵構文、早瀬論文での懸垂分詞構文の意味、また三宅論文で扱っているト節の分析などはこの精神を引き継いでいる。

2.3　構文文法の発展と修正
2.3.1　構文と動詞との分業を改める

Goldberg は構文を抽象的な上位レベルでとらえており、実際の具体的表現はこの抽象的な構文に結びつけられる意味や制約と、フレームを踏まえた動詞の意味との適合性によって生まれるとした。しかしこの抽象度が高いレベルで構文を認定することで、理論上は可能な表現が現実には存在しないという「過剰な一般化」によるギャップが生まれることとなる。たとえば二重目的語構文では発話伝達動詞が (3a) のように生起可能だが、同じ発話伝達動詞でも (3b) に挙げたものは生起できない。

(3)　a.　She {told/wired/quoted} Joe a message.

　　　b.　She {*advised/*assured/*informed} Joe a raise.

これに対しては、抽象度の高い最上位のスケルトンだけを構文とみなすのではなく、具体的な動詞クラスや動詞そのものを指定した下位レベルでも構文を認定すべきだ (Iwata 2008, Boas 2010, Croft 2013) とする流れが出てきている。これにより、構文だけでなく動詞などの語彙レベルにも詳細な構文的情報を分けもたせることになり、現実の言語的ふるまいを正確に記述でき、また新規表現を認可する際にも話者に利用されるべき重要な役割を果たすと考えられる (Iwata 2008, Boas 2013 など参照)。

このように、抽象的な上位レベルだけではなく語が具体的に挿入される下位レベルにまで、意味と形式のペアとしての構文を認定する方向への修正が

第1章　総論 | 7

提案されており、文法知識のすべてのレベルに構文の存在を想定する精神を
徹底的に追究する方向性が見られる。

2.3.2　構文化理論—歴史変化研究との接点

　近年の歴史変化研究の分野では、構文文法理論の功績に影響を受けて、言
語変化を新しい形式と意味のペアである構文の創造ととらえる「構文化」理
論（Traugott and Trousdale 2013）が提案されている。文法化や語彙化という
歴史変化研究の重要な概念は、それぞれその変化の方向性が決まっていると
想定されていたが、構文化はこの二つを包括する概念となる。したがってそ
の方向性は定まったものではない。変化の結果として機能語的表現ができれ
ば文法的構文化が、内容語相当の表現が産出されれば語彙的構文化が、それ
ぞれ起こったとみなされるが、この区別はあくまでも連続体であり、一つの
構文の中でこの両者が混じりあって出現することもある。

　この考え方は、本書での渡邊論文が論じるフランス語・西ロマンス諸語の
「行く」型移動動詞の変化と深く関わる。一見準動詞化という変化を見せる
ことから、従来文法化とまとめられてきた現象だが、渡邊論文によるとそれ
以外にも話者の主観的評価を含む変化や対人関係的な間投詞化といった、必
ずしも「文法化」とはみなしがたい変化も同時に見られることが報告され
る。まさに、文法化や語彙化といった区別を統合し、構文化という大きな一
つのくくりの中で扱う方が統一的な説明となる可能性を示唆している。

　構文化のプロセスは大別して次のように起こると仮定されている。

　（4）　構文化前の構文変化→構文化→構文化後の構文変化

構文化自体は新しい意味と形式のペアの創造と定義されるが、その前後には
意味もしくは形式だけの「構文変化」の段階が想定される。特に「構文化
前」には語用論的推論の読み込みによって意味と形式のミスマッチが起こ
り、「構文化後」には共起可能要素の候補の拡大や音韻形態的縮約が起こる
ことが指摘されている（Traugott and Trousdale 2013）。また複数の表現に共
通する構文スキーマが micro-/meso-/macro-construction というさまざまな抽
象度合いのレベルで取り出され再利用されることで、新たなる生産性を獲得
するとみなされる。この考え方は、構文論で想定されていたネットワークの

考え方を応用したものであり、構文の意味射程の拡がりについての通時的視点が提供されることとなっている。

　構文化という考え方は、歴史変化だけではなく、今まさに生じている言語の変化をもとらえる。特に対話という文脈でこの変化が促進されることが指摘されており（Traugott 2010 など）、この流れの中では談話標識化という、元の表現から変化して談話上の進行を司るテキスト管理的な意味や、聞き手に対する承認というモダリティ的意味を全体として表す語彙化例も構文化の射程に入る。本書にもこのタイプの議論を行っている論文が集まっている。柴﨑論文では is all という談話標識的表現を、渡邊論文ではフランス語や西ロマンス諸語における「行く」型動詞が「異常なふるまい」だと話者が評価する主観的な意味や間投詞へと変化する現象を、また早瀬論文は懸垂分詞由来のコメント機能的表現が生まれる変化について、それぞれ扱っている。

3.　おわりに

　以上、言語学・英語学の分野での構文論の展開について、本書所収論文との関わりとともに見てきた。構文という言語単位を中心として、それにまつわる意味の拡張、意味変化など、さまざまな側面が今も議論されつつある。本書がその研究の流れに資することを願っている。

参照文献

Boas, Hans C.（2010）The syntax-lexicon continuum in construction grammar. *Belgian Journal of Linguistics* 24: 54–82.

Boas, Hans C.（2013）Cognitive construction grammar. In: Thomas Hoffmann and Graeme Trousdale（eds.）*The Oxford handbook of construction grammar*, 233–254. Oxford: Oxford University Press.

Croft, William（2013）Radical construction grammar. In: Thomas Hoffmann and Graeme Trousdale（eds.）*The Oxford handbook of construction grammar*, 211–232. Oxford: Oxford University Press.

Fillmore, Charles, Paul Kay, and Mary Catherine O'Conner（1988）Regularity and idiomaticity in grammatical constructions: The case of *let alone*. *Language* 64（3）: 501–538.

Goldberg, Adele, E. (1995) *Constructions: A construction grammar approach to argument structure*. Chicago: University of Chicago Press.

Goldberg, Adele, E. (2006) *Constructions at work: The nature of generalization in language*. Oxford: Oxford University Press.

Iwata, Seizi (2008) *Locative alternation: A lexical-constructional approach*. Amsterdam: John Benjamins.

Kay, Paul and Charles Fillmore (1999) Grammatical constructions and linguistic generalizations: The what's X doing Y? construction. *Language* 75(1): 1–33.

Lambrecht, Knud (1990) What, me worry? A mad magazine sentence revisited. *BLS* 16: 215–228.

Michaelis, Laura A. and Knud Lambrecht (1996) Toward a construction-based model of language function: The case of nominal extraposition. *Language* 72(2): 215–247.

Panther, Klaus-Uwe and Linda L. Thornburg (2003) Metonymies as natural inference and activation schemas: The case of dependent clauses as independent speech acts. In: Klaus-Uwe Panther and Linda L. Thornburg (eds.) *Metonymy and pragmatic inferencing*, 127–147. Amsterdam: John Benjamins.

Traugott, Elizabeth C. (2010) Dialogic contexts as motivations for syntactic change. In: Robert A. Cloutier, Anne Marie Hamilton-Brehm, and William Kretzschmar (eds.) *Variation and change in English grammar and lexicon*, 11–35. Berlin: Mouton de Gruyter.

Traugott, Elizabeth C. and Graeme Trousdale (2013) *Constructionalization and constructional changes*. Oxford: Oxford University Press.

第2章

総　論

日本語研究分野における構文研究

天野みどり

1.　はじめに

　ここでは本書所収の論考の理解に貢献できるよう、それらに関連する形で、日本語研究分野における構文研究について簡単に述べることとする。

　本書の論考が共通の前提としていることは、複数の要素からなるひとまとまりの構成体が、全体で、ある特定の意味と固定的に結びついている場合があるということである。益岡（2013: 195）は「構文」について「それが部分から構成される1つのまとまりであるという点に加え、まとまり全体として独自の特性——構文のゲシュタルト性——を持つ」とする。何を「構文」と呼ぶかは研究者により異なるが、本書の論考は、構成体のひとまとまり性、全体としての独自の特性を重視する共通点がある。

2.　日本語学の構文研究—構造研究、記述的研究、構文のひとまとまり性の研究へ

　日本語学において、こうしたひとまとまり性を重視した構文研究として注目されるのは益岡（2013）である。これは氏の1970年代以降の種々の構文現象の分析とその研究方法をまとめ、今後の構文研究のために必要な基本的

概念を提示し、それによる新たな分析例を示したものである。本書の益岡論文はこの骨子をさらに明確に示したものと言える。

　他方、日本語学で先行した構文研究とは、渡辺（1971）や北原（1981）に見られるような文の構成要素の文法機能（職能・成分）とその統合関係・統合規則を明らかにする文構造研究、すなわち統語論研究である。そこで言う「構文」とは「統語」、あるいは「構成要素が一定の文法規則で結びつき成り立った文」といった意味である。同じ「構文」という概念を用いる研究としてこの違いについては認識しておく必要がある。

　しかし、強調すべきことだが、以上に述べた2つの構文研究は切り離されたものではない。日本語学でまず深められた統語論としての構文研究では意味の問題は文内の抽象化された文法関係的意味に限定されていたと言える。次いで、そこでとりあげられた受動構文・使役構文など様々な構文の具体的意味を詳細に記述する研究が深められた。同時期に生成文法理論の枠組みや手法を用いて日本語の受動構文や使役構文などを分析した井上（1976）柴谷（1978）Kuroda（1979）久野（1983）などや、日本語教育との関わりで文法を論じる寺村（1982）の考察には、「なぜ不自然なのか」「なぜ母語話者は自然な日本語がわかるのか」という新たな視点があり、構造研究とともに構造と結びつく意味の研究に多様性を与えた。仁田（1980）は文の述語要素となる動詞の語彙的意味特徴との関連で文の意味を考察する方法論を述べており、この手法はヴォイス・アスペクト・モダリティなど、文の表す様々な意味に関する研究成果を生み出した。さらに、動詞だけではなく、文脈に共起する副詞句も合わせた動詞句というまとまりを文の意味に関わる考察単位とする森山（1988）などへの展開も、今日の構文研究への連続として見逃せない。こうした構文的意味の記述的研究の1つの成果として日本語記述文法研究会編（2003 ～ 2010）を挙げることができるが、こうした詳細な構文の意味記述の中に、構文の全体的特性や構文に固定的な意味・派生的な意味に関する豊富な記述が既に含まれていることには特に留意しなければならない。本書の論考もこうした研究を参照文献としているとおりである。

　このように、日本語学分野では構造研究から出発した構文研究が詳細な記述的研究へと引き継がれ、その過程で構文のひとまとまり性・意味の拡がり

を考察対象とする考え方が生まれている。日本語学における記述的研究は、1970年代・80年代の国立国語研究所（例えば1972）や寺村氏の一連の研究などに見られるように、コーパスの無い時代から周辺的な事例も含め実際に用いられる日本語文を精査するという手法をとるものが多く、現代日本語と言えども動的な構文の意味の拡がりのプロセスを切り捨てることなく考察することが当然視されてきたためと思われる。益岡（2007）には、氏の1970年代の構文研究以来、次第に構文の意味分析のための視点が明確化されてきた経緯が記されており興味深いが、益岡（2013: 23）ではひとまとまり性が重視されつつも、構文の意味には「構成的意味の部分と派生的意味の部分がある」と述べられ、構成要素に還元できない意味だけを構文の意味としているわけではなく、従って、構成要素の意味に還元できない意味を持つものだけを構文と定義しているわけではないことがわかる。構成要素の語彙的特徴とそれらを結びつける文法規則の解明と合わせて、ひとまとまりの構成体に新たな意味が固定化される現象を論じることは、日本語研究分野の流れの中で生まれた構文研究の特徴と言えるかもしれない。

　これまでの日本語研究分野で重ねられてきた構文的意味の記述的研究が日本語の体系把握への寄与に重点が認められるのに比し、ひとまとまり性を重視した構文研究は、言わば構文間の濃淡を積極的に論じることになる。すなわち、どのような構文が多く用いられ基本的・中心的なのか、どのような意味の固定化が進み、どのような意味が拡張するのか、それはなぜか等を考察することにより、言語の個別性・普遍性の解明に寄与しようとするものと言える。以下、本書所収の論考に関わる形で、ひとまとまり性を重視した構文研究の意義・研究課題を具体的に述べてみたい。

3.　構文研究の課題

　本書所収の論考は、「逸脱文・破格文・周辺的な文」などと呼ばれ規範文に比べ何らかの点で逸脱があり許容度の低さが観察されることもあるような事例や、単独では内部構造が不分明であり構造と要素の意味からは全体の意味の産出が説明しがたいような事例を、構文の観点から積極的に拡張事例と

して捉え考察するという共通点があり、その主軸の異なりにより多様な論考の集積となっている。読者の立場からはその考察の過程に重要な研究課題を見出すことができる。

　第1に、「意味の拡がり」を記述するための概念としてどのようなものがあり、それによりどのような考察が可能となるかを吟味する課題がある。この点から2点挙げておく。1つは益岡論文に代表される「基本」と「派生」という概念を用いた研究である。これは構文の表す複数の意味を単に列挙するのではなく、いずれかに根源性を認めその特徴の受け渡しの有無・抽象度の差異などから意味の拡がりを考えるものである。もう1つは加藤論文に代表される意味の定着度の違いを捉えるものである。加藤（2013, 2015）は統語語用論の立場に立ち、形式に固定化されて取り消し不可能な意味を「構文的意味」、固定化されているわけではなく語彙の変更や前提の追加で取り消し可能な意味を「構文推意（constructional implicature）」と呼ぶ。構文推意が頻繁な使用により固定化されれば新たな構文・新たな構文的意味の形成ということになり、この概念は構文の意味拡張の動的プロセスを視野に入れたものと言えよう。本書の加藤論文では新たに「語彙推意・構文推意・テクスト推意」という3種の区別を提案しており、これらは構文研究の対象の多様性を整理する概念となる可能性を持つ。

　第2に、意味の拡がりの方向性や要因について考察する課題がある。言語内の統語論的・意味論的要因の他、言語外の語用論的・社会言語学的観点、あるいは選好の問題として文化論的な観点からの考察が考えられる。前者については、恩恵構文の意味の拡がりについてテクレル構文・テモラウ構文の意味拡張の違いを、益岡論文では「話し手指向性」という意味的特徴や機能分担の観点から、天野論文では統語論・意味論に加え語用論的観点から説明している。より広い後者の問題としては、加藤（2015）が可能表現を〈意図成就〉の意味で用いる事例（例：合格できた）を扱い、外的要因によって実現達成したという〈謙虚さ〉（構文推意）が日本語社会では好まれ選択されるためとする。有馬論文は逸脱の意味解釈の分析に貢献可能な概念としてパースのアブダクション（abduction）を紹介しつつ、さらに広範な観点から日本語と英語を対照し日本語文の特徴を論じようとする。従来指摘されてき

た様々な日本語らしさについては、構文の意味の拡がりの違いという観点から再検討する余地があろう。

第3に、実際に意味解釈はなされるものの逸脱的、あるいは構造の不分明な事例に構文を言わば発見するという課題が考えられる。本多論文は連体修飾節における内の関係と相対的補充（外の関係の1類）の2種の構造を明確化した上でそのどちらにも属さない縮約節を相対的補充からの拡張と位置づける。大澤論文では重複可能表現を単なる誤用ではなく全体で「単一の可能」の意味を表す構文と捉え、発話者のあらたまり度を文内で調整する独自の機能を持つものとする。本書のどの論考にも見られる姿勢だが、ここでは逸脱的構文（拡張構文）と元となる構文との関係を考察することの重要性が明示されている。

第4に、現代日本語の構文の意味の拡がりの現象やそこから得られる知見は現代日本語の個別性なのか言語普遍性なのかを明らかにする課題がある。このためには方言研究、歴史的研究、類型論や対照言語学などの研究成果を参照する必要がある。白川（2009）は従属節で終了するケド節・カラ節などを主節が後続する完全文と対等な完結した内容の「言いさし文」とし、本来的意味との関係を含め詳細に論じており、日本語に多く見られる構文の形式変化の例として注目される。この「言いさし文」については堀江（2015）がさらに「非終止形述語」文末形式として対象を広げ類型論的研究を行っており今後の成果が期待される。早瀬論文は英語の懸垂分詞構文の考察だが三宅論文はこの現象を日本語のト節と比べ論じている。これに先行する三宅（2015）では英語と日本語の対照により日本語の構文的意味の形態的有標性に関する仮説を提示している。また渡邊論文はフランス語・西ロマンス諸語の「行く」型移動動詞の文法化を扱うが日本語においても補助動詞テイク・テクル構文が様々な意味に拡張しており注目される。本書には日本語の歴史的研究が含まれていないが、天野論文において参照されているように、近年の、歴史的変化としての構文の意味の拡がりに関する事例研究成果、そこからの提言には現代語研究にとっても学ぶべきものが多い。

4. おわりに

　日本語研究分野における構文研究、特に 1970 年代以降の背景を見ながら、本書所収の論考に関わる形で構文や構文の意味の拡がりについての研究課題を挙げた。言語使用に果たす構文の重要性が究明されることを望む。

参照文献

堀江薫 (2015)「日本語の「非終止形述語」文末形式のタイポロジー：他言語との比較を通じて」益岡隆志 (編)『日本語研究とその可能性』133–167. 東京：開拓社.

井上和子 (1976)『変形文法と日本語 上 統語構造を中心に』・『変形文法と日本語 下 意味解釈を中心に』東京：大修館書店.

加藤重広 (2013)『日本語統語特性論』札幌：北海道大学出版会.

加藤重広 (2015)「構文推意の語用論的分析：可能構文を中心に」『北海道大学文学研究科紀要』146: 左 259–293.

北原保雄 (1981)『日本語助動詞の研究』東京：大修館書店.

国立国語研究所 (1972)『動詞の意味・用法の記述的研究』秀英出版.

久野暲 (1983)『新日本文法研究』東京：大修館書店.

Kuroda, S.-Y. (1979) On Japanese passives. In: George Bedell, Eiichi Kobayashi, and Masatake Muraki (eds.) *Explorations in lingustics: Papers in honor of Kazuko Inoue*, 305–347. Tokyo: Kenkyusha.

益岡隆志 (2007)『日本語モダリティ探究』東京：くろしお出版.

益岡隆志 (2013)『日本語構文意味論』東京：くろしお出版.

三宅知宏 (2015)「日本語の「補助動詞」と「文法化」・「構文」」秋元実治・青木博史・前田満 (編)『日英語の文法化と構文化』237–270. 東京：ひつじ書房.

森山卓郎 (1988)『日本語動詞述語文の研究』東京：明治書院.

日本語記述文法研究会 (編) (2003–2010)『現代日本語文法 1–7』東京：くろしお出版.

仁田義雄 (1980)『語彙論的統語論』東京：明治書院.

柴谷方良 (1978)『日本語の分析』東京：大修館書店.

白川博之 (2009)『「言いさし文」の研究』東京：くろしお出版.

寺村秀夫 (1982)『日本語のシンタクスと意味 I』東京：くろしお出版.

渡辺実 (1971)『国語構文論』東京：塙書房.

第 2 部

記号論の視点からの拡がり

第3章

逸脱表現とアブダクション
日本語と俳句とハイクとコンクリート・ポエトリー

有馬道子

1. 序論

　本論で逸脱表現というのは、特定の言語社会の日常生活において最も習慣的に用いられているコード（code）から何らかの逸脱を起こしている表現のことである。

　社会的に共有されている言語表現のプロトタイプ（prototype）が暗黙の前提となって社会的コミュニケーションがおこなわれているとすれば、コードから何らかの逸脱を起こしている表現は、その逸脱の程度に応じて、大なり小なり社会的コミュニケーションを難しくさせているはずである。しかし、かなりの逸脱を起こしているような表現であっても、その解釈が同じ言語社会に生きる人間によってなされているならば、多くの場合、関係するコンテクストが適当に参照されて、解釈の多様性は多少見られるにしても、あまり大きな問題を引き起こすこともなく解釈はなされているように思われる。しかし、日常言語の習慣性から大きく異化された芸術的表現というような逸脱表現ということになると、解釈は困難になることもある。

　ここでは、日英語の相違という相互間の逸脱性を踏まえた上で、日本語と英語のいくつかのタイプの詩的逸脱表現である日本語俳句、英語俳句（ハイク）、コンクリート・ポエトリーを例示しながら、逸脱表現の解釈において

用いられているアブダクションによって明らかになる各タイプの逸脱表現の
特徴について考えてみたいと思う。

2. 「驚き」の解釈としてのアブダクション

アメリカの記号論者パース (Charles Sanders Peirce 1839–1914) は、基本
的に相違する三種類の推論として「演繹 (deduction)」・「帰納 (induction)」・
「アブダクション (abduction)」の三つを区別している (Arima 1998, 有馬
2014 を参照)。

古代ギリシャのアリストテレスによって創設された「演繹」とイギリス
のベーコンとミルによって発展させられた「帰納」に次いで、不可解なこ
と (驚き) を説明する推論としてパースによって加えられたのが「アブダク
ション」であった。パースはアブダクションのことをしばしば「仮説 (的推
論) (hypothesis)」、「リトロダクション (遡及 (的推論) (retroduction))」とも
呼んでいる。そして、この推論が仮説的推論による「発見の論理」「創造的
推論」であることを重視している (有馬 2014: 11)。

何か驚くべきことに出会ったとき、すなわち社会的習慣性から逸脱してい
ると思われることに出会ったとき、それを解釈して理解するためには、その
逸脱性を説明できるような仮説を立てる必要があることについて、パースは
次のように述べている。

> ある状況において予想外のことに出会ったとき、そこに示されている
> 特徴を見渡してそれらの間に注目すべき特性あるいは関係があることに
> 気づき、それが自分の既知の概念の特性であることにすぐ気づかれるな
> らば、そこにはその現象の驚きの説明となる (必然的な) 考えが仮説と
> して示唆されているものである
> (CP 2. 776 [=*Collected Papers of Charles Sanders Peirce*, Vol.2 Paragraph
> 776][1])

---

1 以下、慣例に従って、*Collected Papers* からの引用については、CP の後に巻数とパラグ
ラフ数を記すこの表記法に従うことにする。

そしてパース（CP 2.776）は、そのようにして示唆される仮説には、意識的な推論によるもの以外に、他の動植物と同じように自然の一部としての存在である人間のおこなう推論には、自然と人間との密接な関係（affinity）によって仮説の選択に自然の傾きが関与する可能性があることについて論じている。そのことによって、膨大な選択肢の中から蓋然性の高い仮説を選ばなければならない不可能に近い難しい選択にも経済性が与えられている（すなわち、自然の光によって選択が容易になるところがある）ことを指摘している。

　パースが「アブダクション」のことを「リトロダクション」（遡及的推論）と呼んだのは、それが「結果から原因に遡及する推論」だからであり、それを「仮説的推論」と呼んだのは、何か驚くべきことに出会ったとき、もしその原因が A であれば当然 C［Case その事例］になるだろうというような「仮説に基づく推論」であると考えたからだろう——abduction の ab- は「離れて」という意味であるが、それはこの推論が「仮説」を立てて「わき道に一旦それる（＝離れる）」ことによって導かれる推論であるということと関係があるのだろうと思われる。

　パースは、新しい推論であるアブダクションについて、次のような例を挙げている（CP 2.625 を参照）。

1. かつてトルコのある地方の港に上陸して、訪問する予定の家に向かって歩いていたとき、4 人の騎手によって頭上に天蓋をさしかけられた馬上の人物に出会った。そのように丁重に扱われる人物としては、この地方の統治者しか考えられなかったので、その人物はこの地方の統治者であろうと考えた。

2. ある国の内陸部深く入ったところで、魚の化石のようなものが発見された。この現象を説明するために、かつてその土地は海であったのではないかという仮説が立てられる。

3. ナポレオン・ボナパルトという名の征服者についての文書や記念碑が、数えきれないほどたくさん存在している。その男に会ったことはないが、その男が実在していたと仮定せずには、自分たちが目にしたそのような文書や記念碑を説明することはできない。

さて上記 1 〜 3 のアブダクションの例には、各々次のような「A であれば、C であろう」(= A であれば、当然 C であっても不思議ではない) という仮説が想定されていることがわかる。

1. その人物がこの地方の統治者ならば、当然そのように丁重に扱われても不思議ではない。

2. 内陸部のその場所がかつて海であったならば、当然そこに魚の化石が見つかっても不思議ではない。

3. ナポレオン・ボナパルトという征服者が実在していたならば、当然彼についての文書や記念碑が多数存在していても不思議ではない。

　また、パース (CP 2.623) はアブダクションについて次のような例をも挙げて、演繹と帰納とアブダクションという三つの推論を区別している。「部屋に入って相違する色の豆の入ったたくさんの袋をみつけ、テーブルの上には一握りの白い豆があるのをみつけ、そしてしばらく探した後で、袋の一つには白い豆だけが入っているのをみつけた」場合。すぐに、蓋然性すなわち有望な推論として、この一握りの豆はその袋から取り出されたと推論するだろう。このような推論は仮説的推論 (= アブダクション) と呼ばれるが、それは「規則 (rule)」と「結果 (result)」から「事例 (case)」を導き出す推論である。そして、この例に関係する演繹・帰納・仮説の三つの推論の関係について、次のように整理して示している (CP 2.622, 2.623, 有馬 2014: 193–197 を参照)。

演繹　「規則」この袋の豆はすべて白い。
　　　「事例」これらの豆はこの袋から出たものだ。
　∴「結果」これらの豆は白い。

帰納　「事例」これらの豆はこの袋から出たものだ。
　　　「結果」これらの豆は白い。
　∴「規則」この袋の豆はすべて白い。

仮説　「規則」この袋の豆はすべて白い。
　　　「結果」これらの豆は白い。
　∴「事例」これらの豆はこの袋から出たものだ。

パースはこれら三つの推論の特性の相違について、更に次のような例を示

している。

　書いたものを印刷するのに必要なフォントを注文するとき、英語では
いつも e が最も使用頻度の高い文字であることが分かっているので、こ
の書きものの印刷にも他の文字よりも多くの e を求めることになる。こ
れは、統計的な「演繹」である。しかし論理学で用いられる語はかなり
特殊であり、原稿の 10 頁ばかりの相違する文字の使用数を数えて、そ
の結果、相違する割合のタイプの数のフォントが必要になるという結論
に達するかもしれない。このような推論は「帰納」である。さて、その
フォントを注文してから数日後に、いろいろずいぶん大きさの違う小さ
な紙包みがたくさん入った一つの箱を受け取るとすれば、当然それは自
分が注文したフォントの活字であると考えるだろう。これは「仮説」で
ある。
(CP 2.708)

　演繹は、規則と事例の中に既に提示されている内容を結果として取り出し
て、そういう結果になるに違いないことを予告する推論であり、帰納は、あ
る一定の結果が実際に見出せる事例の積み重ねから一般性のある法則を規則
として引き出す推論である。それに対してアブダクションは、コンテクスト
をよく観察して、そこから何らかの驚きを伴う現象について、「A であれば、
当然 C であって不思議ではない」というようにその原因を説明できると思
われる規則を仮説として提出することによって、それを説明しようとする推
論である。
　したがって、アブダクションは推論としては三つの中で最も弱い推論であ
るが、この推論だけが前提にない新しいことを発見できる唯一の「創造的な
推論」であるということになる。そこでアブダクションは、本論で問題と
なっている逸脱表現という一種の「驚き」を伴う結果を示す事例の解釈に用
いられる推論として注目される。すなわち、原因の発見は「アブダクショ
ン」によって、法則の発見は「帰納」によって、結果の予告は「演繹」に
よってなされるということになる (CP 2.713)。

3. アブダクションによる創造的解釈

　この第3節においては、日本語と英語のいくつかの逸脱表現をとりあげて解釈を試み、どのようなことが逸脱表現を難解にさせる原因となっているのか見ることにしたい。

　日本語と英語から例を引いて逸脱表現について考える本節では、最初に第3.1節で、日本語そのものが英語から／そして英語そのものが日本語からどのように逸脱した言語であるかということについて、各々が志向する論理構造の相違を中心に考えてみたい。

　第3.2節では、日本語の社会的習慣的な日常的表現を芸術的に逸脱する（異化する）ことによって日本語の特性が詩的に強められた表現になっていると思われる「俳句」について、具体的に考えてみたい。

　そして第3.3節では、日本語の俳句の翻訳ではなくて「英語でつくられる俳句（＝ハイク）」について、そこに日本語俳句と相違するどのような特徴が見出されることになるかということについて、そして第3.4節では、俳句やハイクに似ていながら同時に両者とは大きく相違している「コンクリート・ポエトリー」の逸脱性について論ずることにしたいと思う。

3.1　英語から見た日本語・日本語から見た英語

　日本語は、電文体（電報の文の文体）のように必要最小限のことしか表現しない言語であるため、「点的論理」の言語と呼ばれることがある（外山1973を参照）。それでもそこに大きな問題が生じないのは、断続的な論理として表現されている言葉の切れ端である「点」を結びつけることによって、そこに隠されている論理をアブダクションによって推定し創り出すことができると考えられているからである。たとえば「よろしく」と言えば、その後に「お願いします」という言葉が続いていることが推論されるのみならず、「誰が誰に何をよろしくお願いします」と言っているのか、その場合に応じて「ご指導を」「後片付けを」「今後とも自分と一緒に仕事を続けることを」等各々のコンテクストに適切であると仮定される蓋然性の高い推論としてのアブダクションがなされるものと想定されているのである。

第 3 章　逸脱表現とアブダクション | 25

コンテクストが高度に共有されている（high context）社会（ゲマインシャフト Gemeinschaft）においては、「このような場合にはこのようにする」というように、場合に応じて考え方・言い方・振る舞い方等が一定のものに定型化する傾向があり、このようなコミュニケーションのコードは「制限コード（restricted codes）」と呼ばれている（Fischer 1966, Bernstein 1970, Arima 1989, 1991 を参照）。

このようなところで好んで用いられる言いまわしは、場面に応じてそれぞれ決まっているような、一部を聴いただけで全体が推論されるような定型表現である。そこでは、全体を完全に言いきらないで、かなりの部分を聞き手のアブダクションに任せる暗示的な表現が発達することになる。そして人間関係においても、集団というコンテクストとの密接な関係を重んじて、集団というコンテクストの中に個人を位置づけるチームワークや気働きや協調性が好まれることになる。

これに対して、ニューヨークのように、世界中から多様な人種・言語・宗教・習慣の人々が集まってしのぎをけずっているようなところ（ゲゼルシャフト Gesellschaft）では、（人々の考え・振る舞い・好み等が相違しているという）コンテクストの共有度の低さ（low context）が大前提となっているため、何事もできるだけ普遍的な尺度によってどのような立場にある人にもわかりやすいように、できるだけ明確に詳細に表現される「詳細コード（elaborated codes）」と呼ばれるコードが発達している。

それは日英語の相違を意識しながら英語（特に多民族・多言語でコンテクスト・フリー性の高いアメリカ英語）を一目見ただけで一目瞭然である。歴史的に見ても異文化との交流が激しかった英語では性、数、格、時制、語順、句読点、パラグラフの作り方等のすべてにおいて日本語よりも詳細で明示的な区別が発達している（有馬 2015）。

たとえば、「昨日駅で友達に会って、一緒にコンサートに行った」という日本語について、これを英語で言おうとした途端に、友達は単数か複数か、「その友達と」一緒にコンサートに行ったとすれば、「その友達」は英語では代名詞で表わされることになるので、単数ならば男女の性別が必要になる。また、日本語では、言わなくてもコンテクストからわかっていると思われる

場合には、主語も目的語も必ずしも表現する必要はないし、表現する場合にもその語順は比較的自由であるが、英語ではそうではない。

次に挙げるのは、川端康成の『雪国』からの引用であり、英訳はサイデンステッカー (E. Seidensticker) によるものである。

「中風ですわ。」「中風だって、口で。」「その口もきけなかったの。また踊りは、動くほうの左手で直せるけれど、三味線は耳がうるさくなるばっかり。」

("She's paralyzed." "If she can talk she ought to be able to help you." "But she can't talk. She can still use her left hand to correct mistakes in dancing, but it only annoys her to have to listen to the samisen and not be able to do anything about it.")

原文の日本語では必ずしも論理の全体が表現されていない「点」的表現になっているため、コンテクストを参照しないと何を言っているのかよくわからないところがあるが、英訳文では、原文の日本語では表記されていない多くのことが補足されていて、「点」ではなくて「線」のように論理の全体を連続的に表現することが志向されている。そのために、このような引用文で見た場合、英訳文の方が日本語の原文よりも格段にわかりやすいものになっている（有馬 1990: 76–77 を参照）。

原文の日本語では、文脈から見当がつく主語や目的語が省略されているのみならず、コンテクストから了解されるであろうという推定の上で論理の飛躍があって、とりわけ引用の最後の文「三味線は耳がうるさくなるばっかり」という日本語の解釈には、かなり創造的なアブダクションが要求されているように思われる。「耳がうるさくなる」とは、どういうことか…と。

日本語は、それを解釈しようとする場合、文脈や状況というコンテクストをよく見た上でないと解釈できないような、仮説的推論であるアブダクションが高度に要求される曖昧な表現であることが多い。このように聞き手のアブダクションに依存してコミュニケーションが成り立っている日本語のような言語は、「聞き手責任」の言語と呼ばれることもある（Hinds 1987 を参

第3章　逸脱表現とアブダクション　｜　27

照）。それに対して、発話の理解に必要とされるであろうと思われるコンテクストを話し手が予め発話の中に取り込んで言語表現する英語のような言語は、「話し手責任」の言語と呼ばれることになる。

　聞き手責任と呼ばれる日本語の特徴は、次のように日常会話にも頻繁に見出せるものである。

(1)　「来週の会合、出席しますか」と問われて、

　　　a.　はい、出席します。

　　　b.　はい、すみません。どうしても都合が悪くて…

　　　c.　はい、まだはっきり決まっていないのですが…

　　　と答える場合。上記の三つの「はい」についてのアブダクションは、同じではないだろう。この中で英語の Yes に翻訳できるのは a. のみである。日本語の「はい」の意味は、コンテクストを見ないとわからない。

(2)　コンテクストが不明の下記の文における「トラ」の解釈についてはどうだろうか。

　　　a.　私はトラです。

　　　b.　うちはトラです。

　　　c.　課長がトラになった。

　　　これらの発話はコンテクストが与えられていなければ、非常に曖昧であるが、「私はトラのファンです」「うちで飼っているネコはトラです」「昨夜の飲み会で課長がトラになって困った」のようなコンテクストが与えられているならば、アブダクションの選択肢はずいぶん限定されてくるので、多義性も小さくなることだろう。

　しかし日本語ではこのようなコンテクストが言語表現として明示的に与えられることが少ないために、聞き手は常に状況などのいわゆる「場の空気」に敏感でなければコミュニケーションは難しくなる。

　日本語の解釈はコンテクストに依存する程度が高いために、コンテクストが不明の場合、解釈は曖昧になる傾向がある。日本語の場合、コンテクスト抜きで発話だけをそのまま逐語的に英訳すると、何を言っているのか意味がわかりにくくなることが多いはずである。点的表現の日本語を線的表現の英

語に翻訳するときには、日本語では状況などからわかっていると思われるために表現されていないコンテクストも、文脈として明示的に言語表現しなければならないことになる。

以上に述べた日英語の対照的な特徴を整理すると次のようになる。

日本語——コンテクスト共有度が高い——点的表現——制限コード——暗示的な定型表現——聞き手責任——アブダクションによる解釈志向

英語——コンテクスト共有度が低い——線的表現——詳細コード——明示的な詳細表現——話し手責任——演繹による解釈志向

このようにコンテクストに依存するところの大きい日本語は、いわば仲間内の言葉であり、部外者にはわかりにくい半面、内部の者には少しの言葉でいろいろ多くのことが察してもらえる便利な暗号のようなものであるということができるだろう。

英語は言語表現の論理的分析によって演繹的に解釈されることが志向されているところが大きいのに対して、日本語は少ない言語表現を手掛かりに、それに関係のありそうなコンテクストを参照しながら、「おそらく～であれば…であろう」というような創造的で感情的な仮説を試みるアブダクションによる解釈が高度に要求される言語である（アブダクションが感情的推論であることについての詳細は CP 2.643 を参照）。したがって、英語がコンテクスト・フリーを志向する、すなわち普遍性を志向する分析的で知的な言語であるのに対して、日本語はコンテクストに高度に依存する創造的で情緒的（感情的）な言語である側面が強いということになるだろう。

3.2　俳句

日常的な解釈の習慣化したかたちが言語文化のかたちであり、必要に応じて生ずる日常的な解釈の変化が言語文化の変化を生み出し続けているとすれば、日本語の詩歌のかたちもまた時代が要求する解釈の変化に応じてそのかたちを変えていくとしても、それは当然のことであると言えるだろう。

伝統的な日本語の詩歌のかたちについて見ると、時と場に応じて好まれるかたちは多様に変化し、大歌（風俗歌・神楽歌・催馬楽など）、片歌（577の3句19音）、組歌、地歌（ある地方だけの俗謡）、長歌（57を3回以上繰

り返し最後を多く 7 音で止めて反歌を添えたもの)、反歌（長歌の後に詠み
添える短歌)、旋頭歌 (577577 の 6 句)、仏足石歌 (575777。奈良時代のみ)、
短連歌、長連歌、俳諧連歌、俳諧の発句、俳句、等いろいろある —— 短歌
(57577) は万葉時代には成立しているが、平安時代以降、長歌・旋頭歌はほ
とんど作られなくなったので、和歌と言えば今日では短歌をさすようになっ
ている。そして短歌から連歌・俳諧が生じている。

　しかしここでは、今日最も短い詩形として国内でも海外でも多くの人々に
親しまれている俳句をとりあげて、今日の俳句が日常言語としての日本語の
特質とどのような関係にあるのか、またそこからどのような詩的逸脱を見せ
ているのか概観することにしたい。

　これまでに見てきた日本語の主要な特徴の関係とは次のようなものであっ
た。

　　　コンテクスト共有度の高さ——点的表現——制限コード——暗示的な定
　　　型表現——聞き手責任——アブダクションによる創造的で情緒的な解釈
これらの特徴は相互に密接に関係づけられているものであるが、それは今日
の日本語俳句のどのような特徴と関係しているだろうか。

　日本語は、コンテクストの共有度の高さによって、言語表現は制限コード
による抑制された定型表現を志向し、すべてを言いきらない、点的論理によ
る比較的短い言語表現が志向されるようになっている。そのような日本語
は、次のような俳句の特徴（すなわち俳句としての逸脱表現）と関係づけら
れるように思われる。（俳句と日本語の関係性は矢印の向きによって示され
ている。）

(1)　　一行連続表記の 575 の定型◀——点的論理と短い定型表現
(2)　　575 の定型表現の「間」のリズム、イメージの衝突によるモンター
　　　　ジュ効果、そして句全体の余韻余情（人間の自然な息の長さはほぼ
　　　　8 拍であるという見方によれば、575 の後には 313 の空拍が生ずる
　　　　ことになる。詳しくは、川本 1985, Arima 1996, 1998 を参照）。そ
　　　　こで第 1 フレーズと第 2 フレーズの間の比較的大きな空拍によっ
　　　　て生ずる句の前半と後半の対立と衝突のモンタージュ効果による
　　　　異化。第 3 フレーズの後の一句全体の最後に生ずる大きな空拍に

よって引き起こされる余韻余情◀──自然の「息」のリズムによって
生ずる「間」と「イメージの取り合わせ」を重んずる日本語

(3) 「切れ字」◀──点的表現による論理および相違する視点に立つフ
レーズを結びつけようとするアブダクションの働く日本語

(4) 「季語」という定型表現◀──季節の移り変わりによる自然と人間の
生活の密接な関係をコンテクストとして高度に共有する日本語社会
に発達した定型的な季節の挨拶

　俳句は有季定型の一行連続表記が一般的であるが、無季・三行・二行・
字間あき・自由律による俳句もある。しかし上に挙げた4項目は、概して、
今日なお多くの俳句の主要な特徴として認められている。

　今日の電子メールによる通信文では、季節の時候の挨拶もなく、いきなり
用件から書き始められることも多いが、今でも伝統的な日本語の書簡文は、
まず時候の挨拶から始まるのが普通である。俳句でも、伝統的に自然を詠む
ことが好まれ、日本文化では人間も自然の一部と見做される傾向が強くある
ため、何を詠むにしても伝統的な俳句では自然の季節が大切にされてきた。

　地理的条件からも、日本社会においては、広大な土地と多民族の異文化で
特徴づけられるアメリカとは違って、季節によって変化する時候・天文・行
事・動植物等の季（感）である季語・季題を人々が共有することはごく自然
におこなわれてきた。たとえば春の季語について『歳時記』を見ると、時候
に関するものだけでも次のようなものが記されている。

寒明け、立春、早春、春浅し、冴返る、余寒、春寒、啓蟄、春めく、晩
春、清明、春暁、春の朝、春の宵、春の暮、朧月夜、暖か、麗か、長
閑、日永、遅日、花冷え、木の芽時、花時、苗代時、穀雨、春深し、
八十八夜、春暑し、暮の春、行く春、春惜しむ、夏近し、…

　季語の用い方についても、一句の中に季語が二つ以上用いられる「季重な
り」は原則として（焦点の定まらない冗長な表現となるために）忌避され、
その物事にふさわしい季節と違っていることは「季違い」として避けられる
ことになる。

　しかし、どのような語句がどの季節の季語となるか、どのようなことが季
節にふさわしくないことであるのかという点については、俳句の世界だけに

通用する約束事が数多くある。

　たとえば次のような句は、下線部の語句が「季重なり」を起こしている。

　　［草の花］ささやきかはす［秋夕^{ゆふべ}］
　　　　秋　　　　　　　　　　秋

次に挙げるのは、異なる季節の季語の入った季節違いの季重なりと見做されている例である。

　　　［小鳥来て］華やぎにけり［紫木蓮^{しもくれん}］
　　　　　秋　　　　　　　　　　春

しかし、同じように相違する季語（「あたたか」（春）と「枯葎^{かれむぐら}」（冬））が一句の中に入っている「あたゝかな雨がふるなり枯葎（正岡子規）」のような句の場合でも、詠まれているのは＜春が来た＞ということにあるのが明らかであるために、この句の季語は冬の季語である「枯葎」ではなく春の季語である「あたたか」に焦点が合わされ、この句としての季語は「あたたか」で春であると見做されている。

　また、次のような季語の季節の区別も、俳句の世界での約束事をよく知らない者には難しいが、この種の例は数多くある。

　　「摘草」は春であるが、「野の花」「草花」は秋。「露涼し」は夏であるが、「露草」「露の世」は秋。「小鳥」「小鳥来る」「小鳥渡る」は秋。「小鳥の巣」「小鳥帰る」は春、「子鳥」は夏。…

　俳句はコンテクストを共有できる場合には、アブダクションによる解釈は一旦その約束事がわかると比較的容易であるが、北海道の人と沖縄の人のように時候などのコンテクストを異にする場合には、アブダクションは難しくなる傾向がある。俳句は、コンテクストを共有できる聞き手には、アブダクションによって解釈は感情的にも深くなり、一種の仲間意識を共有する親しみもあると思われるが、たとえば「露の世」は秋に、「朧^{おぼろ}」は春の句にしか用いられないという立場をとるとすれば、「露の世」を親しい人を失った冬の句に詠みたいと思ったり「朧」を春の季節とは関係なく茫漠たる老境を詠むのに使いたいと思うとき、それができないとすれば、不自由だと感ずる人もいるだろう。

　しかし既に見てきたように、伝統的な日本語俳句における抑制された表現

と季語・定型表現・短い詩形は相互に密接に関係するところがあり、日本語俳句において「無季」「自由律」を試みることは、得るところもあるが、失うところも大きいという見方が強くある。そこで芭蕉も述べているように、「常に」有季定型でなくてもよいのではないかという見方も出されている。

　この種の難問は、俳句における「歴史的仮名遣い」についても生じている。今日、日常生活では現代仮名遣いしか用いられなくなっている。しかし、俳句では「や」「かな」「けり」という文語表現が切れ字として使われており、文語では少ない言葉で微妙なニュアンスを表わす言いまわしが発達している。そしてその文語には歴史的仮名遣いがふさわしいという見方が強い。

　また、俳句には吟行・句会・添削というような仲間の集いや指導・批評・意見の交換などの共同制作的な一面を大切にするところがあり、これは和歌の「本歌取り」や連歌にも見出せる一種のチームワークとも言える側面である。このように日本語俳句に見られるコンテクスト依存性の高さと仲間意識は、作品のみならず、その創作過程においても見出せる興味深い特徴となっていることは注目に値する事柄である。

　人々の日常生活の変化が言葉づかいを変化させ、それが言葉づかいの習慣化したかたちである言語を変化させ、人々に好まれる伝統的な詩歌の形をもまた変化させていく。そして日本人の現代生活の大半は、もはやかつての血縁・地縁・友情でつながる共同社会（Gemeinschaft）であるというよりは、都会的合理的選択的な利益社会（Gesellschaft）の様相の方が濃くなっている。そのように見るとすれば、俳句において重んじられてきた季語としてとりあげられる語句やその使い方、また結社や俳誌等のあり方にも何らかの変化が現れるようになってきたとしても不思議なことではないだろう。

　外山（2003: 322–332）の指摘しているように、かつての俳句は名詞中心の点描法とモンタージュによって散文的な動詞表現では表現できない「軽み、しぶさ、諧謔」が表わされたが、現代俳句は動詞を用いた線的表現を志向するようになっており、説明的で飛躍が少ない平明な句が多くなっている。そして動詞中心の線的表現を好む女性の俳句人口の増加は、現代俳句の注目すべき大きな変化となっていることが指摘されている。

3.3 ハイク─英語俳句など

　今日、俳句は世界で「最短の詩」として多くの人々に親しまれている。英語圏以外でもスウェーデン、ドイツ、フランス、ベルギー、オランダ、クロアチア、スロベニア、セルビア、ブルガリア、ルーマニア、アルバニア、ロシア、中国、ペルー、メキシコ、アルゼンチン、ウルグアイ、コロンビア、ブラジル、インド、バングラデシュ等において俳句が作られており、中国では俳句は漢俳と呼ばれ575の3行17字が一般的であり、台湾、ブラジルでは日本語で句作する人も多いという。

　言語が相違すれば言語芸術としての俳句の特徴も自ずから相違したものになることは容易に想像できる通りである。また高度に多民族多文化であるアメリカのような所では、概してコンテクストの共有度は低く、定型性が発達することは難しい。したがってそのような所の俳句は、日本語俳句と同じ特徴をもつものであるとは言えない。そこでその相違を明示化するために、英語俳句や他の外国語による俳句は、英語での呼称 haiku をそのまま日本語表記して「ハイク」と記されることも多い。

　ここではアメリカ英語の「ハイク」について、それが日本語俳句とどのように相違しているか、簡単に見ておきたいと思う。

　20世紀初頭、世界最短の詩である日本の俳句が相違するイメージの組み合わせや衝突によって「イマジズム（Imagism）」（の詩的創造性）や映画の「モンタージュ」技法（によるカットの創造的組み合わせ）に大きな影響を与えたことはよく知られている。しかし、俳句が海外で本格的に知られるようになったのはブライス（R. H. Blyth 1898–1964）による *Haiku*（1949–52）以降のことであった。

　アメリカにおける俳句の動向を見ると、初期には詞書にあたるタイトルがあり575音節の短長短の3行で、各行頭は大文字で始まるという形式もあったが（図1(1)）、やがてタイトルを無くし、英語の1音節は概して日本語の1モーラ（＝1拍）より意味が重いということに気づかれて、17音節を下まわる自由律になり（図1(2)）、行頭を下げる（インデント（indent）にする）試みがなされたりした。3行俳句が一般的ではあるが、1行俳句も多く作られており（図1(3)）、2行・4行の俳句や、日本語俳句の尾崎放哉の作

品「咳をしてもひとり」よりも短い一語俳句もある（図1（4））——ただし、一語俳句を俳句として認めるかどうかについては、意見が分かれているという。そしてコンクリート・ポエトリーと区別のつかないような俳句もある（図1（5））。

　しかし，よく見ると日本語俳句の普遍的本質的な側面である「575、季語、切れ字」で表わされている精神——すなわち「三つの息の長さ（8モーラで1息という考えに立つ場合）で象徴されるような短いフレーズ、季語に代わるような共有度の高い、強く訴えかけるイメージ，そしてそのようなイメージとイメージの衝突によって生み出される創造的なアブダクションによる解釈」という特徴——は、英語俳句の中でも様々な工夫によって生かされようとしている。日本でも、歴史を振り返ってみれば、外国の多様な異文化をこれまでそのように自文化に同化することによって受け入れてきたのではなかっただろうか。そこで俳句も、外国のそれぞれの異文化において、彼らの文化を生かすかたちで受け入れられていくことが重要であろうと思われる。異文化に日本語俳句の特徴を細部にわたってそのまま強制しようとすることは、彼らの新しい「ハイク」の生命を窒息させることになるだろう。

CRAZE　　　　　　　　　　　　大流行

Brown shoulder tresses　　　　肩に垂れる茶色の巻毛

Pendant beads, Stupefacient　ペンダントの飾り玉。唖然として

I ask: He or She?　　　　　　思う、「男、女？」

〔Sister Honora Zimmer〕　〔巻毛垂れペンダント飾る男、女？〕

図1（1）

Lily:　　　　　　　　　　　　蓮

　out of the water...　　　　　　水から出る

　　out of itself.　　　　　　　自分から出る

　　　　〔Nicholas A. Virgilio〕　〔蓮の花いづる水より自分より〕

図1（2）

第 3 章　逸脱表現とアブダクション　｜　35

the shadow in the folded napkin　　たたんだナプキンの中の影

［Cor van den Heuvel］

図 1 (3)

tundra　　　　　　　　　　　　ツンドラ

［Cor van den Heuvel］

図 1 (4)

beneath　　　　　　　　　腐葉土の

leaf mold　　　　　　　　　下

stone　　　　　　　　　いし

cool　　　　　　　　　の下の

stone　　　　　　　　　いし

［Marlene Mountain］

図 1 (5)

図 1　アメリカの「ハイク」の多様な変化

（佐藤（編著）1987: 48, 35, 87, 22, 88 参照）

3.4　コンクリート・ポエトリー（Concrete Poetry）

　日本で生まれた俳句は世界の多様な異文化に受け入れられて、今日では各々の文化の特色豊かなハイクが生み出されるようになっている。このハイクに近いかたちとして、前節の最後に例示したようなコンクリート・ポエトリーがある（図 1 (5)）。その作品「beneath」では、タイポグラフィー（typography）が生み出す類像的な意味の効果の方が言葉の概念的なメタファーよりも強く働いており、その意味では、ハイクというよりはコンクリート・ポエトリーに類別されてもよいような作品である。

　さて、ここではそのコンクリート・ポエトリーをとりあげて、それが俳句やハイクとどのように相違しているか、またどのようにピカソのキュビズムと相同（homology）的な関係にあるかということを指摘することによって、互いに接点のある「日本語 —— 俳句 —— ハイク —— コンクリート・ポエト

リー──キュビズム」の相互関係と相互からの逸脱性について考えることにしたいと思う。

　図2は日本のコンクリート・ポエトリーの作品としてよく知られている(1) 山村暮鳥「風景」(2) 草野心平「メカニズム」の一部である。どちらもほとんど説明するまでもなく、何を表わしているか、すぐ感じ取れるような作品であると言えるだろう。ここでは、活字の配列のタイポグラフィーの類像(icon)的側面が前面化していながら、文字の概念的な意味も同時に保持されていることがわかるだろう。

風　景

純銀もざいく

いちめんのなのはな
いちめんのなのはな
いちめんのなのはな
いちめんのなのはな
いちめんのなのはな
いちめんのなのはな
いちめんのなのはな
いちめんのなのはな
いちめんのなのはな
いちめんのなのはな
いちめんのなのはな
いちめんのなのはな
かすかなるむぎぶえ
いちめんのなのはな

図2 (1)

メカニズム

あがるあがるあがるあがるあがる。
おりるおりるおりるおりる。
あがるおりるあがる
おりる。
あがる
おりる。
一生に一度の。
或いは二三度あうかも知れない。
そんな顔顔。
たった一度のからだのふれ合い。或いは二三度。
遇うことは同時にさようならの。

図2 (2)

第3章　逸脱表現とアブダクション｜ 37

　(1) は「一面の菜の花畑が類像的に描かれ、それを眺めていると、まるで菜の花畑のどこかから聞こえてくるかのように麦笛が「かすかに」（一行で表現されている）きこえてくる」というものであり、(2) は「人間的ふれあいの乏しい大都会の人間関係」が第 2 連の詩句の言語的意味以前に、第 1 連の活字の機械的な繰り返しやタイポグラフィーによって、エスカレーターの上下のすれ違いのような、あわただしいラッシュアワーの瞬時の人と人のふれあいのような、人間が機械になったような無機的な都市生活を表現したものであろうかと解釈される。

　さて、それではカミングズの詩集 *No thanks* の巻頭に置かれた献辞としての作品である図 3 (1) はどうだろうか。カミングズのコンクリート・ポエトリーの作品は解釈の難しいものが多いが、(1) の「花束」とも「祝杯」とも解釈できる形象に書き込まれているのは、この詩集に収録されることになった作品の出版をかつて「No Thanks（結構です）」と拒否してきた出版社名のリストである。それはピカソのキュビズムの作品が当初拒否され続けたことを想わせる創造的な作品への社会の拒否反応のアイロニカルな類像的表現である。

　図 3 の作品 (2) ta では、ピカソがキュビズムの手法において、慣習化し定型化した遠近法による表現ではなく、解釈者自身にとって意味のある側面のみを焦点化し、見る者の意識の運動によって統合されることになる作品を表現したように、解釈者による力動的な統合が表現されている。

　ピカソの作品は立体的な三次元の世界のみならず、そこに時間の加わった四次元の世界をも二次元的平面によって表現しようとしている。「量塊（マッス）」を面への分解と再構によってとらえることから、対象を特徴づける記号によって形相的に表現することへと進む。また対象を多視点から眺めることによって時間の要素をも取り入れ、文字という概念化したオブジェを書き入れることで現実世界を記号的に導入する。そのようにして、本来あるべき位置からの「分離・倒置・転位・切断・不在」等の技法によって、二次元的に距離づけられたかけ離れたイメージを意識の統合的運動によって結びつける解釈の過程を表現しようとしている（有馬 1995, Arima 1996 を参照）。

```
                                    ta
                                    ppin
              TO                    g
       Farrar & Rinehart            toe
       Simon & Schuster
       Coward-McCann                hip
       Limited Editions             popot
       Harcourt, Brace              amus Back
       Random House
       Equinox Press                gen
       Smith & Haas                 teel-ly
       Viking Press                 lugu-
       Knopf                        bri ous
       Dutton
       Harper's                                    eyes
       Scribner's                   LOOPTHELOOP
       Covici, Friede
                                    as

                                    fathandsbangrag
         図 3 (1)                         図 3 (2)
```

　カミングズがこの作品で表現しようとしているのは、それと同じようなことをタイポグラフィーによって言語表現しようとしたものである。図 3 の(2) のカミングズの作品では、単語の自由自在な切断と連続表現、大文字・スペースの配置・ハイフンの活用によって、つま先でタップを踏みながら (tapping)、かば (hippopotamus) のように大きな背 (大文字の Back) を見せて、気取って (genteelly) ちょっとオーバーに憂いをうかべた目 (lugubrious eyes) を大きく見ひらいて激しくくるくる回しながら (loop the loop の大文字と単語の分切されない連続表記) 太った手でバンバンとピアノを激しく叩くようにしてラグタイムを奏でる (fat hands bang rag の連続表記) 黒人のピアニスト (第 2 連の大文字の B で始まる Back は、第 6 連の最終行の fat hands からの連想と相まって、その視覚的・聴覚的連想から Black を連想させないだろうか) が表現されている。そして、この作品全体の垂直構造を強調する文字の配置によって、上から下への目の動きを促すスピード感と精神性が暗示され――ピカソにおいても垂直性の構図が精神性を暗示することが指摘さ

れている——単語の分切法と行間の取り方によって、ジャズのラグタイムによる演奏の「シンコペーションのリズム感」が聴覚的にも視覚的にも表現されている（有馬 1995: 157）。

このようにコンクリート・ポエトリーでは、社会的概念的なメタファーは最小限に抑えられて、現在性と直接性を志向する感性表現が中心となっている。言語には通常その言語の社会性が付随するものであるが、カミングズの作品では、戦争を生み出す母体となりうる高度に組織化された社会的概念性を逃れるための表現が、コンクリート・ポエトリーの類像的な感性的表現によって必死に求められていることが実感される。

4.　結論

日本語はコンテクスト共有度の高さによって特徴づけられてきた言語であるが、「点的論理」と「聞き手責任」による解釈がコンテクスト依存性の高い推論であるアブダクションによってなされてきたことを述べてきた。そして、「有季定型」の俳句がそのような日本語の本質を詩的に洗練されたかたちにおいて効果的に表現してきたことについて論じた。

しかし俳句の国際化によって生じたアメリカのような広大な土地における多民族多文化社会の「ハイク」では、コンテクスト共有度は低くなり、そのために共有されることの難しい季感ではなく、当該文化の日常生活で親しまれているイメージが多用されるようになっている。そしてコンクリート・ポエトリーでは、社会性よりも個人の主体的な多視点から眺められるイメージの力動的な解釈が重視されて、それがタイポグラフィーによって感性的に表現されることが多くなっている。

本論は、社会生活の変化によって日常的な解釈が変化し、それが日本語表現およびそれに関係する俳句、そしてハイク、コンクリート・ポエトリーという詩的形式にどのような影響を与えてきたか、創造的な解釈の仕組みであるアブダクションとコードからの逸脱表現の関係について具体的に論じようとしたものである。

参照文献

Arima, Michiko (1989) Japanese culture versus schizophrenic interpretation. *Text* 9 (3): 351–365. Berlin: Mouton de Gruyter.

有馬道子 (1990)『心のかたち・文化のかたち』東京：勁草書房.

Arima, Michiko (1991) Creative interpretation of the text and the Japanese mentality. In: Y. Ikegami (ed.) *The empire of signs: Semiotic essays on Japanese culture,* 33–55. Amsterdam: John Benjamins.

有馬道子 (1995)『ことばと生命』東京：勁草書房.

Arima, Michiko (1996) Japanese haiku vs. English haiku vs. concrete poetry. *Poetica* 46: 137–152. Tokyo: Shubun International.

Arima, Michiko (1998) The unmarked unbounded ways of speaking and high context Japanese. *European Journal for Semiotic Studies* 10(3): 509–525. Wien: Institute for Socio-Semiotic Studies.

有馬道子 (2014)『[改訂版]パースの思想』東京：岩波書店.

有馬道子 (2015)『日英語と文化の記号論』東京：開拓社.

Bernstein, Basil (1970) Social class, language and socialization. In: Pier Paolo Giglioli (ed.) *Language and social context,* 1972: 157–178. Middlesex: Penguin.

Blyth, Reginald H. (1949–52) *Haiku.* Tokyo: The Hokuseido Press.

Cummings, E. E. (1972) *Complete poems 1913–1962.* New York: Harcourt Brace Jovanovich.

Fischer, J. L. (1966) Syntax and social structure. In: William Bright (ed.) *Sociolinguistics,* 168–187. The Hague: Mouton.

Hinds, John (1987) Reader vs. writer responsibility. In: Ulla Connor and Robert B. Kaplan (eds.) *Writing across languages,* 141–152. Reading, MA: Addison Publishing.

川端康成 (1952)『雪国』東京：岩波書店. (E. Seidensticker (訳) (1957) *Snow country.* Tokyo: Charles E. Tuttle Co.)

川本茂雄 (1985)「記号 (最終講義)」日本記号学会 (編)『記号学研究 5　ポイエーシス：芸術の記号論』1985: 11–27. 東京：北斗出版.

草野心平 (1966)「メカニズム」『マンモスの牙』東京：思潮社.

Peirce, Charles S. (1931–58) *Collected papers.* Cambridge, MA: Harvard University Press.

佐藤紘彰 (編著) (1987)『英語俳句』東京：サイマル出版.

外山滋比古 (1973)『日本語の論理』東京：中央公論社.

外山滋比古 (2003)『外山滋比古著作集 6』東京：みすず書房.

山村暮鳥 (1998)「風景」『書物の王国』編纂委員会 (編)『書物の王国⑤ 植物』163–165. 東京：国書刊行会.

第3部

構文の成立と拡がり

第4章

分詞表現の談話標識化とその条件
懸垂分詞からの構文化例

早瀬尚子

1. はじめに

　本論では、英語の（主語不一致の）懸垂分詞構文という特定の文脈の一部であった分詞表現が、メタ言語的機能、談話標識としての機能をもつように変化していく現象を考察する。

(1) a. *Strictly speaking*, this claim is not correct. 　　　　(Declerck 1991: 463)

b. *Talking of birds*, what about the birds here? 　　　　　(BBC News)

c. *Speaking as a young person*, when I meet people, the first thing I think of is not their color, it's how do they greet me. I don't see people's color when I first meet them. 　　　　　　　　　(COCA[1])

懸垂分詞節が容認されるのは、概念化者が典型的には話者に一致し、分詞節での行為をおこなった結果主節内容が知覚される、というシナリオ的意味を表す場合である（早瀬 2009, Hayase 2011）。主語一致の（規範的な）分詞構文と懸垂分詞構文との違いは、前者では概念化者が観客として客体的に事態の推移を眺める視座をとる一方、後者では概念化者が自ら主体的に事態に関わる視座からの描写だという点である（早瀬 2009）。

1　正式名は The Corpus of Contemporary American English で、約5億2千万語所収の現代アメリカ英語コーパス。

44 ｜ 早瀬尚子

　ただし、懸垂分詞節のコメント機能がどのような言語要素によって具体化
されるかについては、検討の余地が残されている。現在分詞や過去分詞単独
で懸垂分詞節が成立することはまれで（ただし、後述するようにそのような
事例もある）、多くは共起要素を伴っている。しかし（1）と（2）では同じ分
詞節が用いられているものの、（2）は通常の主語一致の分詞構文としてしか
成立できない。

(2)　a.　*Speaking generally,* Olson said they are not typically awarded to chief
　　　　　executives.

　　　b.　*Talking of the country itself*, he advocates a nonviolent and
　　　　　compassionate return.

　　　c.　*Speaking as a young person*, he tried to attract the college students.

では何が二つを分かつのだろうか。

　本論では、どのような共起要素だと懸垂分詞構文として「適格に」なるの
か、懸垂分詞構文が主語一致の分詞構文とどのように棲み分けをおこなって
いるのか、またどのようなときに懸垂分詞（節）がメタ言語的コメントになっ
たり談話標識化していったりすることになるのかについて、探ってみたい。

2.　懸垂分詞の特徴―早瀬（2009）、Hayase（2011）から

　本論で扱う分詞のメタ言語的機能が発揮されるものは、そのすべてが懸垂
分詞構文という文脈に端を発するものである。懸垂分詞構文とは次にみるよ
うな、分詞節と主節の主語が一致していない分詞構文のことであり、規範文
法的には不適格と判断されるものである。

(3)　　*Leaving the bathroom*, the immediate lobby is fitted with a pair of
　　　　walnut wall cabinets.　　　　　　　　　　　　　　　（早瀬 2009: 72）

本節では、懸垂分詞構文にみられる特徴について、本論でのメタ言語的機能
への発展に関わる側面に焦点を当てて概観する。より詳しい内容については
早瀬（2009）、Hayase（2011）での主張内容を参照されたい。

2.1 懸垂分詞構文で表される事態の特徴

懸垂分詞構文の特徴は、懸垂分詞で表される事態に共通して意図性が要求されること、それに対して主節には状態相もしくは起動相という、意図性のない事態が来ることである。

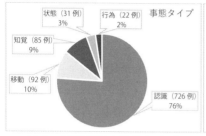

図1　懸垂分詞の事態タイプ

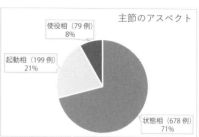

図2　主節の事態アスペクト

(4) a. *Comparing them to the English baroque woodwinds*, it is clear that…

　　b. *Walking along the path*, it was fascinating to see…

　　c. *Watching the race,* it was obvious that…

(5) a. *Entering the monastery,* the ticket office is on the left …

　　b. *Moving out of main season,* the frequency of stronger winds drops.

　　c. *Returning along the track*, a gate in the wall on the right near a barn … admits to a sloping field with a sharp descent after passing a limekiln to Browgill Cave.　　　　　　　　（早瀬 2009: 63–71）

図および (4) にみるように、懸垂分詞に来る事態は<1> 認識事態 (4a)、<2> 移動事態 (4b)、<3> 知覚事態 (4c) と解釈されるものに偏っている。また主節には圧倒的に (5a) のような状態相の事態が生起し、その7割が現在時制で用いられている。(5b) のような起動相の事態も次に続き、この二つを合わせると主節では実にその9割が動作主を必要としない事態を表すこととなる。さらに、8%を占める使役相事態もその79例中60例が (5c) にみるように無生物が主語となる事態であり、非動作主的事態であることが確認できる。つまり、懸垂分詞構文では懸垂分詞節に動作主的事態が、主節には非動作主的事態、典型的には状態相が描かれる傾向が強く、この組み合わ

せから逸脱している (6) のような例は容認性が著しく低くなる。

(6) a. ??*Having eaten our lunch*, the steamboat departed.

(Quirk et al. 1985: 1122)

b. ??*Paying our bill*, the waiter brought our hats. （Visser 1972: 1140)

このように懸垂分詞構文では懸垂分詞節とその主節とで動作主性の度合い
に大きな乖離があり、このままでは事態解釈に首尾一貫性をみいだせなくな
る。この首尾一貫性を獲得するためには、構文の意味として、非明示の概念
化者の存在を想定する必要がある。つまり、懸垂分詞節が表すのは概念化者
の動作主的行為（典型的には認識 > 移動 > 知覚行為）であり、かつ主節では
その概念化者により知覚経験された非動作主的状態が表されることになる。

(7) a. *Leaving the bathroom,* [Conceptualizer can see] the immediate lobby
is fitted with a pair of walnut wall cabinets.

b. *Moving further north,* [Conceptualizer can see] the United States has
rather fewer volcanoes.

(7) の [　] 内の解釈が補われるべき構文的意味である。この構文的解釈が
可能な場合には「適格な」懸垂分詞構文として容認されるが、不可能な場合
には意味が通らなくなるため、難しくなる。

(8) Then he fetched some newspapers from the kitchen table, went into the
study, and settled down in his favorite armchair, looking forward to a
quiet and undisturbed evening.

a. *Reading the evening paper,* a dog started barking.

(Kortmann 1991: 46)

b. ##*Reading the evening paper,* a dog lay on the sofa chewing a bone.

(Hayase 2011: 101)

(8) の文脈から、この文章の主体である概念化者がおこなった行為および経
験した事態が展開しているとわかる。(8a) では概念化者が新聞を読んでい
ると犬の鳴き声を聴覚的に知覚したことが描かれており、構文的解釈に合致
している。しかし (8b) では新聞を読みながら犬がソファで骨を噛んでいる
ことを同時に視覚で知覚することは難しく、構文的解釈が得られないため、
表現としてはおかしくなる。つまり懸垂分詞構文が適切に成立するために

は、概念化者が主節事態を知覚するというプロセスが非明示ながらも得られなければならないことになる。

3. 談話標識としての懸垂分詞節表現

懸垂分詞節表現の中には、それ自体が談話上のコメント機能を発揮するものがある（Hayase 2014）。特に発話動詞由来である speaking を用いた分詞節は、懸垂分詞の中でも最も談話機能、特にコメント機能が発達しているといってよい。

(9) a. *Strictly speaking*, this claim is not correct.

　　b. *Speaking of foods here*, what about the Italian restaurants?

　　c. *Speaking as a friend*, your hairstyle is a little bit snobbish.

speaking と共起する表現にも多様性が認められる。しかしその使用および多様性は、ある基準が満たされる限りにおいて許されるものである。以降では、コメント機能が発揮されるような談話標識的な使用がどのような条件下で頻出するかを、COCA、SOAP[2] および NOW[3] からのデータをもとに確認したい。

3.1 懸垂分詞 speaking の主節

まず懸垂分詞 speaking と共起する主節にはある特徴が顕著にみられる。それは、常に概念化者による発話の内容が現れることである。(9) の例はいずれも (10) の［ ］にある類の表現を補って解釈することが可能である。

(10) a. *Strictly speaking*, ［I will say］ this claim is not correct.

　　 b. *Speaking of foods here*, ［I will ask you to say］ what about the Italian restaurants?

2　正式名は Corpus of American Soap Opera で、2001 年から 2012 年までのアメリカの TV ドラマのスクリプトを集めた、約 1 億語所収のコーパス。

3　正式名は News on the Web で、2010 年から今現在までのウェブ上のニュースや雑誌データを常に収集し続けているコーパス。2017 年時点で 48 億語以上の所収で、日々更新され増え続けている。

c. *Speaking as a friend*, [I will say] your hairstyle is a little bit snobbish.

ここでの概念化者は話者 I と一致する。よって、主節の発話はすべて話者自身による発話と認識されることになる。

　この現象は、speaking を用いた懸垂分詞構文だけでなく、主語一致のケース、つまり規範的な分詞構文においても一貫して観察される。(11) は主語一致の規範的な分詞構文の例だが、その主節には主語の発話行動を示唆する表現が生起する傾向が顕著にみられる。

(11) a. *Speaking before central bank managers*, <u>Mieno said</u> the BOJ will continue its cautious monetary policy.

　　b. *Speaking about a House budget bill*, <u>Bittman insisted</u>: "…"

　　c. *Speaking to Chinese-American business people in New York*, <u>Mr. Wen claimed</u>, (…)

(12) 　*Speaking about the Christmas present*, he walked around the shop.

いずれも X said またはそれに準じる発話動詞が用いられ、その後に発話内容が後続することが確認できる。この X said という表現は、懸垂分詞構文が構文的に与える非明示の意味として先ほどみた「概念化者 (Conceptualizer) が主節の事態を発見、認識する」に準じるものであることに注意したい。speaking が導く懸垂分詞節ではこれが「概念化者が主節の事態を（認識結果として）発声する」という意味となっている。このタイプの表現が speaking を用いたデータの 90.30%（801/887）を占めており、そのうちの懸垂分詞例は実に 100% がこのタイプである。逆に (12) にみるような、speaking とは独立した他の行為を描写しているタイプは主語一致のケースに限られ、それも主語一致の speaking データの 13.85%（9/65）に過ぎなかった。ここから、speaking を用いる分詞構文はその大半が懸垂分詞的な事態を描写するものに偏っており、よって speaking がそのコメント機能を発揮するための素地が十分に整っていることがわかる。

　では懸垂分詞構文の場合の speaking にはどんな要素が共起できるのだろうか。それは大きく 3 つのタイプに分けられる。以下それぞれみていきたい。

3.2 懸垂分詞の共起要素（1）─話題（TOPIC: speaking of/about X）

　第1の例として、speaking が導く分詞構文に話題要素が頻繁に共起することが挙げられる。話題要素は具体的には of/about が導く前置詞句の形で現れ、特に of は speaking の懸垂分詞用例の中で最も共起頻度が高い。これらの前置詞句は (13) のように、後続する発話の内容に先立って生起し、その内容をキーワード的にまとめた話題の導入をおこなっている。

(13) a.　*Speaking of the future of books*, there's news today that Google plans to start selling books.　　　　　　　　　　　　　　　　　　（COCA）

　　 b.　By the way, excuse me. *Speaking about the Patriots*, isn't it curious, Cal, that we don't have this kind of scandal in the brewing in the press, about football.　　　　　　　　　　　　　　　　　　（COCA）

これらの前置詞句はいずれも後続する主節の「発話内容を特定する」機能をもつ。ただし、of と about の選択には図3のように偏りがみられる。of の方が懸垂分詞と共起する割合が高く、したがって speaking of というチャンクが定着しているのに対し、speaking about はむしろ懸垂分詞での定着度がそれほど高くなく、主語一致型で用いられる割合が高い。ここから、speaking of の方が speaking about よりも定着したチャンクであることがうかがえる。

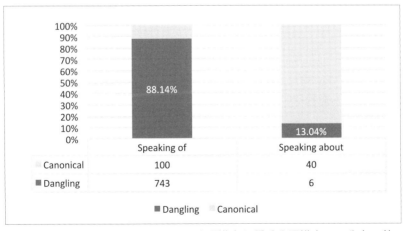

図3　speaking of/about における分詞構文と懸垂分詞構文での分布の差

of と about の違いは、前者が後者よりも狭い話題を指し示す点にある。about > of の順に話題を絞ることは自然であるが、その逆はおかしくなる。

(14) a.　She speaks about body language in her TED talk. She spoke of the importance of first impressions.

　　 b. ##She speaks of body language in her TED talk. She spoke about the importance of first impressions.

speaking of の方が speaking about よりも懸垂分詞としての生起割合が高いことから、この表現は特定的な話題を導入する際に使われやすいことがわかる。

3.3　懸垂分詞の共起要素 (2) ―様態

懸垂分詞と頻繁に共起する第 2 の例として、様態（MANNER）要素が挙げられる。この様態は副詞として現れる場合と、前置詞句として生じる場合とに大きく分けられ、その表す意味も微妙に異なる。以下順にみていく。

3.3.1　様態―副詞＋ speaking

懸垂分詞由来の定型形式 X speaking では、典型的には X の要素として副詞をとる（[ ] 内は COCA での生起数）。

(15)　generally [929], strictly [385], relatively [175], broadly [162], technically [110], roughly [96], politically [81], properly [78], historically [61], statistically [60], figuratively [50], comparatively [46], legally [43], frankly [37], metaphorically [34]

いずれも speaking による発話の様態（MANNER）を表す要素が共起している。「一般的にいうと (generally speaking)」、「厳密にいうと (strictly speaking)」など、どのように語るかをより詳細にする要素ともいえる。

　　ただし様態と指定するだけでは「適格な」懸垂分詞節としては不十分であり、実際に共起できる要素は意味の観点からさらに限定される。

(16)　Speaking {#kindly/#softly/#fast} …

(16) は「いい方」を詳述する純粋な様態と解釈できるが、それでは懸垂分詞として不適格で、したがってコメント機能も果たせない。(15) と (16) の違いは、前者が話し方ではなく話す内容に直接関係しているという点であ

る。generally speaking（一般的にいうと）と specifically speaking（限定的に
いうと）とを比較すると、どちらをいうかで後続の主節の発話内容が自然
と影響されて変わるので、その点では発話内容を制限・限定する。一方で
(16) のように話し方が変わるだけでは内容に影響を及ぼすとは保証されな
い。このように、コメント機能をもつ speaking と共起できる要素は、様態
（MANNER）表現の中でも後続発話を限定するものに限られる、とわかる。

　この種のものは、従来発話行為や関連性理論などといった語用論におい
て、I say to you に相当する遂行節、または高次推意とよばれるものが潜在
化しているとする分析が成される。ただし、この遂行分析や高次推意分析
が、どのような言語的条件が整ったときに発動され、どのようなときにはそ
の推意が満たされないのか、ということはまだ十分には議論されていない。
本論の議論に基づけば、以降の発話内容を限定するタイプの副詞が来たとき
にのみ、この高次推意が得られる、ということがわかる。

3.3.2　様態—speaking ＋ 前置詞句

　様態は副詞以外にも、前置詞句の形で示される。そして、前節でみた副詞
形への条件が、同様にこの前置詞句にも当てはまる。すなわち、懸垂分詞節
に共起可能な前置詞句表現は、いずれも主節の発話内容を何らかの形で限定
するものである。

(17) a. ***Speaking with*** *fairness*, it is general knowledge that the humility of
　　　an autumn is more noticeable at the beginning of the season. （NOW）

　　b. ***Speaking from*** *first-hand experience*, it is not possible for a Canadian
　　　commentator to publicly point out negative aspects of Islam in
　　　mainstream media.

　　c. ***Speaking in*** *military* ***terms***, it looks better than previous days.

　　　　　　　　　　　　　　　　　　　　　　　　　　　　　（COCA）

　　d. ***Speaking as*** *an executive*, your daughter might feel alienated enough
　　　to look for opportunities elsewhere. （…） ***Speaking as*** *your friend*, I'm
　　　gonna be blunt. You might just lose your daughter. 　　　（SOAP）

(17) で speaking と共起する前置詞句表現は様態、特に発話内容そのものに

直接関わる様態を表す要素である。「公平に（with fairness）」もしくは「直接経験から（from first-hand experience）」あるいは「軍事的な用語で（in military terms）」または「幹部として（as an executive）」語る場合、それ以外の様態、立場から語る場合と比べてその発話内容が変わってくる。つまり懸垂分詞との共起要素は、後続する発話内容に影響する要素だといえる。

　このことは以下の例と（17）とを比較すると明らかである。

(18) a. ***Speaking with*** ⦃*humor and conviction / obvious excitement / an accent*⦄, he said…

b. ***Speaking from*** ⦃*the platform / the auditorium*⦄, he emphasized that …

c. ***Speaking through*** ⦃*the megaphone / a spokesman*⦄, the leader commented…

d. ***Speaking over*** ⦃*the phone / the TV networks / the noisy hum*⦄, the chairman stated…

(18a, b) には (17a, b) と同じ with/from 句が生起している。しかし前者は語る際の様態を表すものの、直後に主節で展開される語りの内容とは直接関係しない。（18a）では語りをおこなう主体そのものの様態を、（18b）ではどんな場から語るかという語りの場所や場面を、（18c, d）では語りの際に用いる手段・媒介を、それぞれ表すものの、いずれも語りの内容には直接影響しない。したがってこれらの様態は懸垂分詞構文としては相容れないものとなる。実際に（18）のタイプの前置詞表現は主語一致型の分詞構文としての用例ばかりが見つかるものの、懸垂分詞との共起例はコーパスでは見あたらなかった。類例を挙げておく。

(19) a. ***Speaking*** ⦃*while staying at Tokyo / with an accent*⦄, the president said that the present economic recession should be tackled soon.

b. ##***Speaking*** ⦃*while staying at Tokyo / with an accent*⦄, the present economic recession should be tackled soon.

(19) のように、発話時における発話主体の様態（while staying at Tokyo / with an accent）に関わるものは、主語一致の分詞構文としては可能だが、懸垂分詞としては容認できない。懸垂分詞の speaking と共起できるのは、MANNER の中でも発話内容に影響するとみなされる要素なのである。

第 4 章　分詞表現の談話標識化とその条件　| 53

　ただし字義通りには場所を表す表現であっても、それが転用されて解釈の
シフトがおこなわれ、主節内容を限定する限りにおいて、懸垂分詞節に生じ
ることが可能となる。

(20)　***Speaking*** *from the altar*, it is not forgivable; ***speaking*** *personally*, the
　　　thing is different.

ここでの speaking from the altar（祭壇から話をすると）は、実際に話をする
場所を表すというより、speaking personally（一個人として語る）と対応させ
て、「聖職者として語るならば」とする解釈が可能である。つまり祭壇とい
う場所を、その発話をおこなう「立場」としてメトニミー的に解釈している
ため、後続する主節の内容成立を限定する要素だと考えられる。このよう
に、発話内容を限定する（と解釈修正できる）場合は懸垂分詞 speaking と共
起可能だが、その機能が発揮できているかは全体との関わりの中で決まるこ
とで、from 句などその表現単独だけでは決められないことになる。

3.4　懸垂分詞の共起要素(3)―情報源としての話し相手(speaking to/with X)

　懸垂分詞 speaking と共起可能な要素の 3 つめとして、話し相手(ADDRESSEE)
を表す場合が挙げられる。例文数自体はさほど多くないが、懸垂分詞として
見つけられたいずれの事例も、「後続する言説(statement)内容を得る情報源」
と考えられる。

(21)a.　Hopefully this weekend we will see a bit of a spark. ***Speaking with***
　　　　various people, his form is excellent just now, as good as it has ever
　　　　been.　　　　　　　　　　　　　　　　　　　　　　　　　　(COCA)

　　b.　***Speaking to*** *people in the street*, it's clear that much of the anger was
　　　　focused on now former President Zine El Abidine Ben Ali.　(COCA)

(22)a.　***Speaking with*** *the Sunday Observer*, he {said/explained/criticized}
　　　　that….　　　　　　　　　　　　　　　　　　　　　　　　　(COCA)

　　b.　***Speaking to*** *reporters after the Senate floor session Tuesday*, Deeds
　　　　expressed disappointment and concern (…).　　　　　　　(COCA)

(21a, b) ともに、前置詞の違いはあるが、目的語はいずれも主節内容の情報

を提供する源を示している[4]。(21a)ではさまざまな人と話をした結果、彼の
フォームが今までになく良いことがわかった、ということだし、(21b) では
街の人に尋ねたところ、民衆の怒りが前大統領に向けられていることが明ら
かになっている。情報源が変われば内容も異なることから、これまでみた制
約と同じく、後続する発話内容を限定する要素だとみなせる[5]。

　以上、懸垂分詞 speaking の共起要素には偏りがみられる。共起可能か否か
は副詞形や前置詞句などの統語カテゴリーだけでは決定できず、「後続する
主節内容形式を限定する」か否かという意味的側面を考慮する必要がある。

3.5　共起要素とコメントらしさとの相関性

　さらに特筆すべき結論として、上述のように共起要素によって3つのグ
ループに分けられること、さらにはそれによって懸垂分詞が果たしている機
能が少しずつ異なってくることが指摘できる。

　第一に、「話題(TOPIC)」を表すグループが最も頻度が高く、of>about と
いう頻度順を示す。このグループの場合、of/about に他の意味内容が後続す
ることはない。したがって、of/about を用いたならば、必ずその後続要素と
して発話内容をまとめる話題に相当するキーワードを導くことが保証され
る、形式と意味との相関性が強いことが指摘できるグループとなっている。
さらには、speaking による懸垂分詞と主節との意味関係が最も緊密である。
二つは互いに独立した事態を表すのではなく、主節における発話内容をメタ
的にまとめたものが懸垂分詞節で表されるという関係になっており、二つは
密接かつ同一事態を表している。このように、話題を表すこのグループは、
形式と意味の合致度および懸垂分詞と主節の意味関係の緊密さも生起頻度も
最も高く、懸垂分詞 speaking を用いたコメント節のプロトタイプといえる。

4　なお、with と to の違いは、データをみる限り、対話かインタビューかに対応する傾向
があるようだ。(21a)ではさまざまな人と対話をする中で彼の調子のよさが浮かび上がって
いるのに対し、(21b)では街の人の意見を調査すべく能動的に意見収集をおこなっていると
考えられる。このような差が with と to に現れてきていると思われる。

5　なおこれは懸垂分詞構文にのみ一貫して関わってくる制約で、規範的な主語一致の分詞
構文では、(22)にみるように同じ speaking with/to 表現が発話の場面設定をおこなう要素、
つまり発話内容を限定するとはいえない要素と共起可能である。

次の「様態（MANNER）」グループは、懸垂分詞節に共起できるものとできないものに二分され、共起可能なのは主節に生じる発話内容に関わりがあると解釈される様態のみであった。またこのグループでは先の話題グループと同じく発話内容についてのメタ的解釈が可能だが、この解釈は形式と意味との相関関係が頻度に基づき保証されるものに限って定着していく。たとえば、speaking as…という表現はほぼその 100% が発言者の立場を表しており、他の意味を表す可能性がない。したがって先ほどの話題のときと同様、発言へのメタ的コメントを提供することが形式から保証される。一方、speaking from…表現では発話の場所を表すことが多い。つまりコーパス統計上、後続発話内容への関与が保証されない例に遭遇する割合の方が高いので、メタ的コメントとしては成立、定着しがたいと判断される。このように、様態グループでは、その形式だけではなく、発話内容を限定しているかどうかという、個別例に踏み込んでの判断が必要になってくる微妙な事例を有しており、各々の前置詞・副詞表現によってその定着度がさまざまに異なりうる。また主節と懸垂分詞との意味関係は、緊密ではあるものの、発話の見解や視点といった、内容そのものではなく内容に関わる側面ということで、関係の緊密性は先ほどのグループよりはやや劣る。よって、このグループはプロトタイプに準じる 2 番手のグループとみなすことができる。

　最後のグループは「話し相手（ADDRESSEE）」である。懸垂分詞と共起できるのは、主節における発話内容の情報源、つまり、様態の場合と並行して、主節内容に関連すると解釈される場合に可能だと明らかになった。ただし、このグループでの懸垂分詞と主節との関係は「情報源から入手した結果このような内容となった」という継起的なものであり、内容に関わる側面を描いているとはいえ、二つの事態の緊密性は最も低い。その点で、speaking による懸垂分詞グループの中でも周辺例と位置付けられる。実際、生起例は最も少なく、周辺例であることを裏付ける結果となっている。

　以上、同じ speaking という懸垂分詞を用いても、それが表す談話的な意味機能は、共起表現により少しずつ異なる。この状況は、構文論研究で具体的語彙項目を考慮に入れたレベルで意味と形式のペアを考えるべきだとする verb-class/verb specific construction という考え方（Croft（2003）や Iwata（2008）

56 ｜ 早瀬尚子

など）の主張に対応する。そして3つのグループの中でも、新たなる表現を
作り出す生産性の度合いは、話題グループとそうでない情報源としての話し
手グループとで大きく異なる。特に話題グループは生産性が高く、さらなる
意味変化が観察される。これについては第5節で検討したい。

4. ネットワークと拡張性

前節では、懸垂分詞 speaking が、1）話題、2）発話内容に関わる様態、3）
情報源としての発話相手、という要素と共起するとコメント機能をもてるこ
とを確認した。この同じ制約や偏りは、speaking だけではなく他の動詞由来
のものでも確認できる。以下簡単に概観する。

まず話題を表すタイプはコメント機能としての使用頻度が圧倒的に高い。こ
の傾向は発話動詞由来のみならず、その他の動詞由来の懸垂分詞でも観察さ
れる。話題マーカーは動詞によって of/about 以外の前置詞になることもある。

(23) a. "***Talking of*** *unattractive expressions*, what's up with you?"

　　 b. ***Talking about*** *8th grade*, these are young kids who don't have any
　　　　 other opportunities, any other places to go.

(24) a. ***Thinking about*** *it from a spiritual angle*, loving another person is a
　　　　 chance to align ourselves with God and to transcend our own cautious
　　　　 plans for our lives.

　　 b. ***Thinking of*** *an army enter the city*, a foreign army, they cannot
　　　　 communicate with the people, they cannot speak Arabic.

(25) a. ***Looking at*** *the development so far*, there is the need for CD trials in
　　　　 the near future.

　　 b. ***Looking ahead***, it is difficult to be optimistic, (…)

話題マーカーおよびそれを特定する語はないが、直接懸垂分詞の目的語に
相当する内容を主節として対応させるタイプもこの話題グループに属する。
(25b) の looking ahead や、次の (26) の例はそれにあたる。

(26) a. Frank, we have about a minute. ***Summing up***, the ball is in whose
　　　　 court? (COCA)

第 4 章　分詞表現の談話標識化とその条件 | 57

b. ***Summarizing*** so far, SSCG faces two problems. First, （…）. (COCA)

c. ***Concluding***, the items in the Greek version of TER form a scale that has reasonable internal consistency/reliability for all subgroups of our sample.　　　　　　　　　　　　　　　　　　　　　　　　　（COCA）

いずれも、まとめる (summing up, summarizing)、結論付ける（concluding）対象そのものが後続する主節の内容となっている。ここでは懸垂分詞節自体が後続する発話・思考内容をどのように理解するかを指示する手続き的な行為を示すことになる。

　次に、様態情報も同じく、後続内容に関わる限りにおいて容認される。

(27)　***Talking in terms of*** *asset values rather than number of savings and loan institutions*, it "seems reasonable" to expect the RTC to resolve thrifts with assets of \$20 billion to \$40 billion per quarter.

(28)　***Thinking at*** *the second level*, practical action （PA） occurs when the teacher becomes more concerned with clarifying assumptions and predispositions while assessing the educational consequences （e.g., if and how are goals being met）.

(29) a.　"***Thinking more strategically*** now, how might the discipline begin to consolidate and capitalize on geographers' interest in land reform?"

b.　*Thinking* {#*slowly*/#*quickly*/#*kindly*}, it is a spectacle.

(27)(28)(29a) でみるように、懸垂分詞に共起するのは後続する発話・思考内容の限定をおこなう場合である。(29b) のような、発話思考内容に関わらない要素は共起できない。話題や様態がコメント機能に重要な共起要素であることは、懸垂分詞 speaking だけにとどまらない一般性をもつのである[6]。

5.　さらなる構文化

　話題グループの定着度が高いことは先にみた通りだが、この構文表現の具体化された表現事例は、さらなる意味変化をおこす。例として、speaking of

---

6　ただし、情報源としての話し相手、という要素は他の動詞由来では確認されなかった。speaking が導く懸垂分詞でも周辺的な事例だったため、応用性が低いと考えられる。

Xという形式のスロットXが具体的語彙で埋まった speaking of {which/that} という表現をとりあげたい。これは以下のグラフで示されるように、1970 年代以降に急増する比較的新しい表現である。

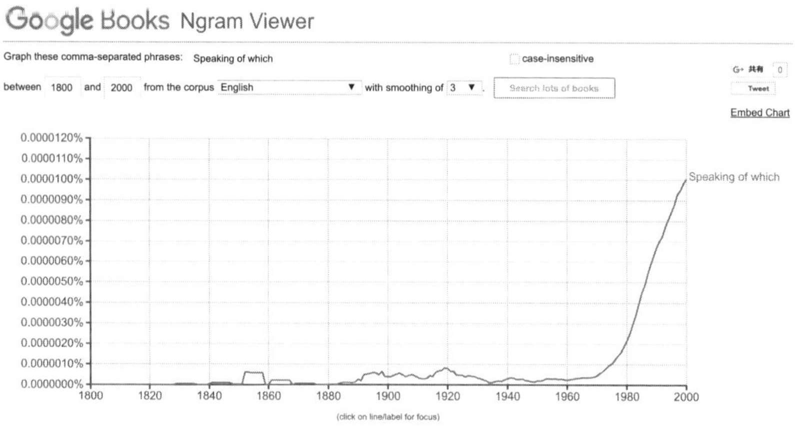

図4　speaking of which の生起割合の推移

この表現は疑問文などの遂行文を伴う割合も高い。また前後の内容的なつながりの必然性を失って、単純に新たな話題を切り出す際のマーカーとしての役割を果たす例もみられる。

　この意味の変化は次の例で示される。まずは which の指示対象としての先行詞が具体的に文内に存在している事例である。

(30) a.　"Maybe it's not my voice. Maybe it's my mother's." "*Speaking of which*, I saw her yesterday at Oak Haven."

　　 b.　So with Zoanette and Adriana out of the way, the task of deciding which girls to put into the American Idol Top 10 becomes 20 percent easier — no matter what Mariah tries to tell us. *Speaking of which*, does anyone really know exactly what Mariah is trying to tell us?

この例では、which の先行詞が具体的かつ明示的に存在し、(30a) では my mother を（「お母さんといえば、オークヘブンで会ったよ」）、(30b) では what Mariah tries to tell us を（Mariah が何をいおうとも 20% は決定が簡単に

なった。ところで、Mariah は何をいおうとしていたのだろうか。）、それぞれ指す。そしてその先行詞が示す内容を新しい話題として導入し、新たに話を続けている。

しかし先行詞そのものが見あたらない事例もみられる。

(30) c. REVA: (…) I hope he comes through all of this all right, you know? I mean, I know it's the kid that's on trial, but Mr. Spaulding really seems to be the one that they're going after. / GRACE: Don't you worry about Mr. Spaulding. Oh, ***speaking of which***, I have to get back. It was nice talking to you.　　　　　　　　　　　　　　　　　　（SOAP）

ここでは、which の先行詞に相当する具体的な名詞句は存在しない。さらには、新たな話題の導入というより、「さて、私は戻らなければ。」と、話を切り上げる方向に変化している。

この推移は次のようにまとめることができる。

表1　speaking of which の推移

	[speaking of [which]] (30a/b)	[speaking of which] (30c)
先行詞	明確	不明確
前後の文の関係	which による話題を中心に展開	話題展開（会話の終了も可に）

このプロセスは、[speaking of [which]] と分析的に説明できる構造から、[speaking of which] 全体で一つのチャンクを成す構造への変化であり、新しい意味と形式の結びつきが誕生する「構文化」の一例ととらえられる。形式面では、[speaking of [X]] 形式の具体例として、前置詞 of の目的語に which をとる構造だったものから、最終的には speaking of which 全体で一つのチャンクを成す構造へと変化をした。また意味機能の面では、which の先行詞が明確に指示対象表現をもつ事例から、先行詞が明確には存在しない事例への推移がみられ、この変化に付随して、話題を転換するという機能が前面に押し出されていっている。

このプロセスは、語彙化ともとらえられ、一見構文とは無関係に思われ

るかもしれない。しかし実はこの現象は Traugott and Trousdale（2014）が主張する「構文化」のプロセスに対応していると考えられる。Traugott and Trousdale（2014）では意味変化のプロセスを次のようにまとめている。

（31）　構 文 化 前 の 構 文 変 化（Pre-Constructionalization Constructional Change）

　　　→構文化（Constructionalization）

　　　→ 構 文 化 後 の 構 文 変 化（Post-Constructionalization Constructional Change）

意味と形式両方の側面が変化した場合を「構文化（Constructionalization）」というが、その前後には形式だけ、もしくは意味だけの側面での「構文変化（Constructional Change）」が生じているとされる。「構文化前の構文変化」では語用論的推論が意味の一部として読み込まれるなどにより、形式と意味のミスマッチがおこっている状態、また「構文化後の構文化」では共起できる要素の拡大や音韻・形態的縮約などがその特徴として挙げられている（Traugott and Trousdale 2014: 27）。このような変化プロセスが次々に展開していくことで、言語変化が進められていく、という主張である。また、構文化には語彙的構文化と文法的構文化とがあり、前者が従来「語彙化」として扱われてきた現象に相当し、Goldberg や Fillmore らによる構文が出来上がるプロセスは後者に相当するとされる。現実には両者間に線引きが明確にできるわけではなく、部分的に両者が互いに入り混じる、という見解を示している。

　本論でみた言語変化もこの構文化プロセスに当てはめられる。speaking of X というスキーマにおいて、具体的な語彙項目 which が入力された形式で定着をおこす一方で、意味上では which の先行詞が明確にある事例から、漠然としており which 自体の独立性が定かではない事例へと変化しておりここに形式と意味のミスマッチがみられる。この段階は「構文化前の構文変化」といえる。そして speaking of which 全体がチャンクとなり、それと同時に意味も、話題を先行文脈から選び出す表現だったものが、その選び出す話題が必ずしも特定されず、もっと一般的に新しい話題へと転換する機能をもつものへと変わっていくことから、このミスマッチは解消され、新しい意

第4章　分詞表現の談話標識化とその条件　|　61

味と形式のペアが産出される「構文化」が成立すると考えられる。さらには、(30) にみたように、話題を転換する表現だけでなく話題を終わらせる表現でさえも共起できるようになっている。これは、「構文化後の構文変化」に伴うと指摘された、「共起できる要素の拡大現象」にあたる。

　また次のように speaking of だけで使われる事例も、音韻・形態論的縮約の一例とみなせる。

(32)　　SHEPHERD-SMITH: (…) The chimps are taking over. ***Speaking of***, Greg, back to you. / GUTFELD: Thank you.　　　　　(COCA)

テレビの報道番組で、レポーターが話を終えてスタジオにマイクを戻すときのセリフであり、話題を終わらせる役割を果たしている。以上のように、speaking of which は現在「構文化後の構文変化」の段階にあるととらえられる。

　さらにはこの形式そのものに共起できる要素が拡大する現象がみられる。たとえば、speaking of which に類する事例は同じく発話由来の分詞 talking でも観察される。

(33) a.　Whatever Mac you use, whatever the size of your music collection, we're sure you'll find something of interest here — you can access all the niggly options Apple tries to hide, perfect your album artwork and constantly see what you're playing. *Talking of which*, here's the first in our list.　　　　　(NOW)

　　b.　REVA: I'm glad you were here, though. You always seem to be around when I need you. / NATE: Glad to help. Mission accomplished. They didn't take the kid. ***Talking of which***, we haven't been introduced. / REVA: Oh, I am so sorry.　　　　　(SOAP)

　　c.　(…) But I have serious doubts that the *new* Google logo registered so high, compared to many of those you mention. I mean, it's only been out for a couple of months, and pretty much on computer screens only - whereas VW, Mercedes, BMW have been in our faces dozens of times a day, every day of our lives since birth.

Talking of, the Chevy logo is a stove bolt, not a bow tie, btw. (…) [7]

(33a) の which はその直前で語られていた、アップルコンピュータの用意するオプション全般を漠然と指しており、[talking of [which]] という分析構造が得られる。(33b) は、「まだ紹介してもらっていない」という後続の表現から which の先行詞が不明瞭であることがうかがえる。よって具体的な話題を導入するのではなく、[talking of which] 全体で話題を変更させるチャンクとして機能している。さらに (33c) の縮約された talking of も、数は少ないが観察される。ここでは「記憶に残る各メーカーのロゴ」への評価をめぐり、車メーカーのロゴは昔からみるのに、最近出てきた新しい Google のロゴの方が高い評価を受けている分析結果に不満を示した後、talking of で話題を変えて、まだ語られていない他の車メーカーのロゴに話題を移している。

　この状況は、Kay (2005, 2013) が主張する coinage という現象に相当する。coinage とは、もととなる表現からの類推に基づいて拡張的な表現を生み出す新語形成プロセスである。Kay (2005) 自身はこのバリエーションは、スキーマを取り出しても限定された表現以外には生産性がみられないため、構文ではないと考えている。しかし意味変化の発端はどんな場合でも類推から始まるものであり、少なくとも類似の二つの事例があれば理論上は構文スキーマが取り出せる。そしてその構文スキーマが定着を強めていくか否かは程度問題であり、構文か構文でないかという明確な線引きは現実的ではない。さらには、構文スキーマレベルでの完全な生産性というものは現実にはなく、むしろもう少し具体的な事例レベルでの偏りがみられるのが現状である。このことは、Croft (2003) や Iwata (2008) でも議論されており、Traugott and Trousdale (2014) でも語彙的構文化の例ととらえる可能性が述べられている。よって本論ではこの事例を、speaking of which という語彙的構文化に基づいて V-ing of which という構文スキーマを暫定的に取り出せる構文的拡張事例とみなしたい。

7　https://businesstech.co.za/news/business/106843/the-most-memorable-logos-in-the-world/（最終確認日 2016 年 12 月 31 日）

6.　まとめ

　本論では、主語不一致の懸垂分詞構文をもとにした懸垂分詞句表現がコメント機能をもつようになる条件を、その懸垂分詞と共起する要素との関係をもとに考察した。speaking という発話由来分詞に焦点を当ててコーパス資料を検討した結果、主節に概念化者の発話・思考内容が展開されており、かつ分詞 speaking と共起する要素が主節の発話・思考内容を決定づける役割を果たしているとみなせる場合に、談話的なコメント機能が得られることがわかった。また共起する要素が「話題」「様態」「情報源としての話し相手」のいずれになるかに応じ、コメント機能のあり方が大きく3パターンに分けられることも明らかになった。speaking に基づく懸垂分詞（構文）という抽象的なレベルではなく、共起する要素に基づいた、より class-specific な構文レベルごとにコメント機能が分かれて得られる状況であることが示された。さらには、「話題」グループの具体例である speaking of which という表現の語彙化およびさらなる意味変化の事例をとりあげ、これが Traugott and Trousdale（2014）の「語彙的構文化」としてとらえなおせることをみた。

付記

　本論は日本学術振興会科学研究費補助金による基盤研究（C）「主観的事態把握と対人関係的機能の発達に関する多言語研究（no.26370564）」での研究の一部である。

参照文献

Croft, William（2003）Lexical rules vs. constructions: A false dichotomy. In: Hubert Cuyckens, Thomas Berg, René Dirven, and Klaus-Uwe Panther（eds.）*Motivation in Language,* 49–68. Amsterdam/Philadelphia: John Benjamins.

Declerck, Renaart（1991）*A comprehensive descriptive grammar of English.* Tokyo: Kaitakusha.

早瀬尚子（2009）「懸垂分詞構文を動機づける「内」の視点」坪本篤朗・早瀬尚子・和田尚明（編）『「内」と「外」の言語学』55–97. 東京：開拓社.

Hayase, Naoko（2011）The cognitive motivation for the use of dangling participles in English. In: Gunter Radden and Klaus-Uwe Panther（eds.）*Motivation in grammar and the lexicon: Cognitive, communicative, perceptual and socio-cultural factors*, 89–106. Amsterdam/Philadelphia: John Benjamins.

Hayase, Naoko（2014）The motivation for using English suspended dangling participles: A usage-based development of （inter）subjectivity. In: Eve Coussé and Ferdnand Mendgen（eds.）*Usage-based approaches to language change*, 117–145. Amsterdam/Philadelphia: John Benjamins.

Iwata, Seiji（2008）*Locative alternation: A lexical-constructional approach*. Amsterdam/Philadelphia. John Benjamins.

Kay, Paul（2005）Argument structure constructions and argument-adjunct distinction. In: Miriam Fried and Hans Boas（eds.）*Grammatical constructions: Back to the roots*, 71–98. Amsterdam: John Benjamins.

Kay, Paul（2013）The limits of construction grammar. In: Trousdale Graeme and Thomas Hoffmann（eds.）*The Oxford handbook of construction grammar*, 32–48. Oxford: Oxford University Press.

Kortmann, Bernd（1991）*Free adjuncts and absolutes in English: Problems of control and interpretation*. London: Routledge.

Quirk, Randolph, Sidney Greenbaum, Geoffrey Leech, and Jan Svartvik（1985）*A comprehensive grammar of the English language*. London: Longman.

Traugott, Elizabeth C. and Graeme Trousdale（2013）*Constructionalization and constructional changes*. Oxford: Oxford University Press.

Visser, F. Theodorus（1972）*An historical syntax of the English language*, vol. II. Leiden: E.J. Brill.

第5章

∞∞∞∞∞∞∞∞∞∞∞∞∞∞∞∞∞∞

日本語の発見構文

三宅知宏

1. はじめに

　本論は、日本語において、「発見構文」と呼ぶ「構文」について考察することを目的とする。

　ここで言う「発見構文」とは、次例に見られるように、条件文の形をとり、前件の事態の後、後件の状態を発見するというような意味を表すものを指す（詳細は後述）。

　（1）　外に出てみると、雨が降っていた。

　具体的には、この構文について、次のような観点から考察を試みる。

①日本語における「発見構文」の「型」と意味について記述する。

②「発見構文」の条件節に補助動詞“〜テミル”の生起が多く見られることについて、またそのような場合の“〜テミル”の特性について、分析する。

③英語における類似の「構文」との対照を行い、「構文」の対照研究の可能性を探る。

　本論のキーワードをあげると、「発見構文」「条件節」「ト節」「〜テミル」「補助動詞」「構文」ということになる。

　本論は、以下のような構成をとって、論旨を展開する。

　第2節において上の①を、第3節において②を、第4節において③を、

それぞれ配置し、第 5 節においてまとめを行う。

2. 発見構文

　本論か考察の対象とする「発見構文」という「構文」は、一般的な用語／概念ではなく、本論が独自に名付けたものである。このような名称で、かつ「構文」として考察した先行研究は、管見の限り、ない。しかしながら、従来の研究で全く取り上げられなかった言語現象かと言うと、そうでもない。

　本論で「発見構文」と呼ぶ言語現象は、「構文」として取り上げられることはなくても、いわゆる「条件文」の研究において、特定の条件節を形成する形式の 1 つの用法として記述されることはあった。

　その場合の形式は、主として "〜と" である（"〜たら" も可能とされる）。すなわち、"〜と" という形式、あるいは条件節としての「ト節」が持つ 1 つの用法として記述されていた、ということである。

　たとえば、前田 (2009) では、"〜と" による条件節の一用法として、「発見の用法」と呼ぶ用法を取り出し、次の (2) (3) のように記述している[1]。

(2)　　A が（発見行為）すると B が〜していた。

(3)　　発見の用法とは、前件に発見するための具体的な動作が来て、発見
　　　　時の状況を表し、後件に発見された物事の状態が述べられると言う
　　　　形を取る。
　　　　　　　　　　　　　　　　　　　　　　　　　　　（前田 2009: 80）

さらに前田 (2009) は、この用法の「前節述語」と「後件」に見られる特徴を次のように記述している。

(4)　　前節述語：①知覚動作「見る」他　②移動動作「行く」他
　　　　　　　　　③思考動作
　　　　後　　件：Ⅰ存在、状態　Ⅱ主体の知覚　　　　（前田 2009: 80）

次の (5) は (4) の①の例、(6) は同②の例、(7) は同③の例である。

(5)　　ホテルの窓から見ると、東京も案外丘陵が多い。（①）

(6)　　二の席にはいると、立花が一人、窓に倚りかかって夕明かりをたよ

1　本論の「発見構文」という名称は、この前田 (2009) の「発見の用法」に基づく。

りに本を読んでいた。（②）

(7)　今から考えると、変な客でしたね。（③）

次の (8) の前節述語 "開ける" は、(4) の①〜③のどれにも当てはまらないが、本来あるべき「知覚動作」が省略されたものとみなされている。

(8)　冷蔵庫を開けると、何も入っていない。（〜開けて中を見ると）

また、次の (9) は、この用法の場合、後件が「状態」でなければならないことを示す例である。(9b) のように後件が動態の場合、単に行為が連続すること（前田 (2009) では「連続の用法」）が表され、この用法にはならない。

(9)　a.　電話を切ると、もうすっかり気分は晴れていた。　：「発見の用法」

　　　b.　電話を切ると、風呂に入った。　　　　　　　　　：「連続の用法」

なお、前田 (2009) では、この用法における、補助動詞「〜テミル」との共起についても言及があるが、この点については後述する。

本論は、前田 (2009) で「ト節」の一用法とされた、このような「発見の用法」を、1 つの「構文」としてとらえようとするものである。前田 (2009) が観察、記述している言語事実は、特定の「型」に特定の「意味」が対応している、1 つの「構文」の持つ特徴として説明されるべきものと考えるからである。

また、この「構文」としての分析のため、「発見」という行為は、「知覚」と「了解」の 2 つに分割されると仮定する。「知覚」し「了解」することがここでの「発見」であるということである。

本論における「発見構文」は次のように定式化される。(10) が「型」であり、(11) がそれに対応する意味である。

(10)　［　X　］{と／たら}、［　Y　］。

(11)　X の後、ある状態を知覚し、その状態が Y であると了解する。

次の (12) を例にとると、a. は、b. のような解釈になるということである。

(12) a.　外に出ると、雨が降っていた。

　　　b.　外に出て {はじめて／やっと／ついに／…}、雨が降っていることが分かった（に気づいた）。

上の定式化について、注釈を加えておく。

［X］は、基本的には意志的な「行為」であるが、非意志的な事態の場合

もあり得る。ただし、その場合は"〜テミル"のサポートが必要になる。詳細は後述する。

　また、［Y］は、(11) の定義上、「状態」を表す事態（「状態述語」）でなければならない。

　「知覚」は、［X］の後でなされるが、その対象は［Y］そのものではなく、あくまで言語外の「ある状態」である[2]。その知覚した「ある状態」の内実として「了解」されるのが、［Y］である。

　結果として、［Y］が「発見」されたという解釈になる。

　このように定式化することの意義は、次節において検討する補助動詞"〜テミル"との関係において明らかになる。

3.　補助動詞"〜テミル"と発見構文

　ここでは、「発見構文」と補助動詞"〜テミル"の関係について考察する。そのための前提として、日本語の「構文」における、「形態的有標性の仮説」（三宅 2011, 2015b）を確認しておこう。

　英語には、特定の文型と直接対応する意味（文型内の要素の意味に還元できない意味）を持つ「構文」が相当数あることが指摘されている。そのような「構文」としての意味を「構文的意味」と呼ぶことにすると、日本語では、英語における「構文的意味」に相当するものを、文型だけで表すことは非常に困難で、特定の形態を用意し、その形態に担わせることが多いと言える。三宅 (2011, 2015b) では、そのような日本語の傾向を、「形態的有標性の仮説」と称して次のように一般化している。

　(13)　構文的意味を表示するために、日本語は形態的に有標であることを
　　　　強く志向する傾向があるが、英語は形態的に無標であってもかまわ
　　　　ない傾向が強い。

なお、「構文的意味」を部分的に担う特定の形態としては、「動詞に付加される形態素」、「終助詞」、「補助動詞」等があげられる。三宅 (2011, 2015b) で

─────────────
2　この言語外に仮定される「状態」については、金水 (2004) の「文脈的結果状態」という考え方を参考にしている。

検証、あるいは言及されたものの例を以下に紹介する。詳細は、三宅（2011, 2015b）を参照されたい[3]。

・動詞に付加される形態素

（14）a.　This car sells well.［中間構文］

　　　b.　この車はよく*売る（^{OK} 売れる）

（15）a.　The general marched the soldiers into the tents.［使役移動構文］

　　　b.　将軍は兵士達をテントまで*行進した（^{OK} 行進させた）

・終助詞

（16）a.　If you are hungry, there is a flan in the fridge.［疑似条件文］

　　　b.　お腹が空いているなら、冷蔵庫にプリンが*ある（^{OK} あるよ）

（17）a.　Your home is very close to the campus.［同意要求文］

　　　b.　君の家は大学にずいぶん*近い（^{OK} 近いね）[4]

・補助動詞

（18）a.　He walked to the station.［移動様態構文］

　　　b.　彼は駅に*歩いた（^{OK} 歩いていった）

（19）a.　John baked Mary a cake.［受益構文］

　　　b.　太郎は花子にケーキを*焼いた（^{OK} 焼いてやった）

（20）a.　On the third floor worked two young women.［状態化構文］

　　　b.　三階には二人の若い女性が*働いた（^{OK} 働いていた）

（21）a.　John pounded the metal flat.［結果構文］

　　　b.　太郎はその金属を平らに*叩いた（*叩いてした）[5]

この中で、最も生産的なのは、「補助動詞」の場合である。

「補助動詞」についての詳細は、三宅（2015a）を参照されたいが、ここで

3　その後、「疑似条件文」については、三宅（2016）で詳述した。

4　この（17）の例は、神尾（1990）からの引用である。ただし「同意要求」という構文的意味の設定は本論のものである。「同意要求」については三宅（2011）を参照されたい。

5　"*叩いてした"の"*"は、"する"には補助動詞としての用法がなく、したがって、"〜テスル"は不可能であることを意味する。"〜テスル"が不可能なのは、この構文とは独立した理由による（三宅 2011, 2015b）。対象変化動詞ではない場合の、いわゆる「結果構文」は日本語では不可能だが、それは"〜テスル"が不可能なため、ということになる。この点も三宅（2011, 2015b）を参照されたい。

は次の点だけ述べておく。「補助動詞」とは、"いる"等の特定の動詞が、他の動詞のいわゆる「テ形」に後接し、意味を抽象化して、機能語的にふるまうようになったもののことを指す[6]。日本語ではほぼ10語に限られる。次はそのリストである[7]。

(22) ～て＋"いる"、"ある"、"いく"、"くる"、"やる（あげる）"、
　　　　　 "くれる（くださる）"、"もらう（いただく）"、"おく"、
　　　　　 "しまう"、"みる"

また、「補助動詞」は、「テ形」に後接する動詞のみを指すのであって、"ている""てある"のように"テ"も含めて1つの形式と認めて、それ全体を指すものではない[8]。本論で"～テミル"のような表記をすることがあるが、これは便宜的な措置である。

　さて、本論の主張を予告的に述べると、「発見構文」の構文的意味の一部を"～テミル"が担っていると分析する、ということになる。そして、この分析の妥当性が論証されれば、主文末のみで検証されてきた「形態的有標性の仮説」が、主文末以外にも射程を広げられることになる。

　まず、事実の観察からはじめよう。既に、前田（2009）に次の（23）のような指摘がある。（24）～（26）は具体例である。

(23) 「発見」用法の前件についてもう1つ重要なのは、前節に「てみる」と言う補助動詞が来る場合である。（中略）「てみる」がつくことも多く見られる。　　　　　　　　　　　　　　　　（前田 2009: 81）

(24) 封筒から内容物を取り出してみると、十五、六枚の便せんに細かいペン字で、ぎっしり書き込まれてある。

(25) 検温を済ませて起き出してみると、細かい雪が降り出していた。

(26) 気づいてみると、私はまだ酔っていなかった。

「発見構文」において、"～テミル"は非常になじむと言ってよいであろう。

6　ただし、機能語的にふるまうと言っても、完全に機能語化しているわけではない。

7　（ ）内は敬語形の異形態である。

8　"ている"のような"て"と後接動詞の構造体は、複雑述語ではあるが、複合語ではないということである。これは、いわゆる「複合動詞」が動詞同士の複合語であることとの対比を考える上でも重要である。

第5章　日本語の発見構文 | 71

ただし、必須ではないということは注意すべきである。必須でない理由は次節で述べる。

　それでは、"〜テミル"が「発見構文」になじむとはどういうことかと言うと、それは、「発見構文」の構文的意味の一部と、"〜テミル"の持つ意味が整合するからに他ならないと考えられる。さらに言えば、単に整合しているのではなく、むしろ「発見構文」の構文的意味の形成に積極的に関与しているとも言える。そこで、次のような仮説を立てる。

(27)　発見構文の構文的意味の一部を"〜テミル"が担っている。具体的には、次のような構文的意味の内、＿＿線部を"〜テ"が、＿＿線部を"ミル"が担っている。

　　　[Xの後、ある状態を知覚し、その状態がYであると了解する。]

この仮説において、いわゆる「継起」の用法を持つ"〜テ"が「〜の後」という意味を、本来的には"見る"という知覚行為を表す"ミル"が「知覚する」という意味を担うとすることは、不自然な仮定ではないと思われる。

　重要なことは、"ミル"が知覚する対象が、主節が表す状態そのものではないということである。もしそうであるとすると、語順的に、"〜テミル"は主文末に生起してしかるべきであろう。事実はそうではない。

(28)　*外に出ると、雨が降っていてみた。

これに対し、(27)の仮説に従うなら、"ミル"が知覚するのは、あくまで言語外の「ある状態」であり、主節の状態は、その「ある状態」の内実として了解されるものである。そしてこの解釈は正しい語順を予測する。

　上の(27)の仮説を補強する事実をいくつかあげておく。

　補助動詞の"〜テミル"が主文末に生起した場合、一般的な用法としてはいわゆる「試行」のような意味を持つ。次例を見られたい。

(28)　一度そのめずらしい料理が食べてみたい。

(29)　ズボンのすそを直したので、ちょっとはいてみてください。

　ところが、「発見構文」における"〜テミル"はこのような「試行」の意味をほぼ有しておらず、専ら本来的な「知覚行為」としての意味に近いと思われる。実際、主文末の用法の"〜テミル"は一般に、意志的な行為にしか後

72 | 三宅知宏

接しないと言えるが、金水 (2004) の指摘にもあるように、「発見構文」中では非意志的な行為にも後接可能である。これは「試行」の意味を失っていることの証左となる。

(30) a.　試験前はずいぶん心配だったが、いざ試験が始まって<u>みる</u>と、案外落ち着いて臨めた。

　　 b. *試験が始まって<u>みた</u>。　　　　　　　　　　（金水 2004: 52）

このような"〜テミル"に前接する動詞の意志性の問題は、別の論点も喚起する。「発見構文」において、従属節［ X ］が意志的な行為でない場合は、"〜テミル"の生起がなければならないという点である。

(31) a. *その会は、終わると、盛会だった。

　　 b. ^{OK}その会は、終わって<u>みる</u>と、盛会だった。

「発見構文」において、従属節［ X ］が非意志的な場合は、"〜テミル"の生起が必須になるということに関しては、次節で論じる。

　もう1点、(27) を補強する事実として、富岡 (2016) で議論されている「目的性従属疑問文」の分析を紹介する（以下の (32) 〜 (35) は富岡 (2016) の例）。

「目的性従属疑問文」とは次のようなものを指す。

(32)　書き間違いがないか、太郎はその論文をもう一度読み直した。

(33)　子供がもう寝たか、部屋をそっと覗いた。

上のような例では、主節の述語が直接、従属疑問節（上の (32) では"書き間違いがないか"）を選択するタイプの動詞ではないにもかかわらず、文として成立している（従属疑問節と主節が意味的関係を持っている）。

　この構文が可能な動詞は限られたものであり、次の (34) のようにふつうは不可能である。(35) のように"〜を知るために"を従属疑問節に付加すれば、どのような動詞でも可能になるが、それはもはやこの構文ではない。

(34) *人生とは何か、お釈迦様は生まれた。

(35)　人生とは何かを知るために、お釈迦様は生まれた。

このような事実に対して、富岡 (2016) は次のような一般化を行っている。

(36)　目的性従属疑問文は、「新しい情報を得る」という目的の存在が動詞句レベルで含意されているものとのみ共起できる。

第 5 章　日本語の発見構文 | 73

興味深いのは、富岡（2016）では上の条件をごく自然に満たす動詞として、"探す""覗く"等とともに"〜テミル"が例示されていることである[9]。

実際に、この構文に"〜テミル"はよくなじむと言える。前掲の (32)、(33) は主文末に"〜テミル"を付加しても、意味は変わらないと思われる。

(32′)　書き間違いがないか、太郎はその論文をもう一度読み直し<u>てみた</u>。

(33′)　子供がもう寝たか、部屋をそっと覗い<u>てみた</u>。

さらに興味深いのは、富岡（2016）で、この構文の成立に関して「容認度が落ちるものの非文とまでは言えないもの」としてあげられている動詞のタイプである。例として、"走る""書く""壊す""読む"があげられているが、これらはたしかに単独だと容認性は落ちるが、"〜テミル"を付加すると、問題なく文法的になると言えるのである。次の (37) は、文法性の判断とともに富岡（2016）の例である。"〜テミル"を付加した例を (38) として示す。この文法性判断は本論のものである。

(37)??辛さがどんな具合か、そのカレーを食べて下さい。

(38)　辛さがどんな具合か、そのカレーを食べ<u>てみ</u>て下さい。

他にも次のような例が考えられる。いずれも本論の例である。

(39)　路面がどのような状態か、*走った ([OK] 走っ<u>てみた</u>)。

(40)　彼の新作がどれくらいおもしろいか、*読んだ ([OK] 読ん<u>でみた</u>)。

このような事実は、(36) の富岡（2016）の一般化における、「新しい情報を得る」ということと、"〜テミル"に相関性があることを示している。

富岡（2016）の一般化における「新しい情報を得る」ということは、本論における「発見」（知覚し了解する）と同趣旨のこととみなしてかまわないと思われる。

だとすれば、富岡（2016）の「目的性従属疑問文」と、本論の「発見構文」における"〜テミル"は、互いに類推できる意味、機能を有しているとみなされることになろう。

9　富岡（2016）では"複合動詞 *V* ＋てみる"という表記をとっているが、指示対象は同じであるので、本論の表記に置き換えた。

4. 英語との対照

　ここでは、早瀬（2012）において分析されている英語の「懸垂分詞構文」と日本語の「発見構文」を対照させることを試みる。両者は類似の「構文的意味」を持っていると思われるが、違いも存在するため、対照させることにより、言語学的に有意義な一般化が導けると考えるからである。

　早瀬（2012）における「懸垂分詞構文」とは次の（41）の例のようなものであり、（42）のような構文的意味を持つものとされる。

(41)　Leaving the bathroom, the lobby is fitted with a pair of walnut wall cabinets.

(42)　概念化者が懸垂分詞節の描く動作主的移動を行った結果、主節内容を知覚経験する。　　　　　　　　　　　　　　　　（早瀬 2012: 61）

上のような「概念化者が知覚経験する」意味を「構文的意味」とする理由は、これが、言語化されている要素だけからは得られず、むしろ構文全体から与えられるものと考えられるためである。

　一見して、（42）は、本論で「発見構文」に対して仮定した意味と類似していることが分かる。実際、（41）のような「懸垂分詞構文」を日本語訳した場合、「発見構文」の形になりやすいということからも、それは分かる[10]。

　事態の「知覚」に関する表現に、言語の異なりを超えて、類似の意味を表す「型」が存在することは、普遍性が示唆されるようで、興味深い。

　違いとしては、次の2点を考える必要がある。

　まず、英語では、構文的意味を言語化されている要素に還元できず、いわば純粋に「構文」であるのに対し、日本語では、ある程度、要素に還元できるという点である。

　ある程度、要素に還元できるとは、"〜テミル"によって、構文的意味の一部が担われるという、本論の分析を指すが、これは、「発見構文」だけでなく、他の構文においても言えることであり、「補助動詞」がその構文的意

10　「発見構文」という用語は用いられていないが、早瀬（2012）にも、この構文にあたる日本語としては、"ト節"の条件節になる場合が多いとの指摘がある。

第5章　日本語の発見構文 | 75

味の一部を担うことが多くあるという日本語の特性によるものである。

　そして、「補助動詞」が構文的意味の一部を担うということは、さらに広く「形態的有標性の仮説」（前掲の(13)）として一般化できるものである。

　つまり、日本語において、構文的意味の一部を要素に還元する（せねばならない）ことは、「形態的有標性の仮説」の現れとみることができる。

　循環論になることを恐れずに言えば、日本語の「発見構文」と英語の「懸垂分詞構文」との対照は、「形態的有標性の仮説」を補強するものとみなすことができよう。

　違いについて考えるべき、もう1点は、英語の「懸垂分詞構文」が英語において、規範的な表現ではない、のに対し、日本語の「発見構文」は全くふつうの自然な表現だということである。

　この点に関しては、既に早瀬 (2012) に言及があり、次のような仮説が立てられている。

　「懸垂分詞構文」は、描写対象となる状況内に概念化者自身が身を置いて語る、主体性 (subjectivity) の高い表現である。言い換えると、「懸垂分詞構文」は、通常の分詞構文とは異なり、「主体的」な事態把握が行われたものとみなされる[11]。英語は、基本的に、「主体的」な事態把握が好まれないため、規範的な表現ではなくなるとする仮説である。

　一方、日本語は、むしろ「主体的」な事態把握を好むとされる[12]。次は本多 (2005) の一般化である。

（43）　英語は状況を外部から見て実現する傾向が比較的強いのに対し、日本語は状況の中にいてその現場から見えたままを表現する傾向が強い。

(本多 2005: 155)

　このような事態把握における、「主体性」の高さに関する日英語の対照は次のような例からも確かめられる。

11　早瀬 (2012) によれば、主体性とは、話者が事態の内部に入り込んだ形で、そこから見えたままを描写する事態把握のことをいう。Langacker (1990) を参照。

12　川端康成の「雪国」の冒頭部 "国境の長いトンネルを抜けると雪国であった。" はまさに「主体的」な事態把握がなされていると言える。

(44) a.　When I opened the door, a strange woman was standing by the window. (日本語母語話者の英作例)

　　 b.　When I opened the door, I saw a strange woman standing by the window. (英語母語話者の英作例)　　　（両例とも早瀬 2012: 63）

上の a. から分かるように、日本語では、"I saw 〜" とわざわざ言語的に表現せずに、そのような解釈をしやすい、すなわち「主体性」が高いと言えるのである。また、次の西村 (2000) のあげる例もそれを示しているとされる。

(45) a.　彼女が家に帰ってみると、裏口のドアがこじ開けられていた。

　　 b.　She returned home to find her back door forced open.

上の a. は、典型的な「発見構文」と言えるが、それを英訳した b. は、「懸垂分詞構文」が用いられてはいない。この構文の持つ「主体性」の高さが、英語では好まれないからとされる。

　類似の構文的意味を持ちながら、規範的かどうかで差が生じているのは、日英語における、「主体性」に関する差異に基づくものと考えられる。

　さて、日本語は「主体的」な事態把握を好むこと、換言すると、日本語においては「主体的」な事態把握が自然であることは、「発見構文」における "〜テミル" の随意性を説明すると考えられる。

　すなわち、「発見構文」は「主体性」の高い表現であり、そしてそれは日本語において、ごく自然であるため、必ずしも "〜テミル" によって言語的に表現されなくても解釈可能になるという仮説である。

　一方で、日本語の「発見構文」においては、「形態的有標性の仮説」により、構文的意味の一部を "〜テミル" で表現されることが求められるため、結果として、"〜テミル" は随意的に生起するという言語事実が生じているものと思われる。

　ただし、上のような説明に基づけば、「主体的」な事態把握が不可能な文脈であれば、"〜テミル" の随意性は失われ、必須的に生起しなければならなくなることが予測される。

　実際、その予測はあたっている。ここで改めて、前述した「「発見構文」において、従属節 [X] が非意志的な場合は "〜テミル" の生起が必須になる」ということを思い起こしたい。

第5章　日本語の発見構文 | 77

前掲の (31) で示したように、「発見構文」において、従属節 [X] が意志的な行為でない場合は、"〜テミル"の生起がなければならなかった。

(31) a. *その会は、終わると、盛会だった。

b. ^{OK}その会は、終わってみると、盛会だった。

条件節が非意志的行為の場合は、「主体的」な事態把握が困難であると言える。行為の主体が意志性を持たない場合、典型的には「人」ではない場合、概念化者が入り込む余地がない（身を置く場所がない）からである。結果として、"〜テミル"が必須になると考えられるのである。

「主体性」の観点に基づく議論は、日英語の対照においてだけでなく、日本語における"〜テミル"の必須性にも有効な説明をもたらすことになる。

5.　おわりに

本論の主張をまとめると以下のようになる。番号はすべて前掲のものである。

日本語において、「発見構文」と呼ぶ構文は、次のように定式化される。

(10)　[　X 　] {と／たら}、[　Y 　]。

(11)　X の後、ある状態を知覚し、その状態が Y であると了解する。

日本語の「発見構文」と、補助動詞"〜テミル"との関係は、次のように分析される。そしてこれは「形態的有標性の仮説」の現れとみなされる。

(27)　発見構文の構文的意味の一部を"〜テミル"が担っている。具体的には、次のような構文的意味の内、＿＿線部を"〜テ"が、＿＿線部を"ミル"が担っている。

[X の後、ある状態を知覚し、その状態が Y であると了解する。]

日本語の「発見構文」と、英語の「懸垂分詞構文」（早瀬 2012）との対照を行うと、両構文の構文的意味における類似性が認められるとともに、前者がごく自然な表現であるのに対し、後者が非規範的な表現であるという違いもあることが分かる。

これは、両構文とも、「主体的」な事態把握がなされる（「主体性」が高い）表現という点で類似するが、そのような事態把握を好むか好まないかという

日英語の特性の異なりから説明される。また、「発見構文」における“〜テミル”の生起の随意性も、この「主体性」に基づく分析により説明される。

参照文献

早瀬尚子（2002）『英語構文のカテゴリー形成：認知言語学の視点から』東京：勁草書房.

早瀬尚子（2012）「英語の懸垂分詞構文とその意味変化」畠山雄二（編）『日英語の構文研究から探る理論言語学の可能性』57–69. 東京：開拓社

本多啓（2005）『アフォーダンスの認知意味論』東京：東京大学出版会.

神尾昭雄（1990）『情報のなわ張り理論：言語の機能的分析』東京：大修館書店.

金水敏（2004）「文脈的結果状態に基づく日本語助動詞の意味記述」影山太郎・岸本秀樹（編）『日本語の分析と言語類型』47–56. 東京：くろしお出版.

Langacker, Ronald W. (1990) Subjectification. *Cognitive Linguistics* 1(1): 5–38.

前田直子（2009）『日本語の複文：条件文と原因・理由文の記述的研究』東京：くろしお出版.

三宅知宏（2011）『日本語研究のインターフェイス』東京：くろしお出版.

三宅知宏（2015a）「日本語の「補助動詞」について」『鶴見日本文学』19: 1–20.

三宅知宏（2015b）「日本語の「補助動詞」と「文法化」・「構文」」秋元実治・青木博史・前田満（編）『日英語の文法化と構文化』237–270. 東京：ひつじ書房.

三宅知宏（2016）「日本語の疑似条件文をめぐって」藤田耕司・西村義樹（編）『日英対照　文法と語彙への統合的アプローチ：生成文法・認知言語学と日本語学』352–371. 東京：開拓社.

西村義樹（2000）「対照研究への認知言語学的アプローチ」坂原茂（編）『認知言語学の発展』148–165. 東京：ひつじ書房.

富岡諭（2016）「目的性従属疑問文の解釈と構造」『日本言語学会第153回大会予稿集』64–69.

第6章

日本語恩恵構文の意味の拡がりと構文の関係性

益岡隆志

1. はじめに

　本論の話題をその背景となる文研究（文論）の課題というところから始めたい。文論の目標は文の形（構造）と意味の相関を解明することに置かれる。その目標の達成に向けての具体的取り組みとして、筆者は文の基幹部分（基幹的構成体）に焦点を当ててその形と意味の相関を考えるという接近法を取りたいと考える。この文の基幹的構成体を「構文」と呼ぶことにする。

　それでは、ここで言う文の基幹的構成体とは何を指すのか。文の働きの基本を事態の叙述（predication）と見るなら、基幹的構成体とは述語（predicate）を中心とした構造的まとまりということになる。「構文」の規定には様々な見方があるが、筆者はこのように、述語を中心とする構成体を「構文」と捉えたうえで、文論の一環として構文の形と意味の相関のあり方を探りたいと考えている。

　構文の研究を進めるに当たって筆者が重きを置くもう1つの点は、日本語の特徴を活かした分析を心がけることである。日本語の特徴を活かした分析を試みることにより、他言語を対象とした分析からは得られにくい観点を見出すことが期待される。そうした考えのもと、本論では日本語に特徴的な構文の事例として、恩恵構文（benefactive constructions）を考察の対象に掲げ

ることとする。

　日本語恩恵構文の注目すべき特徴としては、授受動詞「ヤル（アゲル）」・「クレル」・「モラウ」の活用という点、及び、ヤル（アゲル）とクレルの区別という点が挙げられる。授受動詞「ヤル（アゲル）」・「クレル」・「モラウ」の活用というのは、これらの動詞が機能語化（補助動詞化）して「〜テヤル（アゲル）」・「〜テクレル」・「〜テモラウ」という 3 つの恩恵構文が形成されることである。本論ではこれらの恩恵構文を「テヤル（アゲル）構文」・「テクレル構文」・「テモラウ構文」と呼ぶことにする。もう 1 つのヤル（アゲル）とクレルの区別というのは、与え手を主語（主格）とする動詞にヤル（アゲル）とクレルという 2 つの異なる動詞が用いられるという点である。このような特徴を有する日本語恩恵構文の分析は、構文の研究に興味深い観点を提供する[1]。

　この日本語恩恵構文について、以下の本論では次のように議論を進めていく。まず第 2 節で、恩恵構文に関する筆者のこれまでの研究を振り返る。それをもとに、第 3 節で恩恵構文の意味の拡がりを詳述する。第 4 節では、意味的に深い関係を有するテクレル構文とテモラウ構文を比較する。最後に第 5 節において、そのような構文間の関係を構文のネットワークという、より一般的な観点から眺めてみたいと思う。

2.　筆者のこれまでの研究の概観

　本論での考察を進めるに当たって、まずは恩恵構文に関する筆者のこれまでの研究を振り返っておきたい。該当するのは Masuoka (1981)、益岡 (2001)、益岡 (2013) の 3 編である。以下、これらの研究の概要を順に記していく。

　恩恵構文に関する最初の分析の試みである Masuoka (1981) では、恩恵構文とその源（母型）である授受動詞構文の構造的な関係を明らかにすること

1　恩恵構文に関する諸言語の類型論的研究については、Zuniga and Kittilä (eds.) (2010) を参照されたい。

を目標とした[2]。授受動詞「ヤル（アゲル）」・「クレル」・「モラウ」を述語とする授受動詞構文を基盤として恩恵構文が形成されるという理解のもと、両者のあいだにどのような構造的な関係が認められるのかを考察したのであった。

　その考察の結果、3つの恩恵構文は基盤となる授受動詞構文の構造をどの程度保持するか——言い換えれば、どの程度変容させるか——という点で異なりを見せるということが判明した。母型の構造の保持についてとりわけ顕著な差異を見せるのはテモラウ構文とテクレル構文である。テモラウ構文は、受領者と授与者がそれぞれ主語（主格）と与格の位置を占めるというモラウ構文に対応して、受益者（beneficiary）と与益者（benefactor）がそれぞれ主語（主格）と与格の位置を占める。このような対応関係は次の（1）と（2）で確認される。

　（1）　太郎は弟に本をもらった。

　（2）　太郎は弟に代わりに行ってもらった。

テモラウ構文がモラウ構文の構造特性を保持するという点は、モラウが（3）のような意志的用法と（4）のような無意志的用法を持つのに対応して、テモラウ構文が与益者に対する働きかけの有無の違いによる（2）と（5）のような異なる用法を持つ点にも窺える[3]。Masuoka（1981）ではテモラウ構文に見られるこれらの用法を"Causative Benefactive"（使役型）と"Passive Benefactive"（受動型）という名称で呼び分けた。

　（3）　僕は花子に頼んでその写真をもらった。

　（4）　僕は花子にプレゼントをもらった。

　（5）　太郎は木村先生に褒めてもらった。

　それに対して、テクレル構文は授与者と受領者がそれぞれ主語（主格）と与格の位置を占めるというクレル構文の構造特性が変容し得る。（6）のクレル構文に対して、（7）のように、受益者が特定の構造位置を取らない場合がある。

2　この目標設定は Shibatani（1979）の考察に負うところが大きい。

3　（3）、（4）の例は益岡（2001）から採った。

(6) 太郎は僕に本をくれた。

(7) 野菜が値下がりしてくれた。

恩恵構文と授受動詞構文の構造的な関係を考察した Masuoka（1981）に対して、益岡（2001）では両構文の意味的な関係に目を向け、恩恵の意味の源泉が授受動詞構文にあることを指摘した。

恩恵の意味の源泉が授受動詞構文にあること――益岡（2001）の言い方に従えば、「恩恵性の萌芽」が授受動詞構文に認められること――は、次の(8)～(13)の例を見れば了解されよう。

(8) a. 多くの学生に優を与えた。

b. 多くの学生に優をやった。

(9) a. 一部の学生に不可を与えた。

b. ?一部の学生に不可をやった。

(10) a. 職員に優待券を渡した。

b. 僕に優待券をくれた。

(11) a. 即座にイエローカードを渡した。

b. ?即座にイエローカードをくれた。

(12) a. 教え子から歳暮を受け取った。

b. 教え子から歳暮をもらった。

(13) a. 脅迫状を受け取った。

b. ?脅迫状をもらった。

「与える」・「渡す」・「受け取る」などとは異なり、「ヤル（アゲル）」・「クレル」・「モラウ」の場合、授受の対象が当事者にとって好ましいもの――すなわち、恩恵をもたらすもの――でなければならない。この意味特性はそのまま恩恵構文に受け継がれる。すなわち、(2)や(7)では「弟が代わりに行く」・「野菜が値下がりする」といった事態が当事者にとって恩恵をもたらすものである。「与える」や「受け取る」など数ある授受動詞のなかで「ヤル（アゲル）」・「クレル」・「モラウ」が恩恵構文との関わりにおいて特別な地位を占めるのは、これら3つの動詞が"恩恵性授受動詞"とでも呼ぶべき意味特性を有することに由る。

恩恵構文の意味は、このように、その基盤となる授受動詞「ヤル（アゲ

ル）」・「クレル」・「モラウ」の意味のあり方に還元することができる。言い換えれば、恩恵構文の意味は、授受動詞「ヤル（アゲル）」・「クレル」・「モラウ」の補助動詞化により形成されるという構造特性をもとに構成的に捉えることができるということである。それでは、恩恵構文の意味はこのような構成的意味の面だけで捕捉できるものであろうか。

　この問題を取り上げた益岡（2013）では、恩恵構文の意味には構成的意味に加え派生的意味を認める必要があるということを論じた。派生的意味とは構成的意味から派生する構文レベルに特有な意味のことであり、恩恵構文のなかでは特にテクレル構文に認められるものである。例えば、次の（14）を見ていただきたい。

（14）　ようやく涼しくなってくれた。

この例では、恩恵構文を特徴づける与益者－受益者間の恩恵授受の意味が後退し、代わりに「ようやく涼しくなった」という事態が話し手にとって恩恵的であるという評価的意味が前面に出る。この場合、テクレル構文は対事態評価を表す働きを持つと言える。

　テクレル構文に認められるこのような評価表示の用法は、恩恵構文の構成的意味である恩恵授受の意味から派生するものであり、ここに、構成的意味としての恩恵授受から派生的意味としての評価表示へという意味の拡がりが認められることになる。また、構文レベルに特有な評価表示の用法が認められるという点は、恩恵構文の“構文としての自立性”を示すものでもある。益岡（2013）では、形と意味が結びつく構文という構成体にこのような自立性が見出される点に注目したのであった。

3.　恩恵構文の意味の拡がり

　筆者のこれまでの研究の概要は以上のとおりである。次に、前稿の内容を補訂しながら恩恵構文（テヤル（アゲル）構文・テクレル構文・テモラウ構文）の形と意味の詳細を述べることにする。

　それに向けて、まずは授受動詞「ヤル（アゲル）」・「クレル」・「モラウ」

がどのような体系をなすのかを見ておくことにする⁴。

授受動詞構文を簡単に例示すると次のようになる。

(15)　私は友人に土産をあげた。

(16)　友人は私に土産をくれた。

(17)　私は友人に土産をもらった。

授受動詞構文を特徴づけるのは授与者と受領者の二者関係である。「ヤル（アゲル）」・「クレル」・「モラウ」の構文は共通して授与者と受領者のあいだでのモノ（モノの所有権）の移動を表現する。

授与者と受領者のあいだのモノの移動を表現するという点は、「与える」や「受け取る」のような授受動詞全般に当てはまるものであるが、「ヤル（アゲル）」・「クレル」・「モラウ」の構文の特徴は、モノの移動が当事者に恩恵をもたらす点にある。言い換えれば、モノの授受に関わる二者は恩恵の授与者（与益者）と受領者（受益者）でもあるということである⁵。「ヤル（アゲル）」・「クレル」・「モラウ」が恩恵構文を形成できるのは、"恩恵性授受動詞"とでも呼ぶべきこれらの動詞の意味特性に由る。

「ヤル（アゲル）」・「クレル」・「モラウ」が授受動詞の3項体系をなすという日本語の特異性に関連して検討しなければならないのは、これらの動詞が授与動詞と受領動詞のいずれに該当するのかという問題である。授与者と受領者のどちらが主語の位置を占めるかという構造の面から見れば、「ヤル（アゲル）」と「クレル」は授与動詞、「モラウ」は受領動詞ということになるのであるが、このような構造面を基本とする見方は日本語の特異性を捉えるには不十分である。

日本語の特異性は何と言っても「ヤル（アゲル）」と「クレル」の語彙的な区別である⁶。構造面から見ればともに授与動詞ということになる「ヤル

4　授受動詞の体系に関するここでの考察は、大江（1975）に拠るところが大きい。

5　「ヤル（アゲル）」・「クレル」・「モラウ」の構文に恩恵の授与者と受領者という二者関係が関与することは、これらの動詞が語彙的な敬語動詞「サシアゲル」・「クダサル」・「イタダク」を発達させている点にも窺える。

6　この区別は日本語の言語変化のなかで生まれてきたものである。この点については日高（2011）、森（2016）などを参照のこと。

第6章　日本語恩恵構文の意味の拡がりと構文の関係性 | 85

（アゲル）」と「クレル」であるが、両者は視点の置き方という点で決定的に対立する。すなわち、受領者に視点が置かれる場合はクレルが用いられ、授与者に視点が置かれるか中立的な視点が取られる場合はヤル（アゲル）が用いられる。

　クレルには、このように、構造の面からは授与動詞であり視点の置き方の面からは受領動詞であるという二面性が見られるのであるが、これら2つの面のうち、より重要な意味を持つのは、「ヤル（アゲル）」と「クレル」の対立を動機づけるところの視点の置き方のほうである。クレルの受領動詞としての重要性は、何よりも、日本語母語話者がこの動詞をモノの受け取りを表す動詞としてイメージしているという事実にある。

　クレルが第一義的には受領動詞であるということは、授受動詞のなかでモラウとクレルが受領動詞として共存していることを意味する。この点をよく表す例は次の（18）である。

（18）　中学校の入学祝に、叔父から『岩波国語辞典』をもらったのが最初
　　　　だ。てんで話の通じない父親を説得したのは、『岩波国語辞典』を
　　　　くれた叔父だった。　　　　　　　　　　（三浦しをん「舟を編む」）

この例では、国語辞典を贈られたという同じ受領の事態を表すのにモラウとクレルの両方が使用されている。

　モラウとクレルはこのように受領動詞の性格を共有するのであるが、留意すべきは、モラウのほうは受領を実現するための働きかけの有無が問題になるという点である。この点の確認のため、前節で挙げた（3）と（4）の例を再掲する。

（3）　僕は花子に頼んでその写真をもらった。

（4）　僕は花子にプレゼントをもらった。

（3）では、写真の受領を実現するための受領者の授与者への働きかけが認められる。他方（4）では、受領者のそうした働きかけは認められず、プレゼントを贈られるという受領者としての役割のみが表されている。

　このように、モラウには受領者が行為者を兼ねている場合と兼ねていない場合の2つの用法が見られる。行為者を兼ねている場合は行為性の面と結果性の面の両面が関与し、兼ねていない場合は結果性の面のみが関与するわ

けである。その点で言えば、クレルのほうは結果性の面のみが関与する用法
に限られる。先の (18) の例においてモラウとクレルがともに使用できるの
は、国語辞典を贈られたという結果面のみが関与していることに由る。

　授受動詞「ヤル（アゲル）」・「クレル」・「モラウ」に関する以上の観察を
もとに、次に恩恵構文の形と意味の特徴を見ていくことにしよう。まず確認
しておきたいのは、ヤル（アゲル）・クレル・モラウが補助動詞として機能
するテヤル（アゲル）構文・テクレル構文・テモラウ構文がなぜ恩恵の授受
の意味を表すのかという点である。この点については、ヤル（アゲル）・ク
レル・モラウの構文における二者関係の関わりを思い出しておきたい。そこ
での二者関係はモノの授受をめぐる授与者と受領者の関係であると同時に、
恩恵の授受をめぐる与益者と受益者の関係でもあるということであった。

　そのうちの与益者と受益者の二者関係を前面に出すのがテヤル（アゲル）
構文・テクレル構文・テモラウ構文である。そして、授与動詞「ヤル（アゲ
ル）」と受領動詞「モラウ」・「クレル」が授受動詞の 3 項体系をなすのに並
行して、与益構文のテヤル（アゲル）構文と受益構文のテモラウ構文・テク
レル構文が恩恵構文の 3 項体系をなすことになる。

　この点を次の (19) 〜 (21) の例で確認しておこう。

(19)　或日、老母がなんということもなしに昔話を思い出して、初枝に
　　　きかせてやっている。　　　　　　　　　（堀辰雄「ふるさとびと」）

(20)　最初はパートとしての採用だったが、子育ても一段落したいまは、
　　　契約社員として働いてもらっている。　　（三浦しをん「舟を編む」）

(21)　そば屋のおかみさんがコップに麦茶をつぎたしてくれた。
　　　　　　　　　　　　　　　　　　　　　（三浦しをん「舟を編む」）

(19) のテヤル構文は、主語に立つ与益者（老母）の受益者（初枝）に対する恩
恵授与を表す与益構文である。(20) のテモラウ構文は、受益者である働かせ
る側が主語に立ち、与益者である働く側が非主語の位置にある──言語化さ
れるとすれば、与格の位置に立つ──受益構文である。そして (21) のテク
レル構文では、主語に立つ与益者（そば屋のおかみさん）と非主語の位置に
ある受益者（話し手、ただし言語化されていない）との恩恵の授受が表され
ているが、受益者に焦点が置かれる点で受益構文と見做すことができる。

第 6 章　日本語恩恵構文の意味の拡がりと構文の関係性 | 87

テクレル構文が受益構文であると見做されることから、テモラウ構文とテクレル構文が受益構文として共存することになる。この共存の様相を見るために、次にこれら 2 つの構文が表す意味を比較してみたい。

まずテモラウ構文であるが、この構文を特徴づけるのは、受領動詞「モラウ」の特性を受け継いで受益者と与益者の二者関係を保持するという点である。受益者と与益者の二者関係を保持するテモラウ構文は、受益者と与益者が一貫して主語（主格）と与格の位置に立つ。この点の確認のため先に挙げた (20) を再掲する。

(20)　最初はパートとしての採用だったが、子育ても一段落したいまは、
　　　契約社員として働いてもらっている。　　（三浦しをん「舟を編む」）

この場合、上述のとおり、受益者である働かせる側が主語の位置に立ち、与益者である働く側が与格の位置に立つ。

この例で留意すべきは、主語の位置に立つ受益者が事態の実現に積極的に関与しているという点である。与益者に対する能動的な働きかけが認められるわけである。その点で、被使役者に対する働きかけが関与する (22) のようなタイプの使役構文に通じるところがある。Masuoka (1981) で "Causative Benefactive" と呼んだ所以である。

(22)　私はその人たちに契約社員として仕事をさせている。

次の (23) も "Causative Benefactive" に該当する例である。

(23)　そこで彼は室生犀星に頼んで、気軽に書ける雑誌として「むらさき」を紹介してもらい...。　　　　　（福永武彦「意中の文士たち」）

その一方で、テモラウ構文は与益者に対する働きかけなしに得られる恩恵の受領を表すことがある。次の (24) がその例である。

(24)　絵本の読み聞かせも考えようによっては押しつけで逆効果になりうる。「読んでもらうのは、大人でも楽しい。でも、本来は自ら本棚に手を伸ばすようになるためのいざないなのです。」

（朝日新聞 2016・8・3）

この例における「読んでもらう」には、読まれる側（受益者）の読む側（与益者）に対する能動的な働きかけは認められず、読まれる側の受動的な姿勢が表されている。その点で、(25) の受動構文に通じるところがある。

(25)　大人たちに絵本を読まれるだけでは子供にとって十分ではない。

このタイプのテモラウ構文をMasuoka（1981）では"Passive Benefactive"と呼んだのであった。

　テモラウ構文は、このように、意味的には与益者に対する能動的な働きかけが関与する場合（使役型）と関与しない場合（受動型）に分かれるのであるが、重要な点は上述のとおり、受益者と与益者のあいだの二者関係が保持されることである。この点を（26）・（27）の例に拠ってより詳しく見てみよう。

（26）　私は友人に車で駅まで送ってもらった。

（27）？私はその子にうれし涙を浮かべてもらった。

（26）のほうは、使役型としても受動型としても解釈可能である。車で駅まで送るよう友人に頼んだという状況もあり得るし、友人の厚意で送られたという状況もあり得るということである。

　それに対して（27）のほうは、使役型・受動型いずれの意味においても自然な解釈は得がたいように思われる。このうち、使役型の解釈が難しいのは、語用論的に見て、うれし涙を浮かべるよう働きかけるという状況が想定しにくいことに由る。そのような特殊な状況が成立する場合は、（27）が許容されることになる。

　ここで特に注目したいのは、（27）が受動型としても成立しにくいという事実である。結果としての恩恵の受領という点だけで考えれば、その子がうれし涙を浮かべるという事態は話し手にとって恩恵的なわけであるから、（27）は受動型として成り立つはずである。にもかかわらずそうならないのは、この場合、相手（その子）に恩恵を与えようという意志が認めがたいからである。このことは、テモラウ構文では受動型の場合であっても、恩恵の受け手としての受益者と恩恵の与え手としての与益者のあいだの二者関係が決定的に重要であることを物語っている。（26）の受動型と（27）の受動型の成否が分かれるのはこのような二者関係の有無に由る。

　そのような二者関係の関与から解放され得るのがテクレル構文である。テクレル構文においても、先に挙げた（21）のような場合は、受益者と与益者のあいだでの恩恵の授受が認められる。

（21）　そば屋のおかみさんがコップに麦茶をつぎたしてくれた。

（三浦しをん「舟を編む」）

この例では、そば屋のおかみさんと話し手がそれぞれ与益者、受益者として
恩恵の授受に関わっている。

　もしテクレル構文にもテモラウ構文と同様の二者関係の保持が必要である
のなら、（27）に対応するテクレル構文は成り立たないはずである。しかし
ながら、実際には次の（28）は問題なく許容される。

（28）　その子がうれし涙を浮かべてくれた。

このことは、テクレル構文が受益者にとっての恩恵性の存在のみで成立し得
ることを示している。

　そのような理解に立つとき、テクレル構文に次のような例が多数見つかる
ことに対する説明の道が開かれる。

（29）　電話で、あなたのお父さんの県議時代のスキャンダルについて、ぜ
　　　　ひお話ししたいことがある、と言うと、（遠山氏の息子さんは）意
　　　　外に簡単にひっかかってくれました。

　　　　　　（内田康夫「『信濃の国』殺人事件」、括弧内は筆者による補足）

（30）　いきなり飛びこんで、ベストの結果が出てくれるのを願う。

　　　　　　　　　　　　　　　　　　　　　　　（朝日新聞 2016・7・31）

（31）　偶然がいくつもいくつも積み重なって、ことがうまく運んでくれる
　　　　のを心待ちしているように見える。　　（向井敏「開高健 青春の闇」）

（29）の例では、遠山氏の息子の側に恩恵を与えようという意志は認めが
たく、簡単にひっかかったという事態が話し手にとって恩恵的であったとい
うことに過ぎない。（30）においても、ベストの結果が出るという事態に与
益者の存在を見出すことはできず、その事態が話し手にとって恩恵的である
という点以外にテクレル構文を用いる理由はない。同様に（31）でも、「こ
とがうまく運ぶ」という慣用的な表現の内部に与益者の存在を認めることは
無理である。

　この種のテクレル構文の成立を支えているのは、当該の事態が話し手に
とって恩恵的であるという話し手の対事態評価である。前節で挙げた（14）
の例も、このような話し手の対事態評価に支えられて成り立つ。

（14）　ようやく涼しくなってくれた。

ようやく涼しくなったという事態を話し手が恩恵的なものと捉えさえすれば、(14) は成立するわけである。

こうしてテクレル構文が表す意味を通観するとき、そこに浮かび上がってくるのは、二者関係に基づく恩恵の受領から話し手の対事態評価へという意味の拡がりである。この、恩恵の受領の意味から対事態評価の意味への推移には、(32) に示すような意味的連関が関係するものと考えられる。

(32)　［恩恵の受領］当該の事態が受益者にとって恩恵的
　　　　⇒［対事態評価］当該の事態が話し手にとって恩恵的

ちなみに、次の (33) は恩恵の意味を表す用法と対事態評価の意味を表す用法の結節点に位置するものと見られる。

(33)　「谷垣氏は何でも従順にやってくれる」(首相周辺) との評価が定着
　　　していたからだ。　　　　　　　　　　　　(朝日新聞 2016・8・2)

この例では、与益者側の与益意志が弱いものであることに対応して、受益者側の対事態評価が姿を現してくる。ここで言及される「評価」には、与益者 (谷垣氏) に対する評価という面だけでなく当該の事態に対する評価の面も窺われる。

現代日本語において、恩恵用法から評価用法への拡がりを持つテクレル構文は、その使用頻度を確実に高めている。

4.　テモラウ構文とテクレル構文の関係

前節で受益構文のテモラウ構文とテクレル構文を比較検討するなか、受益者と与益者の二者関係を保持するテモラウ構文に対して、テクレル構文はそのような二者関係の関与から解放され対事態評価を表す場合があるということを指摘した。次に、この点を構文の意味の観点から捉えなおしてみたいと思う。

受益者と与益者の二者関係という特性は受領動詞「モラウ」・「クレル」の語彙的特性を受け継ぐものである。モラウ・クレルが補助動詞として機能するテモラウ構文とテクレル構文は、受益者と与益者の二者関係を保つかぎりにおいては、その恩恵の受領の意味を構成的に捉えることができる。言い換

第6章　日本語恩恵構文の意味の拡がりと構文の関係性 | 91

えれば、その構文の意味を受領動詞の構文の意味に還元できるということである。

　それに対して、テクレル構文における対事態評価を表す用法は、恩恵の受領という構成的意味から派生したものであり、構文レベルに特有の意味として位置づける必要がある。

　構文レベルに特有の意味として位置づけられる対事態評価の意味は、恩恵受領の意味とつながりを持ちつつも、その意味とは質的な異なりを見せる。それは、恩恵の受領が受益者と与益者の関係のなかで成立するのに対して、対事態評価は事態と評価者（話し手）の関係のなかで成立するという点である。事態に対する話し手の評価を表すことは、大きく言えば、事態に対する話し手の態度を表すことであり、その意味において"準モダリティ表現"と言ってもよい。先に挙げた（14）の例で言えば、意味的には概略（34）のような構造が与えられよう。

　（14）　ようやく涼しくなってくれた。

　（34）　[[ようやく涼しくなった]（事態）くれる（評価）]

このような準モダリティ形式「- クレル」を使用するかどうかによって、（14）のような評価を表す文と（35）のような事態のみを表す文を使い分けることが可能になる。

　（35）　ようやく涼しくなった。

（14）は話し手の態度が言い表されることで、（35）に比べ主観性の強い表現となる。

　当該の事態を叙述するに当たって評価を付与するかどうかは話し手の選択に委ねられる。そのため、事態から距離を置いた客観的な述べ方をするか主観を交えた述べ方をするかが文体上の選択にもなり得る。そのような例として次の（36）を挙げておきたい。

　（36）　「日本のエーゲ海」といわれる牛窓は、オリーブ園やヨットハーバーのあるマリンリゾート。錦海湾の南東に突出した蕪崎付近と前島、黒島、黄島などの諸島があり、南に小豆島を望み、牛窓瀬戸と称される潮流の変化の妙とあいまって、美しい多島美を見せています。（中略）

かつて物資を積んだ川舟の往来で賑わった倉敷川。その風情を味わ
える観光川舟が運行されています。ゆったりと進む舟に腰を下ろし
て眺める白壁の町並みは、川舟流しならではの表情を見せてくれま
す。　　　　　　　　　　（「東と西と」60 巻 4 号、同志社生活協同組合）

同じ「...見せている」という表現のうち、先（2 つ目）の文では「見せてい
ます」という無標の形式が、後（5 つ目）の文では「見せてくれます」とい
う評価を付加した形式が使われている。この場合、クレルの使用・不使用は
文章構成のレトリックに関わる文体上の選択と見ることができる。

　テクレル構文はこのように対事態評価の用法を発達させているのである
が、同じ受益構文であってもテモラウ構文のほうにはこの用法は見られな
い。この両構文のあいだの違いはどこから来るのであろうか。次にこの問題
について考えてみたい。

　上記の問題は 2 つの問いに分けて検討することができる。第 1 に、なぜ
テクレル構文は恩恵受領の意味から対事態評価の意味を派生し得るのかとい
う問い、そして第 2 に、なぜ同様の派生がテモラウ構文には許されないの
かという問いである。

　第 1 の問いについては、他言語にあまり類を見ない受領動詞クレルの特
異性が与かっているものと考えられる。その特異性とは、事態の中心である
主語（授与者）に視点が置かれないで、その位置から外れた与格（受領者）の
ほうに視点が置かれるという点である。受領者寄りの視点の強さから、クレ
ル構文は話し手自身が受領者になるのが基本となる。受領者が明示されない
(37) のような文では、特別なことがないかぎり話し手が受領者として解釈
される。

(37)　孝子が土産をくれた。

　クレル構文のこのような話し手志向性の強さは、そのままテクレル構文に
受け継がれる。クレル構文の場合と同様に、受益者が明示されない (38) の
ようなテクレル構文では、特別なことがないかぎり話し手が受益者として解
釈される。

(38)　孝子が引越しを手伝ってくれた。

　前節で、当該の事態が受益者にとって恩恵的という意味が関係する恩恵受

領の用法から当該の事態が話し手にとって恩恵的という意味を表す対事態評価の用法への派生関係を指摘したが、このような派生を可能ならしめるのはテクレル構文に備わる話し手志向性の強さであろう。授与者を主語に取る動詞としてクレルがヤル（アゲル）とは別に存在することの意義が話し手志向性にあることからすれば、テクレル構文に話し手の対事態評価を表す用法が発達していることは、理に適っている。

　それでは、なぜ同様の派生をテモラウ構文は許さないのであろうか。1つには、テモラウ構文の話し手志向性がテクレル構文におけるほど強くないことが挙げられよう。受益者が明示されない (39) のようなテモラウ構文は、受益者が誰であるかは文脈に依存するところが大きい。

　(39)　孝子に引越しを手伝ってもらった。

　しかしながら、当該の事態が受益者にとって恩恵的という意味が関係する恩恵用法から当該の事態が話し手にとって恩恵的という意味を表す評価用法への移行が意味的に無理のない自然なものであることから、話し手志向性の強弱だけで両構文の振る舞いの違いを説明するのは十分ではない。テモラウ構文において評価用法の派生が抑制される理由を併せ考える必要がある。その説明のため、ここでは、構文の適正な棲み分け（機能分担）という観点を導入したいと思う。

　テモラウ構文とテクレル構文が受益構文として共存するには、受益の意味のなかでそれぞれが独自の意味領域を持つことが要請されるはずである。そのような独自の意味領域を持たないのであれば、1つの構文に収斂されてもよいはずである。受益の意味を大きく、与益者に対する働きかけが関与する使役型受益の意味、それが関与しない受動型受益の意味、対事態評価の意味の3つに分けたとき、このうちの使役型受益の意味はもっぱらテモラウ構文が表す。受動型受益の意味はテモラウ構文・テクレル構文のいずれによっても表すことができる。ここで、対事態評価の意味をもっぱらテクレル構文が表すならば両構文はそれらが表す意味領域をバランスよく分かち合うことになる。仮にテモラウ構文が対事態評価の意味をも表すことになれば、テモラウ構文だけで受益が関係する意味の全領域を覆ってしまうことになる。テモラウ構文において対事態評価の意味への派生が抑制されることには、この

ような、関係する意味領域を適正に分かち合うという棲み分けの原理が与かっているものと考えられる。

この棲み分けの観点は、構文研究にとって極めて重要な意義を有する。この点について節を改めて考えてみたい。

5. 構文のネットワーク

構文の分析においては、まずは前節で話題にしたテモラウ構文やテクレル構文といった個別の構文に着目することになる。しかしながら、個々の構文は孤立して存在しているわけではなく、他の構文との関係のなかで一定の位置を占める。この点は語彙における語彙項目の特性に通じるものである。

語彙項目はそれぞれが他の項目では置き換えられない独立した存在物である。類義語は数多く存在するものの、言語の経済性から言って、完全な同義語は存在しないはずである。語彙はそのような独立の語彙項目の集合であるが、そこにおいて見逃せないのが諸項目のあいだの緊密な関係性である。親族名詞、温度形容詞、着脱動詞といった語類は互いに緊密な関係にある語彙項目の集合である。個々の語（語彙項目）は語彙集合のなかで孤立して存在しているのではなく、それが関係するネットワークのなかで特定の位置を占める。

本論の考察対象であるヤル（アゲル）・クレル・モラウも語のネットワークの一例である。これらの語は互いの緊密な関係性のもと"恩恵性授受動詞"とも言うべき語集合を作り上げている。その語集合を基盤として形成されるのが恩恵構文（テヤル（アゲル）構文・テクレル構文・テモラウ構文）である。テヤル（アゲル）構文・テクレル構文・テモラウ構文は、ヤル（アゲル）・クレル・モラウが恩恵性授受動詞といった語集合（語のネットワーク）をなすのと同様に、恩恵構文という互いに緊密な関係を持つ構文集合（構文のネットワーク）をなすことになる。

このような構文のネットワークという観点では、個々の構文を自立した存在物と見做す一方で、構文間のつながりにも目を向ける。個々の構文の特性は構文間のつながりを見ることで、よりよく理解できるのではないかとの考

えに立つわけである。そうした見方を背景に、益岡（1992）では「構文の外的連関」という概念を持ち出したのであった。

　構文間にどのような意味のつながりが認められるかという観点を重視した益岡（1992）は、そのような構文間の意味的なつながりを「構文の外的連関」と名づけ、その事例として（40）のようなテアル構文と（41）のようなテオク構文の関係を挙げた。

（40）　京都府警に鑑定をたのんである。

（41）　京都府警に鑑定をたのんでおいた。

これらの構文のあいだには、「ある時点で成り立っている状況とその状況を作り出す行為という関係」（益岡 1992: 535）が見出されると考えたのであった。

　前節で話題にしたテモラウ構文とテクレル構文も、このような構文の外的連関を体現する事例である。これらの構文はその緊密な関係から「受益構文」という構文集合を形作る。互いに緊密な関係にあるこれら 2 つの構文を詳しく比較することでそれぞれの構文の特性を明らかにすることができる。前節の考察において特に重要な意義を持つのが構文の棲み分け（機能分担）という観点である。意味的に緊密な関係にある類義的構文が共存し得るのは、一部の意味領域を共有する一方でそれぞれが独自の意味領域を持つことに由る。前節での考察は、こうして、構文の外的連関の問題に対して構文の棲み分けという 1 つの有意義な観点をもたらしたことになる[7]。

　テモラウ構文とテクレル構文は、このように、その相互関係から見れば受益構文という構文集合をなすのであるが、それらを他の構文との外的連関において眺めれば、そこにより大きなネットワークが認められる。受益構文のテモラウ構文・テクレル構文に意味的に隣接するのは与益構文のテヤル（アゲル）構文である。上述のとおり、クレルは視点の置き方をもとに受領動詞と見做すのであるが、主語に授与者を置くという構造の組み立ての面からは授与動詞と見ることができる。この点で、クレルは受領動詞と授与動詞をつなぐ位置にあると言える。同様に、テクレル構文は視点の置き方の面からは受益構文、主語に与益者を置くという構造の面からは与益構文と見ることが

7　この点に関連して、益岡（2014）の「競合と共存」の見方を参照のこと。

でき、その点において受益構文と与益構文を架橋するものと言える。このような緊密な関係から、テヤル（アゲル）構文・テモラウ構文・テクレル構文は恩恵構文という集合体をなすことになる。

さらに、この構文集合には意味的なつながりを持つ他の構文が存在する。それは、第3節で観察したテモラウ構文と使役構文・受動構文の関係である。第3節では、テモラウ構文には使役構文に通じる（20）のようなタイプと受動構文に通じる（24）のようなタイプがあることを指摘した。（20）と（24）は意味的にそれぞれ（22）と（25）につながるものであった。

（20）　最初はパートとしての採用だったが、子育ても一段落したいまは、
　　　　契約社員として働いてもらっている。　　（三浦しをん「舟を編む」）
（24）　絵本の読み聞かせも考えようによっては押しつけで逆効果になりうる。「読んでもらうのは、大人でも楽しい。でも、本来は自ら本棚に手を伸ばすようになるためのいざないなのです。」

（朝日新聞 2016・8・3）

（22）　私はその人たちに契約社員として仕事をさせている。
（25）　大人たちに絵本を読まれるだけでは子供にとって十分ではない。

以上概観した、受益構文が関わる構文のネットワークを概略的に示せば（42）のようになろう[8]。

（42）　テヤル（アゲル）構文⇔テクレル構文⇔テモラウ構文
⇕
受動構文・使役構文

このような構文ネットワークは意味的なつながりに基づいたネットワークであるが、同じ恩恵構文でも、形のほうから眺めると別の視界が開かれる。すなわち、恩恵構文は形の面から見れば、動詞を基盤とする「補助動詞」の構文ということになる。日本語の補助動詞構文には恩恵構文の他に、存在動詞「イル」・「アル」を基盤とする「テイル」・「テアル」の構文、往来動詞「イク」・「クル」を基盤とする「テイク」・「テクル」の構文、視覚動詞「ミル」・「ミセル」を基盤とする「テミル」・「テミセル」の構文などがある。形

8　テクレル構文と受動構文のあいだにも対事態評価の意味に関わるつながりがある。この点については、益岡（近刊）を参照されたい。

の特徴に基づいてこのような「補助動詞構文」の集合を設定することは可能であるが、この集合は単に形の面における集合に過ぎないのであろうか。それとも、何か意味的な基盤を併せ持つものであろうか。仮に意味的な基盤があるとするならば、(42) に示した諸構文と同様に構文のネットワークを形成することになる。この点については、残された課題として今後の検討に委ねたい。

6.　おわりに

　日本語の恩恵構文 (テヤル (アゲル) 構文・テクレル構文・テモラウ構文) をめぐる以上の考察から、次の 2 つの重要なポイントを引き出すことができる。

(ⅰ) 恩恵構文の意味には、その母型である授受動詞構文に還元できる恩恵の授受の意味とそこから派生する対事態評価の意味が認められる。

(ⅱ) 受益構文のテモラウ構文・テクレル構文は、受益の意味を表すなかでその意味領域を分かち合うことにより共存が可能となる。

　これらの点をより一般的な形で述べれば、第 1 に、構文の意味には構文の形 (構造) に直接対応する構成的意味と、そのような直接的な対応関係を超えた、構文レベルに特有の意味があるということ、そして第 2 に、個々の構文の意味のあり方は、それがつながりを持つ他の構文との関係性において正確に把握できるということである。

　そのような理解に立ったうえで、最後に、「構文」は自立的な存在物として捉えるべきものであるという点を付記しておきたい。すなわち、第 1 に、構文にはそれ自体に認められる、派生的意味のような独自の意味が備わっているということ、そして第 2 に、個々の構文は他の構文とのつながりのなかでその役割を果たすということである。この点は、個々の語 (語彙項目) が独自の意味を表すとともに語のネットワークのなかで特定の位置を占めることになぞらえ得る。

　この到達点において、本論の日本語恩恵構文の考察は理論的研究として展開されている構文文法 (Construction Grammar) の見方との接点を見出した

と言ってよいであろう[9]。

参照文献

日高水穂 (2011)「やりもらい表現の発達段階と地理的分布」『日本語学』30(11): 16–17

Hoffmann, Thomas and Graeme Trousdale (eds.) (2013) *The Oxford handbook of construction grammar*. Oxford: Oxford University Press.

Masuoka, Takashi (1981) Semantics of the benefactive constructions in Japanese. *Descriptive and Applied Linguistics* 14: 67–78.

益岡隆志 (1992)「日本語の補助動詞構文：構文の意味の研究に向けて」文化言語学編集委員会 (編)『文化言語学：その提言と建設』546–532. 東京：三省堂.

益岡隆志 (2001)「日本語における授受動詞と恩恵性」『言語』30(5): 26–32.

益岡隆志 (2013)『日本語構文意味論』東京：くろしお出版.

益岡隆志 (2014)「日本語の中立形接続とテ形接続の競合と共存」益岡隆志・大島資生・橋本修・堀江薫・前田直子・丸山岳彦 (編)『日本語複文構文の研究』521–542. 東京：ひつじ書房.

益岡隆志 (近刊)「主観性から見た日本語受動文の特質」澤田治美・仁田義雄・山梨正明 (編)『場面と主体性・主観性』東京：ひつじ書房.

森勇太 (2016)『発話行為から見た日本語授受表現の歴史的研究』東京：ひつじ書房.

大江三郎 (1975)『日英語の比較研究　主観性をめぐって』東京：南雲堂.

Shibatani, Masayoshi (1979) Where analogical patterning fails. *Papers in Japanese Linguistics* 6: 287–307.

Zúñiga, Fernando and Seppo Kittilä (eds.) (2010) *Benefactives and malefactives: Typological perspectives and case studies*. Amsterdam/Philadelphia: John Benjamins.

9　構文文法については、本書第1章及び Hoffmann and Trousdale (eds.) (2013) を参照されたい。

第7章

受益構文の意味拡張

《恩恵》から《行為要求》へ

天野みどり

1. はじめに

　本論では《恩恵》の意味を表すテモラウ構文がテモラワナイトという言い切りの形式で対人関係的な《行為要求》の意味を表す現象をとりあげる。

(1)　今日帰りに（CDを）買って帰って　語り練習するくらいの気持ちで皆さんいってもらわないと　語りがポイントです

（「笑」（　）内は筆者の意味解釈補足）

　(1) はテレビのトーク番組の使用例であるが、出演者である発話者がスタジオ内の客（皆さん）に向かい、〈この番組終了後にCDを買って語りの部分を練習するくらいの気持ちでいくコト〉を勧めている。本論ではこうした発話者から聞き手に向けて伝えられる、聞き手の行為を求める命令・依頼・勧め・助言・禁止の意味を日本語記述文法研究会（編）(2003) 他に倣い《行為要求》と呼ぶ。このテモラワナイトは接続助詞トを有する従属節でありながら直後の「語りがポイントです」とは関係を結ばず終了している。こうした節を中断節、後続に主節が出現するものを完全文と呼ぶことにする[1]。

---

[1]　従属節が文末形式となり新たな意味を獲得している日本語の現象については、白川 (2009) の「言いさし」・大堀 (2002) の「中断節」・加藤 (2013) の「主節化」の研究、堀江 (2015) の類型論的研究などがある。

本論では加藤（2013, 2015）に倣い、ある文（文の中断など文相当形式）全体に、語句の入れ替えや文脈情報によってもキャンセルすることのできない特定の意味が固定している場合、その文（相当）形式のことを構文と呼び、その構文の固定的意味のことを構文的意味と呼ぶ。他方、キャンセルできる意味は構文推意と呼ぶ。ただし、構文的意味の固定は元来程度的なものであり揺れが伴う。本論の二分も当座の考察のためのものである。

本論の主要な目的は、①テモラワナイト中断節構文の《行為要求》の意味がテモラウ構文の《恩恵》の意味からどのように派生するかを論じること、②同じ《恩恵》の意味を持つテクレル構文との違いを考察し、構文の意味の拡がりを推進する要因と抑制する要因を明らかにすることである。

テモラワナイト中断節構文は否定形述語に接続助詞トの後接した〜ナイト節に〜テモラウが組み込まれたものであり、テモラウ構文とナイト中断節構文の複合形式である。そこで第2節ではナイト中断節構文の意味をまず整理し、第3節でテモラワナイト中断節構文の意味について論じる。第4節では同じ受益構文であるテクレナイト中断節構文と比較し、使用状況の違いを述べる。第5節ではその違いを生み出す要因を論じる。第6節では受益構文に認められる他の派生的意味である《評価表示》の、推進・抑制の要因を論じる。

2.　ナイト中断節構文

本節ではナイト中断節構文の意味を明らかにするために、派生元となる構文（ナイト一般述語構文）、主節述語が固定した構文（ナイトイケナイ構文）、主節述語の無い構文（ナイト中断節構文）の順に述べていく。

2.1　派生元となるナイト一般述語構文

まず、ナイト中断節構文の派生元は ［V1 ナイト V2］ という完全文の形式で、否定的事態の条件下で生起する事態の意味を表す次のような文である。様々な動詞が V2 になることからナイト一般述語構文と呼んでおく。

（2）　私たちは食べないと病気になる。

第 7 章　受益構文の意味拡張 | 101

(3)　再審査請求をすると「悪印象をもたれる」のではなく、逆に再審査
　　　をまったくしないと、「悪印象をもたれる」のである。　　（「医」）

(2) は〈食べない〉という事態の条件下では〈病気になる〉という事態が生
起すること、(3) は〈再審査をまったくしない〉という事態の条件下では〈悪
印象をもたれる〉という事態が生起することを表している。こうした意味を
《条件下の事態》と呼んでおこう。この《条件下の事態》は〈病気になる〉〈悪
印象をもたれる〉のように望ましくない否定的評価の事態であることが多
い[2]。しかし、(4) のように否定的評価の意味が必ずしも感じられない例もあ
るようだ。また、(5) のように文脈の追加（下線部）で肯定的評価を表す場
合もあり、事態に対する発話者の否定的評価の意味がナイト一般述語構文の
固定的な構文的意味であるとは言い切れない。

(4)　この冷蔵庫はドアが完全に閉まらないとブザーで知らせてくれる。

(5)　人が通らないと電気は点灯しない。省エネになります。

また、[V1 ナイト V2] の V1 が相手の行為について言及する場合には相
手に望ましい行為を勧める意味（(6)〈薬を飲む〉）が感じられることもある
が、これも文脈で取り消せる意味であり構文的意味とは言いがたい。

(6)　あなたは薬を飲まないと不安になる。でも、薬を飲まないで。

2.2　主節述語が固定したナイトイケナイ構文

次に、このナイト一般述語構文の V2 の種類が「いけない・ならない・困
る・嫌だ」などに偏り、事態概念に対する《評価》や《義務》といったモダリ
ティの意味を表すことが先行研究で明らかにされている[3]。

(7)　私たちは食べないといけない。

(8)　家元の死が他殺だとしたら、まず密室の謎を解かないといけない。

（「京」）

このパターンの構文の主節述語を「いけない」で代表しナイトイケナイ構

2　前田 (2009) は「「と」は仮説的条件を表すことはあまりないが、出現することがあり、
それらは後件が否定的評価を持つ事態である場合である」(p. 44) としている。

3　《評価》（日本語記述文法研究会（編）2003, 高梨 2002, 2010 など）や《事態選択》（森山
1997, 2000）、《当為判断》（仁田 1991 など）、《義務》（藤井 2008）。

文と呼んでおく。この構文の主節「いけない」は、例えば〈食べない〉〈密室の謎を解かない〉という条件下で生起する事態を具体的に叙述するわけではなく、そういったことに対する発話者の否定的評価を表すのみである。また、その否定的評価の裏返しとして〈食べる〉〈密室の謎を解く〉ことへの肯定的評価が表され、その必要性や義務の意味が表される。

　また、このナイトイケナイ構文は《評価》の意味から派生して相手に対する《行為要求》[4]や発話者自らがこれから起こす行動への《意志表明》を表す場合がある。《行為要求》の意味が成り立つのはその行為が①制御可能②未実現③聞き手の行為の場合であり（高梨 2010: 191）、（9）は〈もっと食べるコト〉を相手に要求している。これに倣えば《意志表明》とはその行為が①制御可能②未実現③発話者の行為である（10）のような例である。（10）は発話者が〈このあと会議に出るコト〉の意志を表明している。

（9）　あなたはもっと食べないといけない。

（10）　私はこのあと会議に出ないといけない。

　この《行為要求》《意志表明》の意味は［V1 ナイ］の表す事態に対する否定的評価に伴い、その推論として V1 事態の実現を発話者が望む意味が解釈されるものだが、ナイト一般述語構文のそれに比べてキャンセルしにくいようである。しかし、《行為要求》《意志表明》を取り消す文が後文脈に出現することも不可能ではないと判断されるため、構文推意と考えておく。

（11）　あなたはもっと食べないといけない。でも食べないで。

（12）　私はこのあと会議に出ないといけない。でも出ません。

2.3　主節述語の無いナイト中断節構文

　最後に、ナイト中断節構文の意味を確認する。ナイト中断節構文には《条件下の事態》の意味は無い。他方、《評価》《義務》の意味はある。

（13）　小学生はもっと魚を食べないと。

（14）　政治家は襟を正さないと。

（13）（14）では〈小学生が魚を食べないコト〉〈政治家が襟を正さないコト〉

4　この場合の《行為要求》は日本語記述文法研究会（編）（2003）安達（2002）高梨（2002, 2010）など。

第 7 章　受益構文の意味拡張 ｜ 103

に対する発話者の否定的評価や、〈小学生が魚を食べるコト〉〈政治家が襟を
正すコト〉を当然とする当為判断、必要・義務の意味が解釈される。さらに、
その拡張として《行為要求》《意志表明》の意味が認められる。中断節の《行
為要求》《意志表明》は、ナイトイケナイ構文に比べてさらにキャンセルしに
くいように感じられることから、構文的意味としておく。

(15) ?もっと食べないと。でも食べないで。

(16) ?もう帰らないと。でも帰りません。

以上をまとめたのが次の表1である。

表1　ナイト従属節を持つ構文の意味の拡がり

> ①ナイト一般述語構文　例：食べないと病気になる
> 　　意味Ⅰ《条件下の事態》(※構文推意として《評価》・《行為要求》)
> ↓
> ②ナイトイケナイ構文　例：食べないといけない
> 　　意味Ⅱ《評価》のモダリティ・意味Ⅲ《義務》のモダリティ
> 　　　　(※構文推意として《行為要求》《意志表明》)
> ↓
> ③ナイト中断節構文　　例：食べないと
> 　　意味Ⅱ《評価》のモダリティ・意味Ⅲ《義務》のモダリティ
> 　　意味Ⅳ《行為要求》のモダリティ・意味Ⅴ《意志表明》のモダリティ

3.　テモラワナイト中断節構文

　ナイト従属節にテモラウが組み込まれた複合形式にも第2節で述べた意
味拡張が観察される。

(17)　私はあなたによい点をつけてもらわないと、予選で敗退するね。
　　　(意味Ⅰ《条件下の事態》)

(18)　私はあなたによい点をつけてもらわないといけない。
　　　(意味Ⅱ《評価》のモダリティ・意味Ⅲ《義務》のモダリティ)

(19)　あなたによい点をつけてもらわないと。
　　　(意味Ⅱ《評価》のモダリティ・意味Ⅲ《義務》のモダリティ・意味
　　　Ⅳ《行為要求》のモダリティ)

以下では、テモラワナイト中断節構文の意味をさらに詳細に観察し《行為要求》を2種類に分け、また、それとは別に《行為要望》をたてる。

(1)　今日帰りに買って帰って　語り練習するくらいの気持ちで皆さんいってもらわないと　語りがポイントです　　　　　　　　（「笑」）

(20)　｜これは野外調査ってことにすればいい」「でも、あなたに展示の最終プランを確認してもらわないと｜」　　　　　　　　　（「盗」）

上例はいずれも発話者が利益を受けるように聞き手に対して行為を求める、《発話者受益の行為要求》である。この意味はテモラウの前接部の表す行為（〈いく〉〈確認する〉）が①制御可能②未実現③聞き手動作主の行為であり、さらに④受益者が発話者である場合に成り立つ。

　他方、次の例は同じ《行為要求》でも聞き手が受益者のものである。

(21)　なんとか彼に結納をしてもらうように説得して、納得してもらわないとね !!　　　　　　　　　　　　　　　　　　　　　（「ブ①」）

(21)は〈彼に納得してもらう〉よう聞き手の受益行為を勧めるものであり、《聞き手受益の行為要求》である。この場合、テモラウの前接部の表す行為〈納得する〉は①制御可能②未実現③第三者（「彼」）が動作主の行為であり、④受益者が聞き手である。

　上の2種類は発話者受益か聞き手受益かで異なるが、発話者から聞き手に向かって述べられ、聞き手に対する《行為要求》である点では同じである。他方、次の例は聞き手に対する行為要求ではなく、不在の第三者への行為要求を聞き手に表明するものである。これを《行為要望》と呼んでおく。

(22)　「テープの録音でなかったのかどうか、警察にはよく調べてもらわないとな。」　　　　　　　　　　　　　　　　　　　　（「虹」）

《行為要望》はテモラウの前接部の行為（〈調べる〉）の動作主が第三者（「警察」）であり、受益者が発話者（または発話者と聞き手）である。

4.　テモラウ中断節とテクレル中断節の使用状況差

　益岡（2013）ではテクレル構文もテモラウ構文と同様に「恩恵の授受を恩恵の受け手に視点を置いて叙述する」(p. 30) ものであり、受益構文とされ

第7章 受益構文の意味拡張 | 105

る。このテクレル構文もナイト中断節構文との複合形式で《行為要求》《行為
要望》を表し、両構文間の意味の違いはほとんど無いように感じられる。

(23) 「やっぱり組織の中にいる以上は、従ってくれないと…」と、何度
    か忠告されたことがあります。《行為要求》　　　　　　（「三」）

(24) 「役者は本人の努力だけではどうにもなりません。だれかが引っぱ
    り上げててくれないと…」。《行為要望》　　　　　　　（「A」）

　しかし、その使用状況は構文間で異なる。ここでは国立国語研究所『現代
日本語書き言葉均衡コーパス（少納言）』を利用した調査から両者の使用状
況の違いを示し、その要因を考察する。

4.1　中断節使用数の相違

　まず、両者の相違の第1として使用数を見ておく。表2が示すとおり、
全ジャンルから収集したテモラワナイト完全文・中断節の総数は276例、
そのうち中断節は86例であった。これに対し、テクレナイト完全文・中断
節の総数は166例、うちテクレナイト中断節は32例であり、テクレナイト
中断節はテモラワナイト中断節よりも使用例数自体がかなり少ない。完全文
も合わせた総数に占める中断節の割合でも、テモラワナイト中断節の31.2%
に対し、テクレナイト中断節は19.3%と少ないことがわかる。

表2　テモラワナイト・テクレナイト使用例数

	c テモラワナイト	d テクレナイト	c+d 計
a 完全文	190 (68.8%)	134 (80.7%)	324
b 中断節	86 (31.2%)	32 (19.3%)	118
a+b 計	276 （100%）	166 （100%）	442

　さらに、このうち《行為要求》を表す例数は表3のとおりである。テモラワ
ナイトもテクレナイトも完全文よりも中断節の形式で《行為要求》用法に収
斂していくが、テモラワナイトの方がその収斂が若干推進的である。

106 ｜ 天野みどり

表3　テモラワナイト・テクレナイト《行為要求》使用例数

	c テモラワナイト	d テクレナイト	c+d 計
a 完全文《行為要求》	62（190 中 32.6%）	39（134 中 29.1%）	101
b 中断節《行為要求》	35（86 中 40.7%）	12（32 中 37.5%）	47
a+b《行為要求》計	97	51	148

4.2　完全文の主節述語の固定化の相違

　第2の相違として、収集したそれぞれの完全文の主節述語の単語調査から、完全文の主節述語の固定度の違いを示す。

　テモラワナイト完全文の主節述語のうち複数回用いられるものや意味的に類似しているものを挙げると以下の表4のようになる。

表4　テモラワナイト完全文の主節述語別例数（計190例調査）

困る 50 ／いけない（いかん 2 含む）28 ／だめだ（だめかも・だめか・だめみたいだ含む）5 ／だめになる 1 ／どうしようもない 2 ／可能動詞否定・可能（ら）れる否定 20 ／漢語動名詞＋できない 7 ／～ことができない 3 ／不安だ 3 ／不安になる 1 ／まずい 1 ／申し訳ない 1 ／面白くない 1　　　　　　　　　その他

　テモラワナイト完全文の主節述語には次例のような「困る」「いけない」が頻出する（「困る」（26.3%）「いけない」（14.7%））。

(25)　「教えてもらわないと困るのですがね」　　　　　　　　　　（「悪」）

(26)　これも対応できるような運用というものをやってもらわないといけないというふうに思っております。　　　　　　　　（「国会①」）

　また、意味的に発話者の主観的感情を表す類として「不安だ／不安になる／申し訳ない／面白くない」があり、これらと「困る」を合わせると計56例（29.5%）となる。意味的に事態の成立の不可能性を表す表現も多い。「可能動詞否定・可能（ら）れる否定／漢語動名詞＋できない／～ことができない」という明確な不可能形式だけでも計30例（15.8%）となる。

　他方、テクレナイト完全文の主節述語のうち複数回用いられるものや意味的に類似しているものは表5のとおりである。

第7章　受益構文の意味拡張　| 107

表5　テクレナイト完全文の主節述語別例数（計134例調査）

困る24／いけない0／だめだ5／どうしようもない1／可能動詞否定・可能（ら）れる否定10／漢語動名詞＋できない2／〜ことができない1／名詞＋ができない3／できない2／不安でたまらない1／不安な気持ちだ1／不安になる1／まずい2／わからない7／怖い2／寂しい2／面白くない2／いらだつ1／イライラする1／動揺する1／心配だ1／悲しい1／つらい1／いや1／厳しい1　　　　　　　　　　　　　　　　　　　　　　　　その他

　テクレナイト完全文では高頻度に用いられる単語は「困る」（17.9%）のみであり、それもテモラワナイト完全文の26.3%に比べると低い。

　他方、意味的に不可能を表す類が多いことはテモラワナイト完全文と共通している。「可能動詞否定・可能（ら）れる否定／漢語動名詞＋できない／〜ことができない／名詞＋ができない／できない」を合わせると18例（13.4%）となり、テモラワナイト完全文の15.8%とさほど変わらない。

　意味的に発話者の主観的感情を表す類も多い。ただし、単語の種類の多さでテモラワナイト完全文と異なる。テモラワナイト完全文では、「困る」の他は「不安だ／不安になる／申し訳ない／面白くない」だけであったが、テクレナイト完全文の場合には「困る」の他「不安でたまらない／不安な気持ちだ／不安になる／怖い／寂しい／面白くない／いらだつ／イライラする／動揺する／心配だ／悲しい／つらい／いや／厳しい[5]」と実に様々な表現がある。これらを「困る」と合わせると41例（30.6%）となり、発話者の主観的感情という意味類の使用比率としてはテモラワナイト完全文の29.5%とほぼ同じになる。つまり、どちらも意味類型としてはほぼ同じような使用比率で発話者の主観的感情を表現するが、テモラワナイト完全文は「困る」1単語に集中するのに対し、テクレナイト完全文は多様な単語に分散して表現されると言うことができるのである。

　以上の調査から、両完全文ともに主節述語として意味的に事態の不可能性や否定的な主観的感情を表すものが多く現れるが、特にテモラワナイト完全文はテクレナイト完全文よりも同一述語の出現が多く、述語の固定化が進ん

5　この「厳しい」は文脈上心的状況が切迫していることを表しており、主観的感情を表す類に入れた。

でいると言える。このように固定化が進んだ結果として、その主節述語を言語化しない中断節構文が成立すると考えられるのであり、第4.1節で示した調査結果、すなわち、テモラワナイト中断節の方がテクレナイト中断節よりも使用数及び《行為要求》比率の点で上回っていることと整合的である。

4.3 逸脱形式の有無

第3に、テモラワナイト完全文・中断節にのみ、与え手を表す形式に逸脱が見られ、テクレナイト完全文・中断節には見られないという違いがある。

例えば《行為要望》を表す場合に与え手のニ格がガ格で現れる逸脱例が散見する。(27)は完全文、(28)は中断節の例である。実例だが不自然さが感じられるため?を付しておく。

(27) ?やはり人が集まってもらわないとどうしようもないということでございます。　　　　　　　　　　　　　　　　　　　　　　　（「国会②」）

(28) ?「この際誰かが犠牲になってもらわないとー」　　　　　　（「黄昏」）

また、次の(1)(29)はいずれも聞き手に対する《行為要求》の例だが、与え手「皆さん」「F032さん」には格助詞ニが無い[6]。(30)が示すようにニ格は無助詞用法をとりにくいのであり、(1)(29)は助詞ニが省略されたというよりも、与え手を表す格としてではなく相手に対する呼びかけとして出現しているとも考えられる。そうだとすると、これらは《行為要求》の意味に呼応して用いられたものと考えられる。

(1) 　今日帰りに買って帰って　語り練習するくらいの気持ちで皆さんいってもらわないと　語りがポイントです　　　　　　（「笑」）

(29) 　F098：だからここにF032さん書いてもらわなきゃ。
　　　　F032：あ、そう。　　　　　　　　　　　　　　　　　　（「名大」）

(30)a.　従業員に残業してもらわないと我が社は潰れちゃうよ。
　　　b.　*従業員φ残業してもらわないと我が社は潰れちゃうよ。

6　(29)はモラワナケレバの縮約形であるモラワナキャの中断節であるが、テモラウを用いた〈評価〉表現の《行為要求》への派生であり、与え手を呼びかけ表示している点で同じ現象として挙げておく。「名大会話コーパス」は藤村他（2011）参照。

第 7 章　受益構文の意味拡張 ｜ 109

他方、テクレナイトには与え手を表すガ格の逸脱例が見いだせない。テモラワナイトの方が元となる授受の意味の希薄化が進み、受益関係を明示する格表示の逸脱に使用者の違和感が薄れていることの反映である可能性がある[7]。

以上、使用状況の 3 つの観点から《行為要求》用法に関してはテモラワナイト構文の方がテクレナイト構文よりも慣習化が進み推進的であることを示した。特に、テモラワナイト中断節が最も慣習化の進んだ形式であることを示した[8]。

5.　相違の要因

5.1　待遇度の相違

本節では、なぜテモラワナイト中断節構文に聞き手に対する《行為要求》用法の使用が偏っているのかを考える。本論では、その直接的要因は両者の待遇度の違いにあると考える。再度、両構文の《行為要求》表現を比較してみると、筆者にはテモラワナイトの方が聞き手に対する待遇度が高く感じられる。以下の a, b では a の方が若干丁寧に感じられる[9]。

(31) a.　今日帰りに買って帰って　語り練習するくらいの気持ちで皆さん
　　　　いってもらわないと　語りがポイントです　　　　　　　　（「笑」）

　　 b.　今日帰りに買って帰って　語り練習するくらいの気持ちで皆さん
　　　　いってくれないと　語りがポイントです

(32) a.　「やっぱり組織の中にいる以上は、従ってもらわないと…」と、

7　この逸脱については、授受の意味の希薄化だけではなく、歴史的事実（山口 2015）やテモラウ・テクレルの他の用法における逸脱（金澤 2007）も参照し、さらに検討する必要がある。

8　中断節の形式の慣習化には一般的に元構文の意味的復元を回避するというだけではなく、「困る・いけない」などの否定的評価を表す表現を相手に告げること、とりわけ《行為要求》の際にそれを告げることを回避する心情も関与したと考えられる。肯定的評価を表す表現を主節に持つ、例えば「〜てもらえると嬉しい」の中断節「〜てもらえると」という形式での《行為要求》用法は調査対象には皆無であった。

9　(31)(32) の a, b どちらが待遇度が高いと感じられるかを日本語母語話者 13 人に調査した。その結果、a を高いとしたのは 12 人、b を高いとしたのは 1 人であった。

何度か忠告されたことがあります。

b. 「やっぱり組織の中にいる以上は、従ってくれないと…」と、何
度か忠告されたことがあります。　　　　　　　　　　（「三」）

両中断節構文の待遇度の相違を (33) (34) のように「です・ます」などの
丁寧体述語と共起する例の比率で考えてみる。

(33)　だから、これは本当に限定してもらわないと。今、輸送ということ
を言いましたけれども、それだけですか。　　　　（「国会③」）

(34)　「来年は太一も小学校ですからね。健作もぼつぼつ考えてくれない
と…」　　　　　　　　　　　　　　　　　　　　　（「女」）

この調査[10] の結果、丁寧体述語と共起するテモラワナイト中断節は 39.5%、
テクレナイト中断節は 37.5% であり、あまり変わらなかった。どちらも普
通体述語と共起する場合が 52.3%、56.3% と多い。

しかし、これを使用法別に見ると違いが見られた。この丁寧体述語と共起
する中断節のうち聞き手に対する《行為要求》用法として用いられたのは、
テモラワナイト中断節が 11.6% なのに対してテクレナイト中断節はわずか
3.1% であった。ちなみに (35) のように丁寧体述語と共起するテイタダカナ
イト中断節のうち、《行為要求》を表すのは 85% もの高さであった。

(35)　「…いつ退院できるか、わかりますか」「それはマーウッド先生に訊
いていただかないと。呼んできましょうか？」　　　（「骨」）

テモラウの上位待遇形であるテイタダクを用いた中断節のこの結果を合わ
せて考えれば、《行為要求》を表す用法としてテモラワナイト中断節の方が
テクレナイト中断節よりも聞き手に対する待遇度が高いと判断される。

《行為要求》は相手に負担をかけるものであり、この意味の伝達と同時に
相手に対する配慮の表明も要請される。歴史的にも様々な形式が《行為要
求》のために用いられてきた事実（田中 1957, 工藤 1979, 森 2010, 2016, 矢島
2013 など）や、現代語に限っても様々な形式がある事実（安達 2002）も、相
手に対する配慮の表し分けに関して使用者が敏感であることの反映と考えら
れる。テクレナイト中断節構文もテモラワナイト中断節構文も様々な《行為

10　当該の中断節を含む一文に述語形式が出現しない場合には、前後の文の述語形式で丁寧
体か普通体かを判断した。前後の文にも述語形式が出現しない場合は不明とした。

第 7 章　受益構文の意味拡張 ｜ 111

要求》表現の中では親しい関係にある相手に対して用いられるものと思われ
るが、本調査対象においては、語用論的要請により、より丁寧なテモラワナ
イト中断節構文の方がテクレナイト中断節構文よりも選好されたものと考え
られる [11]。

5.2　待遇度の相違を生み出す意味的要因

　では、なぜテモラワナイト中断節構文の方がより丁寧な表現となるのだろ
うか。両中断節構文の《行為要求》の派生のしかたから考えてみたい。

（36）　よい点をつけて<u>くれないと</u>。

　テクレナイト中断節構文による《行為要求》は、相手の行為〈あなたがよ
い点をつけてくれないコト〉に対して《評価》し、その《評価》の悪さを伝達
することによって、推意として〈あなたがよい点をつけるコト〉を促す意味
が解釈され固定化したものと考えられる。

　他方、テモラワナイト中断節構文の《行為要求》の多くは《評価》の意味か
ら直接的に派生しているのではない。テモラワナイト中断節構文の《行為要
求》には発話者受益と聞き手受益があるのであったが、このうち前者は間接
的なものである [12]。

（37）　よい点をつけて<u>もらわないと</u>。

　発話者受益のテモラワナイト中断節構文の場合、まず、相手の行為ではな
く発話者自身の行為〈私があなたによい点をつけてもらわないコト〉に対し
て《評価》し、その《評価》の悪さを伝達することによって、間接的に〈私が
あなたによい点をつけてもらうコト〉を実現しようとする《意志表明》の意
味を表す。この自身の受益行為の実現のためには、与え手である相手の行為
〈あなたがよい点をつけるコト〉が実現しなければならない。つまり、自身
の受益行為の《意志表明》の意味によって、相手の行為〈あなたがよい点を
つけるコト〉の実現を促す《行為要求》を表すのである。このように、テモ

11　伊藤（2010）はテモラワナイト構文とテクレル構文の丁寧さの違いに関し調査に基づき
考察している。

12　本調査ではテモラワナイト中断節構文の《行為要求》35 例中、発話者受益 30 例、聞き
手受益 5 例であった。

112 | 天野みどり

ラワナイト中断節構文の方がより複雑で間接的な《行為要求》の意味の派生
となっている。

表6 テモラワナイト・テクレナイト中断節構文の《行為要求》の派生

テクレナイト	相手の行為への悪い《評価》→相手に対する《行為要求》
テモラワナイト （発話者受益）	自分の受益行為への悪い《評価》→自分の受益行為の《意志表明》→相手に対する《行為要求》

また、単に間接度が高いというだけではなく、内容的にも、テクレナイト
中断節構文が相手の行為を《評価》するのに対し、テモラワナイト中断節構
文は発話者自身の受益行為を《評価》するのであり、相手への無礼さが軽減
されていると言える。

このようなことから、テモラワナイト中断節構文の方がテクレナイト中断
節構文よりも丁寧な表現と認識され、本調査対象では《行為要求》表現とし
て多く選択されているものと思われる。

5.3 待遇度の相違を生み出す統語的要因

そもそも第5.2節で述べた意味の派生過程の相違は、両構文の統語構造上
の異なりに起因する。テクレナイト中断節構文は発話者の《意志表明》を表
すことが構造上できないのである。なぜなら、（38a, b）が示すように、テモ
ラウ構文は発話者が主格となり得るのに対し、テクレル構文の場合、受益者
である発話者は非主格で表され主格にはなり得ないからである[13]。

(38) a. 私がよい点をつけてもらった。

　　 b. *私がよい点をつけてくれた。

主格が発話者でなければ《意志表明》を表すことはできない。

(39) a. あなたに決断してもらう。（発話者の《意志表明》可）

　　 b. あなたが決断してくれる。（発話者の《意志表明》不可）

---

13 そもそも現代語のテクレル構文の主格は発話者とはなり得ず、構文的に《意志表明》用
法を欠いている。クレルの主格に発話者がなれない視点制約は中古語にはなく、中世以降
であることが明らかにされている。荻野（2007）森（2011）参照。

第7章　受益構文の意味拡張 | 113

　両者の統語的特徴の違いが《行為要求》の意味派生過程や間接性に関する異なりを生み、さらにそれが文体的意味の異なりを生み、その結果として、本調査対象においては、より丁寧な《行為要求》が好まれるという語用論的選択が多く働き、出現傾向の異なりとなって現れたと考えられる。

6.　意味的拡張の推進と抑制―《評価表示》を例に

　テモラウ構文とテクレル構文はともに受益構文と呼ばれるが、基本的意味の《恩恵》から拡張した《行為要求》用法はテモラワナイト中断節では推進的、テクレナイト中断節では抑制的であった。本節では、逆にテクレル構文で推進的、テモラウ構文で抑制的な意味拡張を考える。

　益岡（2013）ではテクレル構文に発達している派生的意味として以下のような《評価表示》の意味があるとする[14]。

　（40）　打撃では、追い込まれたカウントで相手の決め球をよく狙う。「強いところを叩けば相手はもっと混乱してくれる」からだと言う。

（益岡 2013: 27）

　（41）　ようやく涼しくなってくれた。　　　　　　　（益岡 2013: 28）

　益岡（2013）ではこれらは「コトの授受の関与が認められない」ものであり、「当該の事態が話し手にとって恩恵的・利益的なものであるという評価を表す」「主観的な表現」（pp. 28–29）に拡張しているとする。この場合、〈混乱する〉〈涼しくなる〉のように非自己制御的な事態や、（41）のように与え手が無意志物であっても成立する。

　益岡（2013）はこうした《評価表示》用法はテモラウ構文には無いとする（p. 30）。確かにテクレル構文の（41）は自然な文だが同じ状況でのテモラウ構文の使用（42）はかなり違和感がある。

14　この益岡（2013）の《評価表示》とナイト構文の《評価》とは紛らわしい用語なので注意が必要である。森山（1997, 2000）のモダリティの4階層「事態概念・事態・事情・判断」の区別で示すとナイト構文の《評価》とは「事態概念」に対するコメント、益岡（2013）の恩恵構文の派生的意味としての《評価表示》とは「事態」に対するコメントと言える。本書所収の益岡論文では「対事態評価」とも記されている。

(42) ?ようやく涼しくなってもらった。

山田（2004）もテクレル構文では無意志の与え手の例が頻出するのに対しテモラウ構文では通常有意志の与え手であり、無意志の与え手の出現は働きかけ性が減じられるような場合に限られるとする（pp. 71–75）。

(43)　やっと雨に降ってもらえたよ。　　　　　　　　　　（山田 2004: 75）

また、山田（2004）はテクレル構文は自己制御性の度合いに関係なく受益事態として成り立つが、テモラウ構文は非自己制御的な事態に関しては文法性判断が低くなるとしている（pp. 63–67）。

(44)　春子は珍しく今夜志郎が居合わせてくれたことを幸運に思った。

（山田 2004: 64）

(45) ?娘には、いい男に巡り会ってもらった。　　　　（山田 2004: 65）

以上の考察に従えば、益岡（2013）の指摘する《評価表示》への拡張は、テクレル構文では推進的でありテモラウ構文では抑制的だと言えるだろう。

では、なぜ、テクレル構文はテモラウ構文とは異なり無意志性の与え手・非自己制御的な事態の授与、《評価表示》への拡張が可能となったのだろうか。本書所収の益岡論文[15]では、テクレル構文の方がテモラウ構文よりも話し手指向性が強いこと、テクレル構文とテモラウ構文とが機能分担を行うことを挙げている。本論では異なる観点から《評価表示》への拡張の推進・抑制の要因を説明してみたい。

現代日本語のテクレル構文の主格は第 5.3 節で述べたように発話者がなることはない。言い切り文で意志モダリティを表すのはその主格が発話者である必要があるため（(46)(47)）、テクレル構文で主格が有意志であったとしても (48) のように意志モダリティを表すことはできない。

(46)a.　私がよい点をつけたい。

　　b.　私がよい点をつけよう。

(47)a.　*審査員がよい点をつけたい。

　　b.　*審査員がよい点をつけよう。（意志用法は不可）

(48)a.　*審査員がよい点をつけてくれたい。

15　これに先行する益岡（2013: 35）の注 8 も参照のこと。

b. [*]審査員がよい点をつけてくれよう。（意志用法は不可）

　つまり、テクレル構文は有意志の自己制御的な動作から構成される場合であっても意志モダリティを表さないという点で、もともと意志モダリティを表し得ない無意志の非自己制御的な動作（49）と共通しているのである。

（49）a. [*]雨が降りたい。

　　 b. [*]雨が降ろう。（意志用法は不可）

　この与え手の意志モダリティの欠如という共通点が、テクレル構文における無意志物の与え手・非制御的な動作用法への拡張を容易にしたのではないだろうか。

　他方、テモラウ構文には与え手を表すニ格の無意志化を抑制する積極的な要因も考えられる。テモラウ構文を派生する本動詞モラウは荻野（2007）山口（2015）によれば17世紀前半まで主格者が与え手に働きかけて「乞う」行為を含み、「私が乞い求めた結果相手から授受を受ける」（荻野 2007: 11）意味があったとされる。補助動詞化したテモラウ構文においても成立初期には意志・願望表現との結びつきが強く受け手が事前に事態の成立を働きかける用法に限られ、その後近世前期に入り受け手の働きかけの無い用法が現れたとされる（山口 2015: 13）。

　受け手からの乞い求める働きかけが与え手に対して行われる以上、与え手はそうした求めに応じることのできる有意志者でなければならない。このように、本動詞モラウ・補助動詞テモラウの原初的意味からすれば、与え手は必然的に有意志に限られることになる。

　現代語ではテモラウ構文の「乞い求める」意味が希薄化して新たな構文を派生しているものの（ひょろひょろしてもらったら困る）[16]、一方で厳然とこの意味を引き継ぐ用法（頼んで来てもらった）も併存しており、それらが与え手の無意志化・非自己制御動作化した《評価表示》用法の派生を抑制しているのではないだろうか。他方、クレルには受け手からの「乞い求める」意味が本来的に無く、その点でも与え手の無意志化を阻む理由が無い。

　以上、本節ではテクレル構文で推進的でありテモラウ構文で抑制的な《評

16　山口（2015）の〈迷惑〉を表す用法。

価表示》用法について考察し、その理由をテクレル構文の統語的特徴やテモラウ構文の意味的特徴の観点から考えてみた。

7. おわりに

本論では《恩恵》を表すテモラウ構文がナイト中断節と複合して対人関係的な《行為要求》の意味を派生する現象を中心に考察し、以下のことを述べた。

《恩恵》構文のうち《受益》を表すテモラウ構文にはテモラワナイト中断節の《行為要求》用法が推進的に、テクレル構文には抑制的に派生している。構文の意味の拡がりには、言語内的な諸要因、使用に関わる言語外的な諸要因が関与し、以上の派生の相違も、両構文の統語的特徴の差（発話者主格の成否）に由来した意味的特徴（丁寧さに関する文体的意味）の違い、さらにそのどちらが配慮表現として当該の使用場面に適しているかに関する語用論的選択の結果に影響されるものと考えた。

益岡（2013）はテクレル構文には《評価表示》の意味が派生している点では「テクレル構文のほうが機能語化の度合いが高くなる」（p. 35）としたが、本論では複合形式ではあるもののテモラウ構文にもテクレル構文にはない他の方向への拡張があることを示した。また、その《評価表示》用法に関するテクレル構文の推進性・テモラウ構文の抑制性の要因として、発話者主格の成否という統語的特徴や元となる本動詞の意味的特徴が関与することを追加した。この考察によれば、テクレル構文では、発話者主格が成り立たないという特徴が、一方で《評価表示》の派生を推進させ、一方で《行為要求》の派生を抑制していることとなる。テクレル構文・テモラウ構文に限っても、まだ本論でとりあげていない拡張もあり、種々の構文の運用実態は今後も追究したい課題である。

天野（2002, 2011）では慣習化された構文という形式と意味のセットが、逸脱文解釈において機能する様を考察し、言語運用における構文の意義を論じたが、本論のように構文の意味の拡がりの推進・抑制の要因を考察することも、言語運用の実態と緊密に、構文というパターン化の有する意義を明ら

かにする、1つの方策となると考える。

付記

本論は平成 28 年度科学研究費補助金（基盤研究（C）課題番号 16K02735）による研究成果の一部である。また、本論は第 17 回日本語文法学会パネルセッション「構文と意味の拡がり」(2016.12.11) 及び国立国語研究所シンポジウム「日本語文法研究のフロンティア─形態論・意味論・統語論を中心に─」(2017.3.11) における口頭発表の一部である。会場でコメント・質問していただいた方々に感謝申し上げる。

参照文献

安達太郎 (2002)「第 2 章命令・依頼のモダリティ」宮崎和人・安達太郎・野田春美・高梨信乃『新日本文法選書 4 モダリティ』42–77. 東京：くろしお出版.

天野みどり (2002)『文の理解と意味の創造』東京：笠間書院.

天野みどり (2011)『日本語構文の意味と類推拡張』東京：笠間書院.

藤井聖子 (2008)「話しことばの談話　データを用いた文法研究　日常会話で構文機能が強化する？」長谷川寿一・C. ラマール・伊藤たかね（編）『こころと言葉：進化と認知科学のアプローチ』129–149. 東京：東京大学出版会.

藤村逸子・大曽美恵子・大島ディヴィッド義和 (2011)「会話コーパスの構築によるコミュニケーション研究」藤村逸子・滝沢直宏（編）『言語研究の技法：データの収集と分析』43–72. 東京：ひつじ書房.

堀江薫 (2015)「日本語の「非終止形述語」文末形式のタイポロジー：他言語との比較を通じて」益岡隆志（編）『日本語研究とその可能性』133–167. 東京：開拓社.

伊藤博美 (2010)「授受構文における受益と恩恵および丁寧さ：「てくれる」文と「てもらう」文を中心として」『日本語学論集』6: 左 4–23. 東京大学大学院人文社会系研究科国語研究室.

金澤裕之 (2007)「「～てくださる」と「～ていただく」について」『日本語の研究』3 (2): 47–53.

加藤重広 (2013)『日本語統語特性論』北海道大学出版会.

加藤重広 (2015)「構文推意の語用論的分析：可能構文を中心に」『北海道大学文学研究科紀要』146: 259–294.

工藤真由美 (1979)「依頼表現の発達」『国語と国文学』56(1): 46–63. 東京大学国語国文学会.

前田直子 (2009)『日本語の複文：条件文と原因・理由文の記述的研究』東京：くろしお出版.

益岡隆志 (2013)『日本語構文意味論』東京：くろしお出版.

森勇太 (2010)「行為指示表現の歴史的変遷：尊敬語と受益表現の相互関係の観点から」『日本語の研究』6(2): 78–91.

森勇太 (2011)「授与動詞「くれる」の視点制約の成立：敬語との対照から」『日本語

文法』11（2）: 94–110.

森勇太（2016）「条件表現を由来とする勧め表現の歴史：江戸・東京と上方・関西の対照から」近代語学会（編）『近代語研究第十八集』45–64. 東京：武蔵野書院.

森山卓郎（1997）「日本語における事態選択形式：「義務」「必要」「許可」などのムード形式の意味」『国語学』188: 左12–15.

森山卓郎（2000）「基本叙法と選択関係としてのモダリティ」森山卓郎・仁田義雄・工藤浩『日本語の文法3 モダリティ』1–78. 東京：岩波書店.

日本語記述文法研究会（編）（2003）「行為要求のモダリティ」『現代日本語4 モダリティ』66–82. 東京：くろしお出版.

仁田義雄（1991）『日本語のモダリティと人称』東京：ひつじ書房.

荻野千砂子（2007）「授受動詞の視点の成立」『日本語の研究』3（3）: 1–16.

大堀壽夫（2002）『認知言語学』東京：東京大学出版会.

白川博之（2009）『「言いさし文」の研究』東京：くろしお出版.

高梨信乃（2002）「評価のモダリティ」宮崎和人・安達太郎・野田春美・高梨信乃『新日本文法選書4 モダリティ』80–120. 東京：くろしお出版.

高梨信乃（2010）『評価のモダリティ　現代日本語における記述的研究』東京：くろしお出版.

田中章夫（1957）「近代東京語命令表現の通時的考察」『国語と国文学』34（5）: 41–54. 東京大学国語国文学会.

矢島正浩（2013）『上方・大阪語における条件表現の史的展開』東京：笠間書院.

山田敏弘（2004）『日本語のベネファクティブ：「てやる」「てれる」「てもらう」の文法』東京：明治書院.

山口響史（2015）「補助動詞テモラウの機能拡張」『日本語の研究』11（4）: 1–16.

用例出典

笑：（1999）「笑っていいともテレフォンショッキング：中井貴一」／医：橋本厳（2004）『医療費の審査 知られざるその現実』清風堂書店／京：山村美紗（2001）『京都茶道家元殺人事件』光文社／盗：ノーラ・ロバーツ著・芹澤恵訳（2004）『盗まれた恋心・下』扶桑社／ブ①：（2008）Yahoo! ブログ／虹：有栖川有栖（2003）『虹果て村の秘密』講談社／三：赤川次郎（1989）『三毛猫ホームズのプリマドンナ・ミステリー傑作集』光文社／A：遠藤正武（2004）『AERA』17：3 朝日新聞社／国会①：「国会会議録・第141回国会」（1997）／悪：ブルガーコフ著・水野忠夫訳（2003）『悪魔物語；運命の卵』岩波書店2003／黄：秋野ひとみ（2005）『黄昏の図書館でつかまえて』講談社／国会②：「国会会議録・第140回国会」（1997）／名大：名大会話コーパス・データ09（2001）／国会③：「国会会議録・第145回国会」（1999）／女：平岩弓枝『女の気持・上』中央公論社／骨：レジナルド・ヒル著・秋津知子訳（1992）『骨と沈黙』早川書房

第8章

構文推意の成立と拡張

日本語の助動詞構文を主な例にして

加藤重広

1. はじめに

　本論では、加藤（2013）ほかで提案された構文推意の考え方に基づき、構文固有の意味と構文推意の違いがなぜ生じるのかに焦点を当てながら、日本語の epistemic なモダリティ助動詞を中心に論じる。

　以下、第2節では「構文推意」と関連する概念について、その成立背景を含めて記述する。第3節では、語彙推意とテクスト推意に関わる分析例を取り上げ、構文推意とともに論じる。第4節では、構文推意が深く関わる日本語の述部複合性の問題、いわゆる多重テンスの問題に言及しつつ考察する。第5節で論旨をまとめ、問題点を述べる。

2. 構文推意とその理論的背景

　本論で言う「推意」は、implicature の訳語として用いている。implicature は、Grice（1975）で提案された[1]概念である。当初は、I wish to introduce,

---

1　厳密には、1967 年にハーバード大学でグライスが行った William James Lecture が初出で、Grice（1975）は初期の刊行物に過ぎない。同様の内容は Grice（1989）にも収載されている。

as terms of art, the verb "*implicate*" and the related nouns "*implicature*" (cf. implying) and "*implicatum*" (cf. what is implied). (以上、Grice 1975: 43–44) と述べられ、グライスが専門用語として動詞の implicate、名詞の implicature と implicatum を導入することを宣言したのだった。この implicature と implicatum の関係は、ちょうど Saussure (1916) のシニフィアン (signifiant) とシニフィエ (signifié) の関係に等しかったことが読み取れる。すなわち、implicature は「推意形式」とでも訳すべきもので、「推意内容」に相当する implicatum と対をなす用語だったのである。しかし、グライス自身が、このあと implicatum を使うことはなく、推意形式も推意内容も一貫して implicature と言い表したことから、この用語は当初の 2 つの意味の両方を含むようになり、さらに主に解釈としての意味に重点が置かれたことから、いまでは implicatum にあたる意味を implicature が担うというねじれ現象が生じている。Levinson (2000) は、研究者によって異なるその定義、explicature や what is said との比較の一覧が示されているが、むしろ、意味（内容）か（言語）形式かを限定しないことで利用しやすくなっている面も否定できない。しかし、用語の厳密さは論理的な議論においては重要な要素でもあり、以下で別の整理の方法を提案したい。

2.1 推意と前提の非対称性

Levinson (1983) をはじめとして、語用論の概説をする文献の多くが、語用論が研究すべきテーマに推意 (implicature) とともに前提 (presupposition) を含めている。しかし、推意の研究と前提の研究は独立に行われてきたために、部分的に共有できる点はあるものの、枠組みとしてはまったく別のものと扱われており、これは重大な損失だと言わざるを得ない。

例えば、推意については取消可能性（＝失効可能性）を含む数点の特質が共有されている [2] が、前提が取消可能なのかどうかについてはこれまでの研究で見解が一致しているとは言いがたい。そもそも前提と見なされている現

2　ただし、推意のうち取消可能なのは、会話推意 (conversational implicature) だけであり、慣習推意 (conventional implicature) は取消可能でない。後者は、厳密な規定に従えば推意ではないことになる（詳細は、加藤 (2016a) を参照）。

象は、その本質においていくつかの特性が複合した問題なので、全体を統一的な特性で記述することに意義を認めがたいとすることが多い（例えば、Stalnaker（1972: 388）, Levinson（1983: 217）, Huang（2007: 65）など）のである。前提自体は、一般に「文 P について、P が発話に用いられた際に成立するのが当然だと見なされる（seen as taken for granted）推論 Q を P の前提という」のように定義されるもので必ずしも論理的に厳密でない。前提には、否定文にしても、肯定文の持つ前提が有効であるという特性、前提の残存（survival of presupposition）があるが、ときにこの特性は成立しない。前提の残存が強固で容易に崩せない（か、あるいは、前提も偽になるような解釈にするとひどく不自然になる）場合にこれを意味論的前提といい、前提の残存が弱く、文脈的操作で比較的崩れやすい場合は語用論的前提と呼ぶこともある[3]。

　これに対して、推意はそもそも取消可能で、真にならないこともあるのがその本質的特性である。

（1）　さっき朝刊が配達されたところだ。

（2）　もう午前 5 時を過ぎている。

発話者の自宅に毎朝朝刊が午前 5 時ごろ配達されるのであれば、発話者が時間を尋ねる家族に（1）のように答えるだけで（2）の推意が得られる。しかし、朝刊の配達時間はおおよそ一定の時間ではあるものの、天候のほか、新聞社や販売店の都合で遅くなることはあり、（2）の推意が例外なく真として成立するとは言えない。一方、（1）を否定文にした（3）に対しては、（2）を否定文にした（4）が推意として得られる。

（3）　まだ朝刊は配達されていない。

（4）　まだ午前 5 時を過ぎていない。

そして、推意である以上（4）もまた取消可能である。というのも、朝刊の配達がいつもより遅れていれば午前 5 時を過ぎているのに朝刊が配達されていないことがありうるからである。否定文に変えても肯定文の前提が残存するのとは対照的である。つまり、その特性や概念から見ると、推意と前提

3　詳細な議論と具体例は加藤（2012）などを参看されたい。

は命題の形式で表示することが多いものの、異なる点が多く、対称的な関係にはなっていないと言える。

　前提は、前提を引き出す言語形式（トリガー）の種類によって、語や句のレベルで作用する語彙的トリガー（lexical trigger）と節や構文のレベルで作用する構文的トリガー（constructional trigger）に分けられる（Karttunen (1973, 1974), Karttunen and Peters (1979), Levinson (1983) など）。一方、推意の区分は、Levinson (2000) がQ推意の区分として、節推意（clausal implicature）を他の2種類とともに示しているが、この節推意が構文的なトリガーに相当し、他の2種類が語彙的なトリガーに相当すると考えることもできる[4]。トリガーと前提命題あるいは推意命題の形成関係は同じように整理して、対になるような関係が想定できる。

2.2　推意と前提の対称化と下位区分

　前提にはトリガーを想定するのに、推意にはトリガーという考え方を適用しない点は両者の違いであるが、推意は当初から慣習推意と会話推意、さらに後者は一般会話推意と特殊会話推意に下位区分され、前提のように概括的な扱いをしていなかったことも深く関係している。しかし、上述のように、推意もそれを引き出し、成立させる要素が形式上存在するのであれば、トリガーを想定することは可能だと本論は考える。しかも、推意が主に引き出された「解釈や意味」を指し、推意を引き出すきっかけとなる「形式」的要素や「表現」が存在するのだとしたら、これはちょうどグライスの最初の記述における implicatum（推意されるもの）と implicature（推意するもの）の対比に相当すると理解することができる。

4　レビンソンは、推意を情報量と関わるQ原理とI原理（両者は相互に影響を及ぼす関係にある）と表現伝達方法に関わるM原理の3原理に対応するQ推意、I推意、M推意を立てている。I推意とM推意には下位区分はなく（前者はこまかな具体例が示されているが）、Q推意については「節推意」以外に、尺度推意（scalar implicature）と択一推意（alternative implicature）が示されている。ただし、Bach (2006) では「尺度推意」は推意ではないとする。大ざっぱな区分では節推意と尺度推意・択一推意という対立が考えられるが、個別の事例に無検証に当てはまるものではないので、この対応関係はあくまでおおづかみに概念的に理解するためのものに過ぎない。

つまり、推意を引き出す「推意のトリガー」は当初の implicature であって、引き出される推意の解釈はいわゆる「推意の内容」としての当初の implicatum に相当する。しかし、implicatum はいまや廃語なので使わないこととし、現状にあわせて、前者を「推意のトリガー」(implicational trigger) とし、意味内容にあたる解釈の「推意」(implicature) と対応させれば混乱は避けられるだろう。また、これは「前提のトリガー」(presuppositional trigger) と「前提」(presupposition) とも対称性をなし、分析の枠組みとしても理解しやすく、使いやすい。

さらに、前提の種類を語彙的と構文的に分けることを踏まえて、以下の3種類のレベルをそれぞれに設定することを提案したい。

① 節を形成する語や句、主にその語彙的な意味がトリガーとなるもの

② 文を形成する節や述部構造、主にその文法的な意味がトリガーとなるもの

③ 文をなす命題が他の命題や情報を、主に世界知識を参照して引き出す際のトリガーとなるもの

これを前提と推意に分けて表にしたものが表1である。引き出される命題の形式は、他命題と類命題に分けることができる[5]。

表1　前提と推意の下位区分

種別		トリガー	引き出される命題
前提	語彙前提	句や語、語彙素	他命題か類命題
	構文前提	節や構文、述部、文法素	他命題か類命題
	テクスト前提	発話内の要素	他命題
推意	語彙推意	句や語、語彙素	他命題か類命題
	構文推意	節や構文、述部、文法素	他命題か類命題
	テクスト推意	発話内の要素	他命題

5　トリガーの形式とほぼ同じで、その構成要素（語彙的要素でも機能的要素でもよい）が paradigmatic な他の要素に置き換わっているものを類命題と言う。変数となる部分を含むものと見ることができる。一方、類命題と言えないもの、すなわち、文の形式としてその種の類似性や共通性のないものを他命題という。詳細は別の機会をつくってもっと掘り下げて論じることにしたい。

前提に関して言えば、①は語彙的前提に、②は構文的前提に、ほぼ対応するが、これまでの研究成果との整合性は、今後の課題である。③は前提に関してこれまでは提案されていないもので、本論で新たに導入するものである。そして、推意についても同様の3区分を行うと、表1のような区分が可能になる。ここでは、簡略に記すため「的」を省いて「語彙前提」のように呼称する。

　本論は「構文推意」を中心に論じるものであるが、関連する語彙推意とテクスト推意についても、次節で具体例を挙げて簡単に確認をしながら議論をする。そのあとで日本語の構文推意についての分析を行う。

3.　語彙推意とテクスト推意

　テクスト推意は、これまでグライス系の語用論で、会話推意として論じられたものの大半が該当するので、実のところ、あまり新しいものという印象はない。そこで、今後辞書の語義記述の充実に資する面もあると思われる語彙推意をやや具体的に論じたい。

3.1　語彙推意と字義的意味

　まず「取り出す」「呼び出す」という複合動詞の意味を取り上げよう。この2つの複合動詞は、いずれも「取る」「呼ぶ」という他動詞に「出す」という他動詞が複合したもので、動詞全体も他動詞になっている。参考までに辞書の記述を見ると、「取り出す」は「中から取って（外へ）出す」、「呼び出す」は「呼んで、来させる、または連れ出す」のようになっている[6]。

(5)　　次郎は、茶封筒から一枚の書類を取り出した。

(6)　　葉子は、本棚から和露辞典を取り出した。

6　いずれも『岩波国語辞典』（第七版）、岩波書店、による。管見の限り他の辞書も大きく異なる語義記述はしていない。前者は、加藤（2014）の言う、典型的な「換言主義」「分解主義」の語義記述である。日本語を母語とする者は言うに及ばず、日本語学習でも「取り出す」の語義が「取って出す」とだけ記述されているのであれば、満足する者は少なく、わざわざ辞書を引く意味があるのかと疑念を抱くことだろう。

(7)　　三郎は、ピンセットで基盤と筐体の間に挟まっていた部品を取り出した。

　「中から外に」は「出す」の意味制約を受けていると見ることができるが、「自室からテレビを外に{運び出した／*取り出した}」「デキャンタからワインを{注いだ／*取り出した}」を見る限り、家具や家電など単に置いてあるものは屋内や室内であっても「取り出す」とは言えず、容器内の液体も「取り出す」対象にはならない。取り出す対象物は、おおむね片手で持てるものが想定されているとも言えるが、「ブルドーザーを使って、埋まっていた 10 トン近くもある大きな岩を取り出した」は成立すると思われるので、もっと精密な記述が必要である。「机の上にあったパソコンを取り出した」は不自然だが、「机の上で書類に埋もれていたノートパソコンを取り出した」は成立するのだとしたら、単なる移動ではなく、取り出しにはなにかの手間を要すると考える必要も出てくる。このように、辞書の語義記述は、ある使い方が適切かどうかを判断できるようになっていないことも多い。「取り出す」の対象物が対格（ヲ格）で標示され、非情物・具体存在物であることは、（比喩などでの拡張用法をのぞけば）取消不可能な決まりである。また、対象物はもともと見えない状態か存在を確認しにくい状態にあり、それを意図的に移動させて、容易に存在を確認できる状態にすると記述することは可能である。パソコンだけが机上にあればそれを「取り出す」とは言えないが、机上で書類に埋もれていれば「取り出す」と言えるのはこの記述に合致するが、本棚では背表紙くらいは見えているものである。これを「確認しにくい」という記述に含めるかなど掘り下げるべき点は数多く存在している。

　「呼び出す」と「取り出す」の違いは、前者がプログラムを「呼び出す」などの用法以外では、人を対格標示の目的語にするのに対して、後者は非情物を対格標示の目的語にする点である。このように目的語となる名詞の意味特性も関わるが、もう一点、重要な違いがある。「取り出す」とき、目的語の事物は必ず目に見える場に出現するという結果達成性があるのに対して、「呼び出す」はそのような結果達成性がなくても使えるという点である。この結果達成性を客体の属性変化を伴う事象生起と見なして、他動のプロセス的移行段階を本論で必要な範囲に限定し、（8）のように仮説を立ててみる

と、通常の他動詞は④までを含むものが多いが、中には④を含まなくても成立するものが見られることがわかる。（動詞の中には、①や②を欠くケースも見られるが、「取り出す」「呼び出す」の考察に限定するので、ここでは議論しない。）

(8)　他動詞の典型的移行段階
　　　①主体による動作意志　②主体による客体への作用動作　③主体動作からの客体被動・影響関係　④客体の属性変化の事象生起

「取り出す」は④が必須で、④は取り消せない。つまり、「取り出したもののXが取り出されずに元の場所に残っている」ことはない。これに対して、「呼び出す」は④を含むことが多く、取り消さなければ④は含むと解釈されるが、取り消すことも可能である。「呼び出されたXは呼び出しに応じて移動する」のが普通だが、「呼び出されたXが呼び出されたにもかかわらず元の場所にとどまっている」こともありうる。つまり、「呼び出す」の④は推意としての取消可能性を持っていることになる。

(9)　次郎は、茶封筒から一枚の書類を取り出した。しかし、*<u>その書類は出てこなかった。</u>

(10)　私は太郎を会議室に呼び出した。太郎は不満そうな顔をしていたが、私は太郎に 31 日間の停学処分になったことを伝えた。

(11)　私は太郎を会議室に呼び出した。しかし、<u>いくら待っていても、太郎はいっこうに来なかった。</u>

例文で確認しよう。(9) は 2 文からなり、最初の 1 文は (5) と同一である。(9) の第 2 文の下線部は第 1 文の「取り出す」の意味する④（その書類が取り出された状態になったこと）を否定して、取り消す内容になっているが、これは成立しない。一方、(11) は「呼び出す」を用いた第 1 文とその意味として想定される④（太郎が呼び出された結果指定された場所に現れること）を第 2 文の下線部が否定し、取り消しているが、こちらは成立する。④の結果達成性は、第 1 文だけでは確定はしないが、取り消さなければ、通常は得られる解釈である。このことは、(10) でも確認できる。(10) でも「太郎が指定された場所に現れた」ことは明言されていないが、第 2 文は、「太郎が指定された場所に現れた」後の事象を叙述しているので、④の結果達成

性が得られたことが確定するわけである。つまり、「呼び出す」の④の意味は、取り消されなければ成立するが、取り消されれば成立しない。このように取消可能であることは、推意の条件を満たしている。「呼び出す」について、「対象となる者が呼び出された結果、指定された場所に現れる」といった④の結果達成性の意味解釈は、本論で言う《語彙推意》に該当するということができる。

　語用論の記法では、「XがYを推意する」の意を「X+>Y」のように書き表せるので、(12)のように「呼び出す」の推意を示すことができる。このとき、「AがBに来る」は推意（本論で言う語彙推意）であって、取り消さなければ成立するものの、取消可能であると記述される[7]。

　(12)　AをBに呼び出す　+>　AがBに来る　　（Aは人、Bは場所）

　先に見た市販の国語辞典の語義記述における「呼んで、来させる、または連れ出す」は④を推意ではなく、取り消されない必須の意味として含めており、その点で問題があって、語義記述の精密化を行う余地があることを示している。例えば、「連れ出す」は「取り出す」同様に結果達成性を取り消せず、必ず成立する。これは「*花子は太郎を散歩に連れ出したが、太郎は家に籠もったきりだった」は「連れ出した」では成立せず「連れ出そうとした」のようにしなければ不適格になることから目的語が人などの有情物であっても取消可能にならないことがわかる。

　これまでのグライス系の語用論ではあまり詳細な議論が見当たらないが、取消可能性（失効可能性）は、あるかないかという離散的特性として論じるよりも、取消可能である場合に、どの程度取り消しやすいかという取消可能性の度合いあるいは段階性を念頭に議論を行うのが望ましいだろう。ここでは、概念的な理解を助けるものとして単純に二項対置で考え、取消可能ではあるが、取り消しにくい《強い推意》と、取消可能であって取消が容易な《弱

7　なお、Levinson（2000）などにあるように、厳密に言えば、「X+>Y」は「XはYを会話的に推意する」、「XはYの会話推意である」の意であるが、会話推意ではない慣習推意は取消不可能な解釈であり、厳密な意味での推意には含めるべきでないので、「会話的（に）」という限定は冗長で定義を不明確にすると言える。よって、ここでは省略して記述する（加藤（2016a）も参照）。

い推意》を設定してみる。

(13)　花子は部屋に入ると電灯をつけた。宵闇にぼやけていた室内にぱっと光が満ちた。

(14)　?花子は部屋に入ると電灯をつけた。しかし、灯りは点らなかった。近所の様子を見てみて一帯が停電していることに花子はやっと気づいた。

「電灯をつける」は「電灯の点灯」という結果達成性④が《強い推意》になっていると考えられる。(13)は後続文が結果達成性と一貫する解釈になるので、特に不自然さはないが、(14)はこのままでは「点灯したのに点灯しない」という矛盾を含むように見えて不自然である。(14)の下線部を「電灯をつけようとした・つけてみた」あるいは「電灯をつけるための操作をした」に変えると受容度が高くなる[8]が、(14)のままで特に不自然に感じないと判断する人もいて、文法判断が緩い場合をのぞけば、「電灯をつけた」は「スイッチを入れるといった、電灯をつけるための動作を行った」と読み替えていることが多いと考えられる。確かに、電気器具はスイッチを入れると故障や停電あるいは操作ミスなどの不首尾がない限り、通電され、予測通りに作動するはずであるが、いずれかのプロセスに不首尾があれば、スイッチを入れたのに作動しなかったり点灯しなかったりすることはありうる。このとき、「(A) 電灯をつけた」のに「(B) 電灯がつかない」という表現が成立するには、(A)が④結果達成性を含まずに②客体への作用動作までを行い、③影響作用において不首尾があったと解釈されている必要がある。これは端

8　「〜ようとする」は、達成実現の意図を持って動作を行うことだが意図が前景化し、結果達成は後景化するため、結果達成性の解釈を取り消しても矛盾がない。また、「〜てみる」は、結果に対する見通しを欠いていたり、十分な予測ができなかったりする状況で当該の動作・行為を行うことを意味している。つまり、「〜してみる」のは「〜することを試みる」のではなく「結果はどうなるかわからないが、〜する」ことを意味しており、予想外の結果や意図しない結果が得られる可能性を踏まえた上での動作であることから、やはり結果達成は後景化する。現在では、むしろ、成否や評価が予測できないことよりも、その点を強く主張しない、あるいは、自信のなさや謙虚さを強調するために用いられることが多く、ポジティブフェイスを抑制することでポジティブポライトネスの効果を得るために使うケースが過半を占めると言えるだろう。いずれも、結果達成を後景化することで、結果達成性の取消が可能になると考えられる。

的に言って解釈の負担が大きい処理になる。

　これに対して「呼び出す」は（11）のように結果達成の取消を行う文を後続させるだけでその推意が取り消せるので《弱い推意》である。「取り出す」は結果達成が常に成立し、取り消せないので、これは推意とは認められない[9]。取消可能性という尺度で言えば、《弱い推意》のほうがより取消可能性が高く（厳密には、取消容易度が高く）、《強い推意》は取消可能性が低いわけだが、取り消せない解釈や意味は取消可能性がゼロだと考えることができるだろう。とすれば、④の結果達成性について、《弱い推意》の「呼び出す」、《強い推意》の「電灯をつける」、取り消せない（本有的意味の）「取り出す」を１つの尺度で捉えることが可能になる。「太郎にその装置の使い方を教えた」のなら「太郎はその装置の使い方がわかっている」ことが会話推意として得られるが、「教えたのに、太郎はわかっていない」といった推意取消もありうる。つまり、日本語の他動詞の結果達成性は、必ず含まれ、必ず成立して取り消すことのできない本有的意味だけではなく、中には、推意として取消が可能なものがあり、それも取消容易度には違いがあると考えるべきなのである。このことを踏まえて語義記述を行えば、辞書の記述も深みを増すと期待される[10]。

3.2　テクスト推意

　本論でテクスト推意と呼ぶものは、発話における命題形式から引き出される別の命題として示されるものである。これまでの議論で多くの場合に単なる推意の例として取り上げられているもの、典型的な推意とでも言うべきものがテクスト推意にあたる。

　（15）　A「明日、映画を見に行かないか？」　B「実は明後日ドイツ語の小

9　解釈が固着して、慣習化された推意（Grice (1975) の言う conventional implicature）と見ることはできるが、取り消せない以上、推意の一種とは言えない。慣習推意は定義上推意とは扱わず、会話推意のみを推意と扱うことは既述の通りである。

10　もちろん、現実的には、そのような分析を積み上げるコストと、辞書の語義記述に取り込むコスト、そして、それらを利用したいという需要と効果を商量して、対応を決めることになる。

　　　　テストがあるんだ」

(16)　Bは明日映画に行くつもりはない。

(17)　A「そこにあるハサミ、借りられるかな？」

(18)　Aはそこにあるハサミを貸してくれるように依頼している。

　一般に（15）の下線部は（16）の意に、（17）は（18）の意に解釈でき、（16）（18）が推意として引き出されると説明される。この場合、（15）における平叙文が推意のトリガーに相当し、（17）における疑問文が行為要求あるいは許可要求、依頼といった推意を得るためのトリガーにあたると言えるだろうが、（15）（16）に関しては、（15B）は（15A）の疑問文への回答ではなく、（16）が回答になっているところから、（15B）以外にも推意形成に関与するものはあると見るべきである。（15A）は「今、面白い映画、やってるんだよ」のように平叙文であっても、（15B）を発話して（16）の推意を引き出すことは可能なので、疑問文とその回答という関係に限定されるわけではない。

　（15B）は（16）と複文としてまとめて、「明後日ドイツ語の小テストがあるので、明日映画を一緒に見に行くつもりはない」のように、判断根拠と判断結果といった因果関係として示せることが多い。つまり、トリガーが推意の理由や根拠を示す関係になっているのである。（17）（18）では推意が発話内力を持つ場合に、その行為の事前条件を確認する関係になっており、「借りることができるなら、貸してくれ」という論理関係の条件節を疑問文化して「借りることができるか」と尋ねているのである。これらのテクスト推意は、トリガーの命題の意味によるので、形式的な条件で整理するべきものではない。例えば、（15A）は勧誘の疑問文だが、「行こうよ」といった勧誘表現でも、「行くだろ？」のような確認要求の表現でも、あるいは上述のような直接勧誘と判断しがたい平叙文でもよく、発話機能や発話内行為としての特性が最重要だと言える。これに対して、以下で論じる構文推意は、トリガーについて形式的な条件が明示できる点が異なる。

4. 構文推意を引き出す形式

　形式的にトリガーを特定できる構文推意に対して、トリガーの命題的意味と推意との論理関係により得られるテクスト推意は比較的容易に区別できるように思われる。一方、第2.2節で確認したように、構文推意と語彙推意は、文法的か語彙的かという区分を想定しており、いずれも形式的に指定できるものである。語彙素（非文法素）と文法素という区分は、特に珍しいものではなく、（脱）文法化の研究においても Andersen（1992）や Norde（2009）などで導入されており、心理言語学でいう概念語と機能語も大まかには同種の二項対置を想定するものである。

　ただし、日本語の助動詞に複数の形態素からなるモダリティ形式などを広く含める立場をとると、語彙推意と構文推意の境界線は曖昧になってしまう。その主たる理由は、助動詞や助詞と見るべき要素が語彙的な要素を含んで形成されていることによる。統語的なのか語彙的なのかの境界線を恣意的に引くことは避けなければならないが、主に構文推意に関わるものは、それ自体が複合的な助動詞や助詞など機能辞と認定できるものであることを条件としておく。そうすれば、少なくとも、先に取り上げた動詞や動詞句など語彙推意としか考えられないものについては議論を要しないことになる。

　（19）　太郎はいま博士論文を書いているはずだ。

　（20）　花子は来年博士論文を提出することにしている。

一般に学校文法では「はず-だ」を名詞と断定の助動詞と見るが、日本語記述文法では「はずだ」全体を助動詞として扱うことが多い。前者では、「筈」を一般名詞とするか形式名詞とするかで、語彙推意か構文推意かが見分けやすいが、後者では構文推意と扱うことになり、語彙推意と扱う可能性は排除されてしまう。問題は、「筈」に一般名詞の意味や用法が残存しているかどうかだが、ある時点で語彙的意味が消失するのではなく、徐々に語彙素から文法素へ移行する手順を想定すれば、語彙性がまったく消え失せるとは考えにくく、便宜上どこかに境界線を設定するに過ぎないと考えるべきである。本論では、これらを便宜上構文推意として扱うが、構文推意と語彙推意は完全に排他的なものでなく、段階的な尺度を想定すべきことは踏まえておかね

132 | 加藤重広

ばならない。

4.1 「はずだ」の構文推意

形式名詞と分析される要素に軽動詞（コピュラの「だ」が多い）が後続する形式の助動詞の場合、形式名詞の直前には連体修飾節が置かれるので、形式上タ形と非タ形の対立（意味上はテンス分化ではなくアスペクト分化）があり、助動詞そのものにもタ形と非タ形の対立がありうる[11]。つまり、「～するはずだ」（非タ・非タ）は、「～したはずだ」（タ・非タ）、「～するはずだった」（非タ・タ）、「～したはずだった」（タ・タ）と、4通りの形式上の対立を想定しなければならない。この4形式のうち、ここで取り上げるのは「～するはずだった」（非タ・タ）、の形式である。これは、デフォルトの解釈として「～しなかった」が得られるが、この解釈は取り消すことが可能であることから、構文推意と認めることができる。（12）と同じ記法で表すと（21）のようになる。

(21) 「～するはずだった」+>「～しなかった」

(22) 次郎はその会議に出席するはずだった。

(23) しかし、インフルエンザにかかり、会議は欠席した。

(24) いつもはずる休みをする次郎だが、今回はきちんとその会議に出席した。

「～するはずだった」は、過去時における判断（命題が成立することに合理性があり、成立しないことは常識的推論に合致しないという判断）を表しているが、判断対象の命題は過去の判断時から見て未実現・未確定の事象である。これを取り消すには、過去時の判断が不適切だったという判断が伴う。一般に、（22）だけを見ると「（出席するはずだったのに）出席しなかった」という解釈が引き出され、（22）に（23）が続くとその解釈通りになって一貫した談話が形成される[12]。一方で、（22）に（24）が続くと「出席しなかっ

11　加藤（2013）ではタ形が述部複合に複数回現れうることを「多重テンス」と呼んでいるが、形式上タを時制標示の形態素と見なすことはできるものの、意味上テンスとなりうるのは、述部複合末に現れるタであって、誤解を招きかねない名称である。

12　この点で「しかし」が前件から予想される通りにならなかったことが後件にあるなど

た」という解釈は取り消されるが、形成されるテクストは一貫し、不自然にはならない。つまり、「〜するはずだった」は「〜しなかった」を推意するが、その解釈が取り消されるようにすれば「〜した」という解釈でも成立する。よって、取消可能であることから (21) のような構文推意があることが確認できる。これは、(24) のように続けるだけで (22) の構文推意が取り消せるので、取消は容易で、大きなコストを要しない《弱い推意》だと言える。

　次に「〜したはずだ」(タ・非タ) を見る。これは、判断時 (発話時現在) において確定した (と思われる) 事象についての判断を示すものである。これは、「〜するはずだった」ほど明確な推意を持たないと考えられる。

　(25)　すぐに契約を解除するように君に忠告したはずだ。

　(26)　その書類は太郎がすでに提出したはずだ。

　いずれも、話者の認識でつじつまの合う判断として述べられているが、前者は「忠告したぞ」のように言ってもよく、「忠告したじゃないか」のような確認要求の意味合いも感じられる。「忠告した」という確定命題は取り消されない事実として示されている。一方、(26) は、話者がそのように報告を受けたなどあくまでも間接的な証拠性にとどまり、直接証拠や根拠を持たない場合でも使える[13] ことから、あくまで話者の認識の中で合理性が認められているだけで、場合によっては現実とは整合しない可能性が残る。しかし、(21) のように命題否定に強く傾くわけではなく、構文推意は認定しがたい。少なくとも、(25)(26) から「忠告していない」「提出しなかった」という推意がそのまま得られるわけではない。もちろん、個別に推意は引き出しうるが、それは PCI[14] であって、テクスト推意である。

　「〜したはずだった」(タ・タ) についても見ておこう。これも状況は「〜

とする一部の辞書の説明は成立しない。(22) からは (23) の「会議を欠席した」が予想されるので、むしろ予想通りになっているからである。

13　例えば、事前に太郎が書類を提出することで合意していたり、事後に太郎から書類提出の連絡があったりする、というケースが考えられるが、直接提出する場面を目撃していなくても、成立する発話である。

14　Grice (1975) は会話推意を PCI (=particularized conversational implicature) と GCI (=generalized conversational implicature) に下位区分している。後者は一般に形式性と推意に一定の対応関係が認められるものと考えられている。

するはずだった」と似ている。

（27）　花子はイギリスに留学したはずだった。

（28）　しかし、都内で花子を見かけたという人が何人もいる。

（29）　それで、先日メールを送ったら、慣れないロンドンでの暮らしに苦
　　　　労していると返事が来た。

　やはり、（27）だけでは、「留学した」と断言せず、「はずだった」を付し
ていることから、論理的にはそう判断するのが妥当だが事実はわからないと
いう意味合いが読み込まれ、（28）を後続させて、「留学に行ったと思ってい
たが、実は留学に行っていない」のようにすると一貫しやすい。（27）のあ
とに（29）を続けることもできるが、「留学した」という、一旦成立していた
認識を疑っていると解釈される。以上から、「〜するはずだった」ほど明確
ではないが、「〜したはずだった」も同様の推意を形成すると考えられ、後
者のほうがさらに弱い推意だとも言えるだろう。両者をまとめて「はずだっ
た」の推意として、（30）のように示しておく。

（30）　「〜 {する／した} はずだった」 +> 「〜しなかった」

4.2　「すればいい」の構文推意

　次に「はずだ」と比較するために、「すればいい」を見る。「はず」のよ
うな形式名詞を含む形式と異なり、「すればいい」は本来、「〜すれば」が
従属節で「いい」が主節（述部）となるシンタグマである。もっとも、加藤
（2013）などで言う非節化が生じて、「いい」は主節としての独自性を失い、
「すればいい」全体が1つの助動詞として機能している。なお、「すれば」
は活用形式が指定されているので「はずだ」のような多重テンスの問題は生
じない。「すればいい」（非タ形）と「すればよかった」（タ形）が形式上対立
するだけである。通常、「すればよかった」はその動作や行為を行わなかっ
たことを推意するので、（31）のように表すことができる。

（31）　「〜すればよかった」 +> 「〜しなかった」

（32）　昨日の飲み会に行けばよかった。

（33）　でも、残業があって行けなかった。

（34）　だから、行った。

第8章 構文推意の成立と拡張 | 135

（35）　体調が悪くなったら、指定された薬を服用すればよかった。だか
　　　ら、いつも、体調が悪くなるとすぐに飲んだ。

（31）の推意は強い推意で、通常は取り消すのが難しい。このため、（32）
に（33）を続けて推意を確定・強化すると自然だが、（32）に（34）を続けた
談話はあまり自然ではない。しかし、（35）のようにすれば成立し、「すれば
よかった。だから、した」という談話でも可能である。このときは、推意は
取り消されていると考えることができる。

（32）は「行きさえすればよかった」「行くだけでよかった」のように、限
定の意味であれば、（34）が続いても成立するが、（32）だけでは限定の解
釈を行うことは難しく、結果的に不自然になるのだろう。興味深い点は、
（35）のように成立する場合、すなわち、強い推意にならず取消が容易な場
合は、個別のできごとではなく、ある種の状況だということである。（35）
の「体調が悪くなったら、指定された薬を服用すればよかった」は限定の意
味合いも感じられるが、できごと・事象ではなく、過去における対応の心得
であって、ある種の状態・属性である。いわば、「体調が悪くなったら、指
定された薬を服用すればよいという状況だった」とでも言い換え可能なもの
である。（32）のような個別事象では、そのようにできない。事象叙述と属
性叙述とすべきか、別の記述をすべきかは機会を改めて検討したい。

なお、「すればよかった」に対して非夕形の「すればいい」は特に同様の
推意は形成しない。

（36）　その種の専門書は大学の附属図書館で借りればいい。

前節での観察とあわせて整理すると、「はずだ」や「すればいい」のよう
なモダリティ機能を有する助動詞は、その夕形に命題否定の推意が得られる
ことが多いが、非夕形では特に推意を形成しない、とまとめられそうであ
る。もっとも、この種の推意は「はずだ」のように弱い推意の場合と、「す
ればいい」のように強い推意の場合があり、両者の間にも段階的な移行域が
想定される。

4.3　助動詞夕形の構文推意

別の助動詞類についても同様に、「夕形に構文推意が生じやすく、非夕形

は構文推意が生じない」と言えるかどうか、確認しておきたい。

(37)　花子は美術系の大学に進学するつもりだった。

(38)　しかし、自分の実力を考えて、経済学部に進学した。

(39)　そして、初志を貫いて、デザイン学科に進学した。

(40)　「〜するつもりだった」+>「〜しなかった」

「つもりだ」は「つもる」に由来する転成名詞にコピュラが後接した形式だが、意味的統合性などを考えて、ここでは助動詞として扱う。なお、「〜するつもりだ」も第4.1節で論じた「〜するはずだ」と同様にタ形が現れうる位置が2カ所あるので、形式上は4つの変種を持つ。一般に、「つもり」に先立つ「〜する」と「〜した」の対立は事象の未完了と完了の対立になることが多く、「つもりだ」と「つもりだった」の対立は認識の成立時の非過去と過去の対立であることが多い点も、「〜するはずだ」と共通している。

「〜するつもりだった」(非タ・タ)では、「しかし、〜しなかった」という弱い推意(40)が得られる。このため(37)だけを見ると、実現しなかったのだろうという予測に傾き、(38)を後続させると自然になる。しかし、(39)を(37)に後続させて推意を取り消すことも特に難しいことではなく、弱い推意と言える。

「〜するつもりだ」(非タ・非タ)に推意はないが、「〜したつもりだ」(タ・非タ)は動作主の主観でしかないことが強調され、多くの場合に現実あるいは他者の主観とずれがあることを表す。このため、「〜したつもりだ」という話者の認識は、現実には「〜していない」(あるいは、現実には「〜していない」という主観的判断者が存在する[15])という推意(45)が引き出される。これは、「〜したつもりだった」(タ・タ)でも同様である。

(41)　私は太郎にその指示を伝えたつもりだ。

(42)　しかし、どうやら言い忘れたようだ。

(43)　そして、ちゃんと伝えていた。

(44)　言い忘れたのではないかと不安になって太郎に確認したが、ちゃん

15　異なる主観の判断者が存在することは簡潔にまとめにくいので(45)の推意には含めず省略しているが、異なる主観的判断のほうが真実(に近い)と考えれば、むしろ、こちらが本質だと見るべきであろう。

と伝わっていて安心した。

(45) 「～したつもり{だ／だった}」+>「～しなかった」

このため(41)だけを見ると、「実は伝えていない」という推意が得られ、(41)(42)と連続することが想定されるが、(41)(44)のように続いて推意が取り消されても不自然さはない。(41)(43)と続けても成立するが、これではなぜ話者の主観的認識が強調されるのかが伝わらないので、情報が不足していて若干の不自然さが感じられる。これはグライスの量の原則あるいはレビンソンのＩ推意の観点から論じる余地があるが、別の機会に譲りたい。

次は「べきだ」を見る。「べき」は文語助動詞の「べし」の連体形に由来する形式名詞であるが、「べき」の前にはタ形は現れないので、「～するべきだ」と「～するべきだった」の２つの対立だけを考えればよい。前者の非タ形は特に推意はない。しかし、後者のタ形では、(49)に見るように現実には「～しなかった」ことが推意として引き出される。

(46) 次郎は、花子の誘いを断るべきだった。

(47) しかし、人のよい彼は誘いに乗って、ひどい目に遭ってしまった。

(48) 太郎の説得で花子の誘いを断ったので、今回は事なきを得た。

(49) 「～するべきだった」+>「～しなかった」

これは(46)に(48)を続けるだけで推意が取り消せるので強い推意とは言えない。しかし、(46)のあとに(47)があって推意を確定させればより自然なテクストが形成されることは、前節で見たケースと同断である。

このほかに形式名詞を用いる複合助動詞に「ようだ」がある。「～するようだ」は「～する」でも「ようだ」でもタ形が現れうるので形式上の変異は４通り想定されるが、特に推意とするべきものは見られない。「太郎は犯人を目撃したようだった」としても、「しかし、実際には目撃しなかった」という推意が得られるとは言えない。「まるで」と呼応させるとその種の解釈が強くなるが、この場合、いずれが推意の実質なのかもう少し検討が必要であり、「目撃したかのようだった」などの形式上の変異も考えるべきなので、別の機会に掘り下げることにする。

ほかにも複合助動詞の形式はあるが、紙幅の都合もあり、本論は構文推意の例として助動詞類のタ形が１つの推意のカテゴリーをなす可能性を論証

するに留めるものなので、詳細は別の機会に譲りたい。少なくとも、認識や判断に関わるモダリティにその種の推意形成が関わっている可能性は確認できたものと考える。また、可能表現のタ形が過去の可能状態ではなく、事態の達成・実現を謙虚に表す用法（例えば「合格しました」ではなく「合格できました」という）も、強い推意としての事態実現を利用していると見ることもできる。これは、謙虚さを醸し出すために可能表現のタ形が選好構文（preferred construction）として利用されているが、興味深いことに非タ形では謙虚さは特に感じられない（加藤 2015）。

5.　まとめと関連する問題

　本論では、まず、前提と同じようにトリガー種を区別して設定することで推意（implicature）を①語彙推意、②構文推意、③テクスト推意に下位区分できることを示し、主に構文推意の例として日本語の複合助動詞類の推意の実態を確認した。これは、加藤（2016b）に言う統語語用論で扱うべき日本語のテーマとしてわかりやすい現象である。加えて、構文推意には取消が容易でない強い推意や取消が容易な弱い推意があり、それらが推意の強さによって段階的な移行域（cline）をなしている可能性を指摘した。複合助動詞のタ形と推意の関係を再度まとめると以下のようになる。

表 2　主な助動詞形成（タ形・非タ形）の構文推意

助動詞形式	テンス分化	構文推意のトリガー	構文推意（解釈）
はずだ	非タ・タ	〜するはずだった	〜しなかった
	タ・タ	〜したはずだった	
すればいい	―・タ	〜すればよかった	
つもりだ	非タ・タ	〜するつもりだった	
	タ・非タ	〜したつもりだ	
	タ・タ	〜したつもりだった	
べきだ	―・タ	〜するべきだった	

　興味深いのは、いずれも構文推意が「〜しなかった」という事態の否定で

共通していることである。これは1つの意味的範疇をなす現象と理解できるが、分析の中で触れたように、推意の強弱の違いもあり、「ようだ」のように同種の推意を形成しないものもあるので、他の形式も含めて広く検討することが今後の課題である。

　本論では扱いきれなかったが、今後扱うべき課題としては、「3種の推意が通言語学的分析概念として有効かどうかの検証」「推意の強さという尺度が、どのような推意に適用できるか、どのように影響を受けているか、についての理論的検証」がある。さらに、日本語の助動詞類の推意の記述を充実させながら、他言語のモダリティ形式でも同種の構文推意が見られるかを確認することで、対照研究の成果を積み上げ、一般言語学的成果を得ることが期待される。これらは、広汎な記述の蓄積と分析を要するので、徐々に研究の対象を広げることで、一般言語学に還元できる着実な成果を積み上げられるようにしていきたいと考えている。

付記

　本論は日本学術振興会科学研究費補助金による基盤研究（C）「日本語の統語と構文の語用論的選好に関する研究（15K02466: 研究代表者・加藤重広）」の研究成果の一部である。

参照文献

Andersen, Stephen R.（1992）*A-morphous morphology*. Cambridge: Cambridge University Press.

Bach, Kent（2006）The top 10 misconceptions about implicature. In: Betty J. Birner and Gregory Ward（eds.）*Drawing the boundaries of meaning: Neo-Gricean studies in pragmatics and semantics in honor of Laurence R. Horn*, 21–30. Amsterdam: John Benjamins.

Grice, Paul H.（1975）Logic and conversation. In: Peter Cole（ed.）*Speech acts, syntax and semantics*, vol.3, 41–58. New York: Academic Press.

Grice, Paul H.（1989）*Studies in the way of words*. Cambridge, MA: Harvard University Press.

Huang, Yan（2007）*Pragmatics*. Oxford: Oxford University Press.

Karttunen, Lauri（1973）Presuppositions of compound sentences. *Linguistic Inquiry* 4: 169–193.

Karttunen, Lauri（1974）Presupposition and linguistic Context. *Theoretical Linguistics* 1:

182–194.

Karttunen, Lauri and Stanley Peters (1979) Conventional implicatures. In: Choon-Kyu Oh and David Dinneen (eds.) *Presupposition* (Syntax and Semantics 11), 1–56. New York: Academic Press.

加藤重広 (2012)「コンテクストと前提」澤田治美 (編)『ひつじ意味論講座6　意味とコンテクスト』39–62. 東京：ひつじ書房.

加藤重広 (2013)『日本語統語特性論』札幌：北海道大学出版会.

加藤重広 (2014)「辞書は現代語にいかに寄り添うか」『文學』2015年9–10月号, 17–32. 東京：岩波書店.

加藤重広 (2015)「構文推意の語用論的分析：可能構文を中心に」『北海道大学文学研究科紀要』146: 259–294.

加藤重広 (2016a)「総説」加藤重広・滝浦真人 (編)『語用論研究法ハンドブック』1–47. 東京：ひつじ書房.

加藤重広 (2016b)「統語語用論」加藤重広・滝浦真人 (編)『語用論研究法ハンドブック』159–185. 東京：ひつじ書房.

Levinson, Stephen (1983) *Pragmatics*. Cambridge: Cambridge University Press.

Levinson, Stephen (2000) *Presumptive meanings: The theory of generalized conversational implicature*. Cambridge, MA: MIT Press.

Norde, Muriel (2009) *Degrammaticalization*. Oxford: Oxford University Press.

Saussure, Ferdinand de (1916) *Cours de linguistique générale* (1949, publié par Charles Bally et Albert Sechehaye ; avec la collaboration de Albert Riedlinger). Paris: Payot.

Stalnaker, Robert C. (1972) Pragmatics. In: Donald Davidson and Gilbert Harman (eds.) *Semantics of natural language*, 380–397. Dordrecht: Reidel.

第4部

規範からの逸脱と拡がり

第9章

逸脱的構文から見る
中核的現象と周辺的現象との相関

大澤　舞

1.　はじめに

　いわゆる文法的といわれる規範的な構文を中核的な現象としたとき、規範的な構文が従っている規則から逸脱している構文は、中核に対して、周辺的な現象と位置づけられる。

　本論では、逸脱的構文が、それに対応する中核的現象とどのような関係にあるのかを考察し、周辺的現象には、以下の2つのタイプがあることを主張する。(i) ある構文が満たすべき規則を、構文の構成要素では満たせない場合に、文脈等構文外の要因によって当該の規則が満たされるもの。(ii) 構成要素の組み合わせが規範から逸脱したまま、構文全体が、対応する中核的構文とは異なる独自の機能を有するもの。つまり、周辺的現象には中核的現象には見られない特性があるが、その特性が、中核的現象に類似するためのものか、独自の意義をもつためのものかによって、2つのタイプに分類できるのである。(i) は中核的現象に近づくことで認可される周辺的現象であり、(ii) は中核的現象から離れることで認可される周辺的現象である。

2. 中核的現象への近接

本節では、語用論的動機付けを必要とする構文の1つである cause 使役受身文を扱い、この構文が中核的現象に近づくことで認可されるタイプに属することを論じる。

2.1 語用論的動機付けを必要とする構文

Osawa (2009b) は、単独では非文となりながらも、適切な文脈に生じれば容認されるような構文を「語用論的動機付けを必要とする構文」と呼び、当該構文が単独では非文になるという事実と適切な語用論的条件が整うと容認されるという事実を同一視座から捉え、以下のような一般化を提案している。

(1) 語用論的動機付けを必要とする構文に関する一般化
単独では非文となりながらも、適切な文脈に生じれば容認される構文が語用論的に認可されるためには、

a. その構文内に当該文脈において「トピック」として機能する要素が必要であり、かつ

b. 各構文が単独で容認されるために満たすべき条件が、当該文脈からの情報によって満たされる必要がある。

語用論的動機付けを必要とする構文の1つに、cause 使役受身文がある（他の構文については Osawa 2009b を参照）。動詞 cause が to 不定詞補部をとる迂言的使役文の受身文である cause 使役受身文は、先行研究 (Mittwoch 1990, Mair 1990) において、容認されないといわれている。

(2) a. The inflation caused prices to rise.

b. *Prices were caused to rise (by the inflation). （Mittwoch 1990: 119）

先行研究のこの指摘に関し、大澤 (2008) をはじめとする cause 使役受身文に関する一連の研究（大澤 2008, 2012, Osawa 2009a, b）は、cause 使役受身文が容認されない理由を受身文一般に課される制約との関連から説明している。受身文一般の容認性を保証するものとして、Bolinger (1975) が提案する「被影響性 (affectedness)」の制約がある。

(3)　　　The subject in a passive construction is conceived to be a true patient,
　　　　i.e., to be genuinely affected by the action of the verb.

（Bolinger 1975: 67）

受身文の「主語は真の被動者であり、動詞の表す行為によって真に影響を
受けていると考えられる」（高見 1995: 31）ということは、つまり、受身文主
語は被動者でなければならないと換言できる。Osawa（2009b）は、cause 使
役受身文は、文内の意味・統語的情報では、この被影響性の制約を満たす
ことができないと分析している。このとき、文内の意味・統語的情報とは、
cause 使役文の補文構造が根拠となっている。

　大澤（2008）は、cause 使役文の補文内の態の変化が文全体の論理的意味
に変化を与えるか否か（Chomsky 1965, Gee 1977）、2 つの cause 使役文を等
位接続したときに、第 2 文の補文主語を残して補文 VP を省略できるかどう
か（Iveland 1993）という 2 つのテストを用いて、cause 使役文の補文構造を
明らかにしている。

(4)　a.　This caused both of us to overlook the inconsistency.

　　　b.　This caused the inconsistency to be overlooked by both of us.

（Huddleston and Pullum 2002: 1235）

(4) の補文内はそれぞれ、(4a) は能動態に、(4b) は受動態になっている。
しかし、ともに文全体の解釈としては「それによって我々は矛盾点を見逃す
こととなった」という意味を表し、両文の論理的意味は変わらない。

(5)　??The inflation will cause [prices to rise], but I don't think it will cause
　　　[the purchasing value of money φ].

2 つの cause 使役文を等位接続した (5) では、第 2 文の補文主語を残したま
ま補文 VP が省略されている。このとき、この文は容認されない。(4) と (5)
に見られる事実は、補文主語と補文 VP の連鎖が 1 つの構成素をなしてい
る、いわゆる small clause 型補文に見られる振る舞いである。よって、cause
使役文の補文は small clause 型補文であり、補文全体が 1 つの構成素をなし
ている。

　cause 使役文の補文主語は補文 VP と 1 つのまとまりになっているため、
補文主語は独立することができず、補文主語だけを動詞の影響を受けている

対象として特立させることができない。そのため、補文主語は独立した被動者として解釈される存在にない。cause 使役文において、動詞の語彙情報からは補文主語の被動者性が保証されないため、受身化することができず、cause 使役受身文は非文になると説明される。

しかし、大澤 (2008) や Osawa (2009b) は、実際には (6) のように cause 使役受身文が問題なく容認される場合が観察されることを指摘している。

(6)　The Negro came to the United States of America in 1619. [...] Before the Mayflower, [...] <u>hundreds of Negroes</u> [...] <u>were caused to perish in</u> <u>the middle of the sea</u>, simply because the mean and cruel task master, the white man, would walk down the aisle and stumble over Negroes chained to the ship and say, "We have too many on board. Dump them over into the sea."　　　　　　　　　　　　　　　　(Osawa 2009b: 17)

大澤 (2008)、Osawa (2009b) は、cause 使役受身文に関する記述的一般化として (7) の語用論的認可条件を提案している。

(7)　A *cause*-causative passive requires a context where its subject can function as the topic of the sentence, and can also be regarded as a patient.　　　　　　　　　　　　　　　　　　　　(Osawa 2009b: 48)

この条件によると、cause 使役受身文が容認されるためには、その主語が文のトピックとして機能し、かつ被動者として解釈されるような文脈に埋め込まれている必要がある。

Osawa (2009b)、大澤 (2012) は、トピックについては、「所与の状況において、命題が指示対象について述べているとき、その指示対象は当該命題のトピックとして解釈される」という Lambrecht (1994: 131) の定義を、談話レベルでの現象も考慮に入れた上で、(8) のように再解釈している。

(8)　構文内 NP の指示対象がトピックとして機能していると解釈されるためには、指示対象がすでに談話に導入されているか、もしくは、先行文脈から推測可能であり、かつ、当該構文がその指示対象についての命題を表していなければならない。　　　　　　(大澤 2012: 39)

トピックを定義するにあたって重要になるのが、所与の要素がトピックか否かということが、文内の統語構造ではなく、文脈との関係によって語用論的

第 9 章　逸脱的構文から見る中核的現象と周辺的現象との相関　|　147

に決定されるという点である。したがって、その認可のためにトピックとして機能する要素を必要とする cause 使役受身文に関して、当該構文の認可は意味・統語論的ではなく、語用論的に動機付けられているのである。

　先行研究で容認されないといわれている cause 使役受身文は、（7）の条件を満たした文脈においては容認される。

(9)　a.　*Prices were caused to rise (by the inflation).　　　　　　　(=(2b))

　　　b.　The oil crisis caused a serious inflation in the 70's in Japan. Inflation lead to a general increase in prices and a fall in the purchasing value of money. Needless to say, prices were caused to rise in this country.

(Osawa 2009b: 49)

(9b) では、cause 使役受身文の主語である prices が先行文脈ですでに導入されており、そして、当該文はその prices について、つまり、主語について述べた文になっている。ここから当該文の主語は文のトピックとして機能しているということがいえる。また、この文脈では、インフレーションが cause 使役受身文の表す事態の原因になっている、つまり、インフレーションが物価の上昇を引き起こすことについて述べられている。さらに、インフレーションというものが、物価がある期間において持続的に上昇する経済現象であるということは一般によく知られていることである。そのため、cause 使役受身文の主語である prices はインフレーションによって影響を受ける被動者であると解釈される。このように、(9b) では、cause 使役受身文の主語がトピックとして機能し、被動者として解釈されているため cause 使役受身文が容認されると説明できる。

　この例から、容認されないといわれている cause 使役受身文であっても、(7) の条件を満たした場合には容認されるということがいえる。すでに見たように、cause 使役文において、動詞の語彙情報からは補文主語の被動者性が保証されないため、受身化することができず、cause 使役受身文は非文になる。しかし、(7) の条件を満たした文脈においては、文内の情報からは満たされない受身文主語の被動者性が、文脈からの情報によって保証されるため、容認されるのである。つまり、cause 使役受身文は単独では容認されないが、その主語がトピックとして機能し、被動者として解釈されるような文

脈においては容認される構文なのである。

Osawa (2009b) によると、主語が文のトピックとして機能しなければならないという条件は、cause 使役受身文特有の認可条件である。つまり、cause 使役受身文の主語は必ず文のトピックとして機能していなければならないのに対して、他の一般的な受身文の主語はトピックになっている必要がないということである。これは、以下の例によって証明される。

(10) a. What happened?

b. A dog was run over.

c. *Prices were caused to rise.

「何が起こったの？」と聞く (10a) の答えは、起こった出来事を述べる提示文でなければならず、文全体が新情報を担っていなければならない。よって、この疑問文の答えには、トピック機能を有する要素は含まれてはいけないということになる。(10a) の答えとして、(10b) のような受身文は容認されるが、(10c) のように cause 使役受身文を用いると容認されない。つまり、一般的な受身文は、主語がトピックでなくても容認される一方で、cause 使役受身文は、主語がトピックでなければならないため、提示文として用いることができないのである。この点で、cause 使役受身文は一般的な受身文と性質を異にしている。

cause 使役受身文は、(9) や (10) で示されるように、主語がトピックになっていなければならない。この点は、(1) の語用論的動機付けを必要とする構文に関する一般化における 1 つめの項目である「構文内に当該文脈においてトピックとして機能する要素が必要である」ことに合致する。また、cause 使役受身文は、受身文一般が満たすべき「被影響性」の制約を文脈からの情報によって満たしている。これは、2 つめの項目の「各構文が単独で容認されるために満たすべき条件が、当該文脈からの情報によって満たされる必要がある」という点と合致する。

Osawa (2009b) は、語用論的動機付けを必要とする構文に関する一般化を提案してその妥当性を論じてはいるが、この一般化が、逸脱的構文の研究においてどのような意義を有するのかということに関しては考察していない。そのため、この一般化を、中核的現象と周辺的現象の関係という視点から解

釈してみたい。

2.2 中核的現象と語用論的動機付けを必要とする構文との関係

　動詞の項が受身化されて主語になり、その文単独で容認される、いわゆる一般的な受身文を規範として中核に据えると、その規則は「文内の情報で被影響性の制約を満たさなければならない」ということになる。動詞の語彙情報によって、受身文主語の被動者性が保証されるのである。一方、cause 使役受身文は、動詞の語彙情報からは「被影響性」の制約を満たせないにも関わらず、適切な文脈においては容認される。つまり、中核的構文が従うべき規則から逸脱しながらも成立する受身文である。この点で、cause 使役受身文は、中核に対して、その周辺に位置づけられる構文ということになる。その一方で、cause 使役受身文はその認可のために、中核的な受身文が満たすべき条件を、中核的な受身文とは異なった方法で満たしている。この点で、cause 使役受身文は、方法は異なったとしても、中核的現象における規則に沿おうとしている構文であるといえる。つまり、cause 使役受身文は、中核的現象に近づくことで認可されるタイプの周辺的構文である。

　しかし、cause 使役受身文を周辺的な現象とは考えない先行研究もある。高見（2009, 2011）は、そもそも cause 使役受身文が単独で容認されないという Mittwoch（1990）らの記述が間違いであるとした上で、以下のような cause 使役受身文に課される制約を挙げている。

（11）　Cause 使役受身文の意味的・機能的制約：
　　　　Cause 使役受身文は、科学的・法律的文書など堅い文語表現に用いられ、被使役事象が、使役主の意図性にかかわらず、被使役主を直接対象として、被使役主に直接働きかけて引き起こされる場合に適格となる。　　　　　　　　　　　　　　　　　　　　　　（高見 2009: 35）

高見（2009）は、cause 使役受身文において、by 句によって示された行為者が主語指示物（被使役主）に直接働きかけていることが表されていればよいのであり、構文の意味・統語的制約の違反はなく、単に当該構文が使用される文脈が（11）のように指定されているだけだと論じている。

　cause 使役受身文が一般的な受身文と同じであるとするならば、適格にな

るための条件を細かく指定する必要はないはずである。cause 使役受身文が
有する意味・統語的情報が不十分であるからこそ、使用場面が制限されるの
ではないだろうか。つまり、動詞 cause の語彙情報だけでは保証できない受
身文主語の被動者性を保証するために、被使役主に被使役事象がどのように
関わるのかを詳細に指定する必要があるのではないだろうか[1]。

　動詞の語彙情報が主語に被動者の意味役割を付与する一般的な受身文を中
核に据えたとき、cause 使役受身文は、単独では主語の被動者性を保証でき
ないために容認されないという点で、周辺に位置づけられる。しかし、主語
の被動者性を語用論的に満たすことで、中核的現象の規則に沿うようにな
り、実際には問題なく使用される。高見（2009）が cause 使役受身文は非文
法的ではないと判断するのも、当該構文が、その認可のためになるべく中核
に近づき、中核と同じようになろうとした結果だといえる。

　本論では cause 使役受身文以外の語用論的動機付けを必要とする構文につ
いては扱わない。しかし、どの構文も、対応する中核的現象の意味・統語的
規則からは逸脱しているが、中核的現象が満たすべき条件を語用論的に満た
すことによって中核的現象に類似する構文、つまり、中核に近づこうとして
いる構文である。

　語用論的動機付けを必要とする構文（cause 使役受身文）は、中核的現象
に見られる規則から逸脱しているがために周辺の現象に位置づけられる構文
である。そもそも、中核的現象の規則を基準にするからこそ、周辺的現象が
中核に対して周辺として存在し得るのだが、当該構文はただ孤立的に周辺部
で認可されているわけではない。中核から逸れたり不足したりしている要因
を、何らかの方法で（主に語用論的に）補充し、中核的現象が満たすべき条
件を満たしているのである。このようにして、その認可のためになるべく中
核の規則に沿おうとしているのである。つまり、中核に近接するタイプの周

1　高見（2009）は、大澤（2008）の提案する cause 使役受身文の語用論的認可条件が妥当
ではないと指摘しているが、高見（2009）の指摘と反例として挙げている例は、むしろ大
澤（2008）の主張を支持するものとなっている。この点からも、cause 使役受身文は、一
般的な受身文からは逸脱した構文であると考える方が妥当である。詳細については Osawa
（2009b）、大澤（2012）を参照されたい。

辺的現象といえる。

　中核的現象があるからこそ周辺的現象が存在するということは、その両者の相関は一方向ではない。cause 使役受身文のように、中核に近接するタイプの周辺的現象だけではなく、中核から離れていくタイプの周辺的現象もあっていいはずである。

3.　中核からの遠離

　中核的現象の規則を基準とすれば、その規則を満たすか否かで中核的構文か周辺的構文かが決まるのであるから、周辺的構文が認可されるためには、中核的構文と同じようになればよい。したがって、前節で見たように、周辺的現象が、何らかの形で中核的現象が満たすべき規則を満たそうとする、つまりは、中核に近接するというのは当然のように思われる。それでは、すべての周辺的現象は中核的現象の規則に沿うことで認可されるのだろうか。ここでは、cause 使役受身文とは異なり、中核的現象の規則に沿おうとしているわけではない構文も存在することを指摘する。

3.1　重複可能表現

　現代日本語の可能の意味を表す形式には、動詞の可能形と迂言的可能表現形がある。

（12）　跳べる。

（13）　跳ぶことができる。

これらの可能形式が用いられるはずの場面で、以下の下線部のような表現が用いられている場合が観察される。

（14）a.　今年初めてトリプルアクセルを跳べることができたのですごく嬉しいです。

　　　（2008 年 2 月 16 日　浅田真央　四大陸選手権演技後インタビュー）[2]

　　　b.　3 回転 − 3 回転も跳べていない状態でプログラムにも入れていな

2　http://www.youtube.com/watch?v=H8Ptvwx9X-U（3'05"）

かったので、シーズン後半で跳べることができればいいと思って
いました。

　　　　　（2013 年 2 月 7 日　浅田真央　四大陸選手権前日コメント）[3]
一般に、可能の意味を表す場合には、動詞の可能形か迂言的可能表現形のど
ちらかが選択されるが、(14) では、動詞の可能形である「跳べる」と迂言
的可能表現形の「ことができる」が同時に用いられている。つまり、2 つの
可能を表す形式が同一文内に重複して現れている。この形式は、違和感を覚
える話者がいる一方で、「誤用」と捉えるには高い頻度で散見する。しかし、
当該現象は先行研究では注目されていない。このように、可能表現を重複さ
せた形式を「重複可能表現」と呼ぶことにし、この構文を記述することから
始めたい。

3.1.1　一般性

　重複可能表現には、多様な種類の動詞が生起可能である。以下の実例に
示されるように、(15) では五段動詞が、(16) では一段動詞が、そして (17)
では漢語サ変動詞（スル動詞）が重複可能表現になっている。

(15)a.　もしも僕がこの夜空を飛べることができるなら

　　b.　ごめん僕はこの夜空を飛べることなんかできない

　　　　　　　　　　　　　　　　　　　　（石崎ひゅーい『夜間飛行』）

(16)a.　海外在留中日本人としてふさわしい教育が受けられることができ
　　　　るかということもさることながら

　　　　　　　　　　　　　　　（BCCWJ『国民生活白書　昭和 56 年版』）

　　b.　ただし電車の中など MS を広げれることができない場合は、携帯
　　　　電話で自分の PC に宛てたメールを送り（略）

　　　　　　　　　　　（http://www.it1616.com/magazine/archives/756）

(17)a.　可知納書院には、蘊蓄（UNCHIKU）システムが組み込まれてい
　　　　るため、Web 上で古典文学を参照するユーザが、付箋を貼るよ
　　　　うに自由に新情報を追記できることができる。

3　http://sportsnavi.yahoo.co.jp/sports/figureskate/all/1213/columndtl/201302070007-spnavi

第 9 章　逸脱的構文から見る中核的現象と周辺的現象との相関 ｜ 153

　　　　　　　　　　　　（http://www.arc.ritsumei.ac.jp/kachina/projects.html）
　　b.　そのために公式の機関や機会を経てシェルターに対する支援者の
　　　　意見を<u>反映できることができない</u>ということで、たびたび、シェ
　　　　ルターは民主的ではないという批判にさらされてきたようであ
　　　　る。　　　　　　　　　　　（『行政社会論集』第 10 巻第 1 巻 74 頁）[4]
　重複可能表現における時制や否定の意味は、内側の動詞の可能形ではな
く、外側のコトガデキルの活用によって表される。
　(18) a　｛受ける／受け（ら）れる｝ことができた。
　　　b.　*｛受けた／受け（ら）れた｝ことができ｛る／た｝。
　(19) a.　｛受ける／受け（ら）れる｝ことができない。
　　　b.　*｛受けない／受け（ら）れない｝ことができ｛る／ない｝。
内側だけ過去形にした場合も、内側と外側の両方を過去形にした場合も、容
認されない (18b)。否定の場合も同様に、内側だけを「ない」の形にして
も、内側と外側を併せて「ない」の形にしても非文となる (19b)。
　重複可能表現が動詞に関して示す生産性は、動詞の可能形と迂言的可能表
現形の両方に見られる事実と同じである。また、重複可能表現における時制
や否定の意味が内側の要素の活用によってではなく、外側のコトガデキルの
活用によって表されることは、動詞の連体形にコトガデキルに付加されて可
能の意味を表す迂言的可能表現形に見られる事実と同じである。この点にお
いては、重複可能表現には一般性が認められる。

3.1.2　特殊性

　可能の表現が用いられていることから予測できるとおり、重複可能表現は、
可能の意味を、しかも、文全体で「単一の可能」の意味を表していると考え
られる。2 つの可能形式が一文内に現れていながらも、文全体で「単一の可
能」の意味を表しているという点が重複可能表現の特殊性の 1 つである。
　動詞の可能形や迂言的可能表現形と重複可能表現を入れ替えても文の意味
は変わらない。

4　http://ir.lib.fukushima-u.ac.jp/dspace/bitstream/10270/3167/1/2-196.pdf

(20) a. 先生の授業を ｛受け（ら）れて／受けることができて｝ よかったです。

b. 先生の授業を受け（ら）れることができてよかったです。

動詞の可能形は、主語が動詞によって表される行為をできるか否かということを表すだけではなく、主語に対する発話者の評価を表すことができるということが知られている。

(21) a. あの先生はなかなか ｛話せる／?話すことができる｝。

(日本語記述文法研究会（編）2009b: 282)

b. この酒は ｛飲める／*飲むことができる｝。 （渋谷 1995: 115)

(21) は、「先生」や「酒」の能力について述べているのではなく、先生の物わかりのよさや、酒のうまさについて述べた文である。このとき、動詞の可能形は使われるが、迂言的可能表現形は用いられない。つまり、迂言的可能表現形は評価の意味は表せず、可能の意味だけを表すということである。重複可能表現は、(22) のような評価を表す文では容認されない。

(22) a. *あの先生はなかなか話せることができる。

b. *この酒は飲めることができる。

重複可能表現の外側のコトガデキルは迂言的可能表現形と同じ形である。そのため、可能の意味を表す迂言的可能表現形と同様に、重複可能表現の外側だけが可能の意味を担っているために重複可能表現が全体として可能の意味を表すと考えることもできる。しかし、内側の動詞の可能形も可能の意味を表していると考えられる。

(23) a. どうせ客が<u>儲けれる</u>ことができないようにディーラーやマシーンがコントロールしているんでしょ

(http://lasvegas.looktour.net/casino.aspx)

b. 私は、明日予約をしましたが、急遽用事が入ってしまい、<u>いけれる</u>ことができなくなりました。

(http://detail.chiebukuro.yahoo.co.jp/qa/question_detail/q1260505142)

(23) における重複可能表現の内側に注目すると、(23a) では、いわゆる「ら抜き」現象が、(23b) では「れ足す」現象が起こっている。これらの現象は、可能の意味を表す場合にしか起こらない。よって、重複可能表現の内側

第9章　逸脱的構文から見る中核的現象と周辺的現象との相関 | 155

も可能の意味を表しているといえる。

　動詞の可能形にも、迂言的可能表現形にも、「ついに」や「やっと」といった副詞をつけることができる。迂言的可能表現形の場合はコトとデキルの間に副詞を挿入することもできる。

(24) a.　ついに［食べ（ら）れた］。

　　　 b.　ついに［食べることができた］。

　　　 c.　［食べることが］ついに［できた］。

重複可能表現も、同様の副詞で全体を修飾することができる。

(25) a.　初の SD お迎えの思い出などなど話には伺っていたので、<u>ついに</u>［お目にかかれることができて］嬉しかったです。

　　　　　　　　　　　　　　　　(http://zzny.blog.fc2.com/blog-entry-194.htm)

　　　 b.　今まで自信が無く訓練に踏み切れなかったですが、ポイントをわかりやすく説明していただいた研修なので、<u>やっと</u>［踏み切れることができました］。　　　　　　(http://npo-dhp.org/deglutition/)

しかし、外側のコトとデキルの間に副詞を挿入することはできない。

(26)　*食べ（ら）れることが ｛ついに／やっと｝ できた。

以上より、重複可能表現の内側も外側もともに可能の意味を表していること、そして、内側と外側を分断できないことがわかる。つまり、重複可能表現は、文全体で「単一の可能」の意味を表しているのである。

　重複可能表現は、一文内に動詞の可能形と迂言的可能表現形という、可能の意味を表す形式が重複して現れている。そのため、例えば、限定の意味を表すとりたて詞である「だけ」と「しか」を重ねた「それだけしかない」のような表現で、形式を重複させて限定の意味を強めていると考えるのと同じように、重複可能表現も、可能の形式を2つ重ねて可能の意味を強調していると思われるかもしれない。しかし、そのような分析が妥当ではないことは、以下の実例からわかる。

(27)　3回転 – 3回転も跳べていない状態でプログラムにも入れていなかったので、シーズン後半で<u>跳べることができれ</u>ばいいと思っていました。　　　　　　　　　　　　　　　　　　　(= (14b))

(28)　可知納書院には、蘊蓄（UNCHIKU）システムが組み込まれている

ため、Web 上で古典文学を参照するユーザが、付箋を貼るように
自由に新情報を追記できることができる。　　　　　　（＝（17a））

(27) では、発話者が、これまで跳べていなかったジャンプ技を試合では跳
べたらいいという期待を述べていることがわかる。つまり、「跳べない」こ
とに対して「跳べる」という対比を表しているだけであり、「ものすごく跳
べる」とか「上手に跳べる」といったような、可能を強調しているわけでは
ない。また、(28) で表されている「自由に新情報を追記する」という事態
においては、一般に、自由に追記できるか否かは問題になるが、追記できる
ことの程度に幅があるとは考えられない。よって、可能表現形式を重複させ
ることによって、可能の意味が強調されているわけではないといえる。

　重複可能表現において可能の意味を表す形式が 2 つ現れているというこ
とから、可能を「能力可能」と「状況可能」に分け、内側と外側がそれぞれ
どちらかの可能の意味を分担していると考えることもできるかもしれない。
地域語によってはこの区分を言語形式によって表すものもあるが、共通語に
おいてはその形式区分がないために重複可能表現が使われるという仮説であ
る。しかし、このような考え方も妥当ではない。共通語において、可能表現
が能力可能と状況可能のどちらを表しているのかは、文脈によって決まる。
例えば、「僕はインド料理なんて作れない」といえば、主語のインド料理を
作る能力について表され、「日本では材料がそろわないから、インド料理は
作れない」といえば、材料がないという外的要因により、インド料理を作る
状況が得られないことが表される（日本語記述文法研究会（編）2009a: 280）。
この場合、「作れない」という同じ可能形によって、能力可能と状況可能が
表されている。

　重複可能表現の場合を考えてみる。

(29)　もしも僕がこの夜空を飛べることができるなら　　　（＝（15a））

一般に人間が空を飛ぶ能力を有してはいないという常識を用いて、(29) の
内側の「飛べる」は能力可能を表すはずがないから状況可能を表していると
説明できたとしても、「ことができる」が能力可能を表しているということ
はどこからも保証されない。それを保証するような文脈情報はない。それぞ
れの形式が別々の可能を表すことを前提とすると、一方が能力可能でなけれ

ば、他方は能力可能であると決まるが、その前提の妥当性が証明されない限り循環論である。また (28) では、「新情報を追記することができる」ことの外的要因として「蘊蓄 (UNCHIKU) システムが組み込まれている」という状況が整っていることが述べられている。この外的要因が、「追記できる（こと）」を修飾しているのか、「（ことが）できる」を修飾しているのかは判断がつかない。(26) で示されるように、重複可能表現において、コトとデキルの間に副詞を挿入することはできず、重複可能表現は分断されないことからも、内側と外側のどちらかだけに、外的要因がかかっているとはいえない。そのため「追記できることができる」という重複可能表現において、内側か外側のどちらかが状況可能を表しているとはいえない。

　以上より、重複可能表現は、2つの可能の形式が重複して現れていても、可能の意味を強調しているのではないこと、また、それぞれの可能表現が、能力可能と状況可能など別々の可能の意味を表し分けているのではないことがわかる。よって、重複可能表現は、動詞の可能形や迂言的可能表現形がそれぞれ表すのと同じ単一の可能の意味を一文内で表しているのである。形式を重複させながらも、表す意味は1つであるという点で、重複可能表現という構文がもつ1つの特殊性が認められる。そして、その特殊性ゆえ、重複可能表現に対して違和感を覚える話者も存在するのである。

3.2　重複可能表現が担う機能

　可能を表す形式が重複しているにも関わらず、文の表す意味が、単体の動詞の可能形や迂言的可能表現形が表す意味と全く同じであるというのであれば、既存の形式で事が足りるため、わざわざ重複可能表現を用いる必要はない。そこで、本論では、重複可能表現には、動詞の可能形や迂言的可能表現形にはない独自の機能があると考え、次のような仮説を提案する。

(30)　重複可能表現は、異なる可能形式を重複させることで、発話者が、一文内で、あらたまりがない状態からあらたまり度が高い状態へと発話しながらスタイルシフトを行う、つまり、発話者のあらたまり度を当該文内で調整する機能を担う。

　重複可能表現は、インタビューに答えている場面や、報告文書、回答者の

顔が見えない場での不特定多数に向けた質問といった多岐に渡った場面で用いられている。しかし、話し言葉が多用されているスタイルの文書や独りごちている Twitter などではほとんど見られない。そのため、重複可能表現は、発話者が壇上に立っているような場面や、他者に教えを請うような場面、つまり「あらたまる」ことが求められる場面で用いられていると簡単にまとめられる。以下に挙げる例は、それぞれ使用場面は異なりながらも、共通して発話者の「あらたまり」の姿勢が観察される。

(31)　A：華丸さん抜いて、この辺に座ることができる

　　　　B：いいの？それやっていいの？

　　　　C：自分の一番いいポジションを<u>取れることができる</u>と

　　　　　　　　　　　　　　（テレビ朝日『アメトーク』2015 年 7 月 9 日放送）

(32)　その経験を全てかみ砕いて、次の作業に生かせる人。その経験を元に、全てのお客様に安心感を<u>与えられることができる</u>人だと思っています。

　　　　　（NHK『プロフェッショナル―仕事の流儀』2016 年 4 月 4 日放送）

(33)　やはりにおいがしない。だが、こいつはプロパノールの一種で溶剤の役目をする。こいつをかければ、時間はかかるが、元のにおいを<u>外せることができる</u>。

　　　　　　　　　　　　（NHK 土曜ドラマ『スニッファー　嗅覚捜査官』

　　　　　　　　　　　　　　　　　　　　最終話 2016 年 12 月 3 日放送）

(34)　僕の心に唯一<u>触れられる事が出来た</u>君は

　　　　　　　　　　　　　　　　　　　　（ONE OK ROCK『Heartache』）

(31) は、発話者が事前に用意していたのではなく思わず発した言葉に重複可能表現が用いられている例である。複数人の会話において、A が状況を説明し、B が A の説明に反応して場を盛り上げている最中に、C が A の説明を自分の言葉でまとめ直した際に重複可能表現を発している。話し言葉によって展開されている会話ではあるが、C は、同じ場面にいながら A と B のやりとりを聞いている他の観察者に対して、A の発言を解説する立場に立っている。(32) は、「（あなたにとって）プロフェッショナルとは」という問いに対し、丁寧に言葉を選びながら自分の考えを述べている場面で発

第9章　逸脱的構文から見る中核的現象と周辺的現象との相関 | 159

せられた重複可能表現である。発話者はインタビューに答える立場である。(31) とは異なり、思わず発した言葉ではないにも関わらず、迂言的可能表現形を使えばよいところで、重複可能表現が用いられている。(33) はドラマの主人公が、周りの登場人物たちに、自分だけがもっている知識と技術を披露し解説している場面での発話である。(34) は歌詞の一節だが、「こと」や「できる」が漢字になっていることからも、格好つけたようなあらたまった使い方をしているといえる。

　これらの例では、発話者はあらたまった場面に見合うように、自らの発話のスタイルを、発話しながら調節している。例えば、(33) の台詞において、主人公は「やはりにおいがしない」という独り言をいった後に、周りに対して解説を始めている。このとき、重複可能表現によって、独り言をいうような自己の世界から他者に向けたあらたまった態度へと、発話スタイルの調整を行っていると考えられる。

　渋谷 (1995: 115) が「スタイルの点では、スルコトガデキルは文章語的、可能動詞は口語的」というように、迂言的可能表現形では、動詞の可能形と比較したときには「堅さ」が表されることが先行研究において指摘されている (奥田 1986, 市川 1991)。重複可能表現にはコトガデキルという迂言的可能表現形と同じ形式が使われているため、そこから「堅さ」が表され、あらたまった場面に適しているのだともいえる。しかし、迂言的可能表現形は、例えば「跳ぶ」という動詞の場合、発話者のあらたまり度に関して無標である連体形「跳ぶ」に「ことができる」を付加して、「堅さ」を表している。重複可能表現が特殊なのは、その一文内に動詞の可能形と迂言的可能表現形を併せ持っていることである。それはつまり、動詞の可能形がもつ口語的なスタイルと、迂言的可能表現形がもつ文章語的スタイルを併せ持っているということになる。そのため、発話者は、重複可能表現を用いることで、あらたまっていないスタイルからあらたまり度を高めたスタイルへと一文内で変換し、最終的にあらたまった表現を形成することが可能になる[5]。よって、重

5　福島・上原 (2004: 282) は、「言いません」と「言わないです」というような表現を比較し、「「ません」形が丁寧という話し手の聞き手に対する配慮が意識の前面にある場合に用いられる一方、「ないです」形は始めに内容があり後で丁寧さが意識され付加される場合に

160 | 大澤　舞

複可能表現は話者のあらたまり度を単一発話内で調節するという独自の機能
を有しているといえる。

3.3　中核的現象と重複可能表現形との関係

　現代日本語の可能を表す規範的な表現が、動詞の可能形と迂言的可能表
現形であると考えると、重複可能表現は、それぞれ単独で可能の意味を表す
形式が一文内に重複して現れているという点で形式的に逸脱している。しか
し、重複可能表現の意味・統語的特徴は、動詞の可能形と迂言的可能表現
形のそれと同じである。2つの規範的な可能表現を中核に据えたとき、周辺
的な重複可能表現は、形式以外は、中核的現象の規則に沿っている。この場
合、重複可能表現は中核と類似する、つまり中核に近づく必要がない。それ
ではそもそもの存在意義すら問われることになるのだが、本論で仮定したよ
うな重複可能表現独自の機能があるとすれば、中核的現象に対して、周辺的
現象として重複可能表現が用いられる動機もあるということになる。このと
き、重複可能表現は、機能の点で中核とは性質を異にすることになり、敢え
て中核から離れることで認可されるタイプの周辺的現象であると考えられる。

4.　おわりに

　以上、本論では逸脱的構文が、対応する中核的構文とどのような関係にあ
るのかを考察することから、周辺的現象には、中核的現象に近づくことで認
可されるタイプと、中核から離れることで認可されるタイプがあることを論
じた。周辺的現象は、中核的現象を基準にするからこそ存在し得るため、中
核に近接（類似）する側面と中核から離れる側面を併せ持つ。しかし、それ
ぞれの周辺的現象が、どちらの側面を色濃く示すかという点においては差が
ある。構文研究においては周辺的現象が注目されがちだが、その際には、周
辺的現象のみを孤立的に分析するのではなく、周辺的現象が本論で指摘した
2つのタイプに分けられるということを念頭におきながら、あくまでも中核

用いられる」と論じている。これも、重複可能表現と同類のいわばスタイルシフトの例であ
る。

的現象との関連において周辺的現象を捉えるという視点が重要である。

謝辞
　本論を執筆する機会をくださった天野みどり氏、早瀬尚子氏に心より感謝申し上げる。また、本論を進めるにあたり貴重なご意見を賜った方々に記して深く感謝申し上げたい（敬称略）：廣瀬幸生、今野弘章、小柳智一、草山学、益岡隆志、三宅知宏、長野明子、坂本暁彦。本論は、JSPS 科研費 JP16K16857 の助成を受けたものである。

参照文献

Bolinger, Dwight（1975）On the passive in English. In: Adam Makkai and Valerie Becker Makkai（eds.）*The First LACUS Forum*, 57–80. Columbia, S.C.: Hornbeam Press.

Chomsky, Noam（1965）*Aspects of the theory of syntax*. Cambridge, MA: MIT Press.

福島悦子・上原聡（2004）「「言いません」としか僕は言わないです：会話における丁寧体否定辞の二形式」南雅彦・浅野真紀子（編）『言語学と日本語教育 III』269–286. 東京：くろしお出版.

Gee, James Paul（1977）Comments on the paper by Akmajian. In: Peter W Culicover, Thomas Wasow, and Adrian Akmajian（eds.）*Formal syntax,* 461–481. New York: Academic Press.

Huddleston, Rodney and Geoffrey K. Pullum（2002）*The Cambridge grammar of the English language.* Cambridge: Cambridge University Press.

市川保子（1991）「可能動詞の助詞に関する一考察」『筑波大学留学生教育センター日本語教育論集』6: 1–7.

Iveland, Paula（1993）VP small clauses. ms., University of California, Santa Cruz.

Lambrecht, Knud（1994）*Information structure and sentence form: Topic, focus and the mental representations of discourse referents*. Cambridge: Cambridge University Press.

Mair, Christian（1990）*Infinitive complement clause in English.* Cambridge: Cambridge University Press.

Mittwoch, Anita（1990）On the distribution of bare infinitive complements in English. *Journal of Linguistics* 26: 103–131.

日本語記述文法研究会（編）（2009a）『現代日本語文法 2　第 3 部格と構文・第 4 部ヴォイス』東京：くろしお出版.

日本語記述文法研究会（編）（2009b）『現代日本語文法 7　第 12 部 談話・第 13 部 待遇表現』東京：くろしお出版.

奥田靖雄（1986）「現実・可能・必然（上）」言語学研究会（編）『ことばの科学その 1』181–212. 東京：むぎ書房.

大澤舞（2008）「cause 使役受動文の語用論的生起条件とその意味合い」『英語語法文法研究』15: 67–81.

Osawa, Mai（2009a）On the topichood of indefinite subjects: With special reference to *cause*-causative passives. *Tsukuba English Studies* 28: 1–14.

Osawa, Mai（2009b）A unified approach to pragmatically licensed constructions in English. Unpublished doctoral dissertation, University of Tsukuba.

大澤舞（2012）「不定名詞句主語のトピック性：cause 使役受身を例に」『東邦大学教養紀要』43: 35–45.

渋谷勝己（1995）「可能動詞とスルコトガデキル：可能の表現」宮島達夫・仁田義雄（編）『日本語類義表現の文法（上）：単文編』111–120. 東京：くろしお出版.

高見健一（1995）『機能的構文論による日英語比較』東京：くろしお出版.

高見健一（2009）「*Cause* 使役文とその受身文」『英語青年』154（12）: 33–36.

高見健一（2011）「Cause 使役文とその受身文」「英語の共時的及び通時的研究の会発足二十五周年記念大会」（津田塾大学）講演ハンドアウト.

用例出典

BCCWJ：現代日本語書き言葉均衡コーパス（少納言）. 国立国語研究所.

第10章

イ落ち構文における主語の有無

今野弘章

1. 序

日本語には、(1) のような、話者の感覚や判断を表す形容詞語幹が声門の閉鎖を伴って発話され (以下の例では促音として表記する)、終止形活用語尾「い」が現れない「イ落ち構文」(今野 2012) が存在する[1,2]。

　(1)　　ださっ。／短っ。／あほくさっ。／気持ち悪っ。　　　(今野 2012: 8)

このイ落ち構文の統語構造に関して、今野 (2012) と清水 (2015) によって主語を認めるか否かという点で異なる分析がそれぞれ提案されている。この対立を踏まえ、本論では、イ落ち構文の統語構造の問題に焦点を絞り、当該構文に主語を仮定する分析としない分析のいずれが妥当かを検討する。そして、前者の分析が経験的に支持されることおよび後者の分析に経験的な問題があることを示し、イ落ち構文が、補文構造としては無標である小節が主節

1　イ落ち構文に相当する現象を扱った先行研究で以下に言及があるもの以外については、仁田 (1991, 1997)、杉浦 (2006)、岩崎・大野 (2007)、立石 (2012)、Tateishi (2013)、原田 (2013) を参照されたい。

2　本論で対象とする形容詞群は清水 (2015: 133ff.) が「属性形容詞」と分類するものに相当する。なお、本論では清水が「感情形容詞」と分類する「欲しい」「恋しい」「〜 (し) たい」を用いた類似の表現は考察の対象外とする。

　i.　　あー、エアコンが欲しっ！　　　　　　　　　　　　　　　(清水 2015: 134)

として用いられるという点で形式的に有標であることを論じる。

　第2節では、イ落ち構文の統語構造を扱っている先行研究として今野 (2012) と清水 (2015) を取り上げ、本論で扱う問題の所在を明らかにする。第3節および第4節では、清水が今野の問題として指摘している点が後者の分析にとって問題とはならないことを論じる。第5節では、清水が提案するイ落ち構文の分析に経験的な問題があることを指摘する。第6節では、本論の議論から導かれる帰結を述べる。

2.　先行研究

2.1　小節分析 (今野 2012)

　今野 (2012) は、一見一語文的に映るイ落ち構文を、格を持たない随意的主語名詞句と形容詞語幹述部からなる、小節 (small clause) が主節として機能する構文 (“root small clause” Progovac 2006, 2015) と形式的に特徴付けている (2)[3]。

　(2)　　[AP [*埋め込み] (主語名詞句) 形容詞語幹[+ 声門閉鎖]]　　　　（今野 2012: 15)

(2) において、主語名詞句を囲う丸括弧は当該の名詞句が省略可能なことを示す。下付きの「[*埋め込み]」と「[+ 声門閉鎖]」は、それぞれ、イ落ち構文が主節現象であり埋め込みを許さないこと、イ落ち構文の形容詞語幹が声門の閉鎖を伴って発話されることを示す。

　(2) の分析 (以下「小節分析」) を支える言語事実として、今野は、イ落ち構文が主語名詞句を認可すること (3)、当該の主語名詞句が主格標示および主題化を受けないこと (4)、イ落ち構文が直接話法としてではない純粋な埋め込みを許さないこと (5) を指摘している[4]。

3　今野はさらにイ落ち構文が機能的に下記の特徴を持つことを示し、当該構文をこの機能的特徴と (2) の形式的特徴がペアになった構文文法 (“Construction Grammar” Goldberg 1995) における「構文」とみなしている。(「瞬間的現在時」と「私的表現行為」については中右 (1994) と廣瀬 (1997) をそれぞれ参照。)

　　　イ落ち構文は、話者が、眼前の事態や対象に対し、瞬間的現在時の直感的な感覚や判断を表出する私的表現行為専用の構文である。　　　　　　（今野 2012: 21）

4　(3) および (4) と同様の事実観察については冨樫 (2006) も参照。

第 10 章　イ落ち構文における主語の有無 ｜ 165

(3)　　これうまっ。　　　　　　　　　　　　　　　　（今野 2012: 8）

(4)　　これ（{*が／*は}）うまっ。　　　　　　　　　（今野 2012: 11f.）

　　　　（cf. これ（{が／は}）うまい。（今野 2013: 42））

(5)　　*太郎は花子うざっ思った。　　　　　　　　　　（今野 2012: 14）

　　　　（cf. 太郎は「花子うざっ」と思った。）

　今野によれば、(3) はイ落ち構文が主語 − 述語構造を持つこと、(4) はイ落ち構文が主格付与に必要な時制辞 T（竹沢 1998 参照）および主題化に必要な補文化辞 C を欠くこと、そして (5) はイ落ち構文が主節現象であることを示す。(2) の統語構造を仮定すればイ落ち構文に見られるこれらの事実を正しく導くことができるというのが、小節分析の要点である。

　ここで、本論では (2) の小節分析に一点修正を加える。今野は形容詞語幹の範疇を形容詞とみなし、さらに Stowell (1983) に従って小節を述部の最大投射と仮定した上で、イ落ち構文が形成する小節の範疇を形容詞句としている。だが、清水 (2015: 126) が指摘するように、形容詞語幹は、「うまい」／「うまさ」という対立が示すように、活用語尾によって範疇が決定する。そのため、単純に形容詞語幹が元々形容詞としての範疇素性を備えているとは考えられない可能性がある。この範疇の問題を回避するために、以下では、Rothstein (2004: 53f.) に従って小節が外心構造を持つと仮定し、(2) の統語構造を (6) に修正して議論を進める。

(6)　　[$_{SC}$ [*埋め込み]（主語名詞句）形容詞語幹$_{[+ 声門閉鎖]}$]

ただし、この修正は、イ落ち構文を小節が主節として現れたものとみなす今野の分析の主旨に本質的な影響を与えるものではない[5]。

　小節分析では、「うまっ」という形容詞語幹のみのイ落ち発話は主語位置に空代名詞を含む [$_{SC}$ pro うまっ] という構造を、「これうまっ」という主語名詞句を伴う発話は [$_{SC}$ これ うまっ] という構造をしており、どちらの場合でも、主語と述語が形成する構成素が存在する。

　また、小節が通常は補文として用いられることを考慮すると、小節分析では、イ落ち構文は、利用している構造そのものではなく、補文構造としては

5　今野 (2012) が基づいている今野 (2005) でも (6) と同様の構造が仮定されている。

無標である小節が主節として用いられるという点で形式的に有標（特異）であると特徴付けられる。

2.2　名詞化分析（清水 2015）

　小節分析に対し、清水（2015）は、イ落ち構文の統語構造に関して、山田（1908, 1936）による「喚体」と「述体」の区分を用いた対案を提示している。まず、清水は笹井（2005）に従ってイ落ち構文を喚体に位置づける。

　　　わが國語の句に於いては根本的に差別ある二種の發表形式の存することを認めざるべからずと信ず。その命題の形をとれる句は二元性を有するものにして理性的の發表形式にして、主格と賓格との相對立するありて、述格がこれを統一する性質のものにして、その意識の統一點は述格に寓せられてあるものなり。この故に今之を述體の句と名づく。次にその主格述格の差別の立てられぬものは直觀的の發表形式にして一元性のものにして、呼格の語を中心とするものにして、その意識の統一點はその呼格に寓せられてあるものにしてその形式は對象を喚びかくるさまるによりてこれを喚體の句と名づく。　　　　　　　　　（山田 1936: 935f.）

述体が主語-述語構造を備え命題を表すいわゆる「文」であるのに対し（7a）、喚体は主語-述語構造を伴わずに話し手の感動や希望を表す名詞句表現である（7b）。

(7)　a.　もれいづる月の影さやけし。
　　　b.　もれいづる月の影のさやけさ。

　　　　　　　　　　　　　　　　　　　　　　　　　（山田 1936: 994）

イ落ち構文が喚体の一種であるという前提のもと、清水はその統語構造として（8）を提案している。

(8)　　（[$_{NP}$「感動の対象」]）[$_{NP}$ 属性形容詞語幹$_{[+声門閉鎖]}$]（清水 2015: 135）

この構造では、小節分析（6）との対比で、感動の対象が形成する名詞句と（属性）形容詞語幹が形成する名詞句が並置されており、両名詞句の間に構成素関係が存在しない点が重要である。

（8）の構造は以下の2つの仮定から導かれる。まず、清水は、イ落ち構文が、形容詞語幹を入力とし感動表出に特化した名詞句を出力する形態的プロセスによってもたらされると仮定する。

　　感動文として機能する形容詞語幹について、単純な体言ではなく、体言性と形容詞が本来表す属性が一体化した、感動表出の場面でのみ現れる体言化形式（nominalization）と分析する。　　　　　（清水 2015: 135）

これはつまり、イ落ち構文の形容詞語幹がゼロ派生・転換によって名詞化されているという分析である（以下「名詞化分析」）。名詞化分析では、イ落ち構文の形容詞語幹部分は、属性概念は表すものの、統語的には述語ではないということになる。

イ落ち構文の形容詞語幹部分が述語ではないという仮説と連動して、清水は、「これうまっ」の「これ」を、主語ではなく、感動の対象を聞き手に提示する名詞句と仮定している。

　　［主語的共起要素は］「感動の対象」の提示であると捉える。具体的には、話し手が何について感動しているのかを発話の冒頭で指定し、聞き手に注意喚起を呼び掛ける名詞句であると考える。　　（清水 2015: 132）

名詞化分析によれば、イ落ち構文は名詞化された形容詞語幹のみによって構成される一語文であり、主語のように映る要素は、その名詞化された語幹にいわば「外から」付け加えられた別の名詞句に過ぎない。この分析の帰結として、清水は、「これうまっ」を聞いて「これ」を「うまっ」の主語と認識するのは、統語構造に支えられた解釈ではなく、聞き手が隣接する要素を関連づけて解釈した結果生じる語用論的解釈だと主張している。

　　提示部は、構造的に形容詞語幹型感動文の「主語」ではないものの、「主語」と解釈してしまう可能性がある。［中略］話し手が「主語－述語」を発話したわけではなく、聞き手の側で連続する要素を結び付け

168 | 今野弘章

て、「主語 − 述語」のように変換して理解したに過ぎないと考えられる。

(清水 2015: 132, fn.16)

　名詞化分析では、「うまっ」というイ落ち発話は [NP うまっ] という単独の名詞句表現である。また、「これうまっ」は [NP これ][NP うまっ] という名詞句が並置された表現であり、統語的には「これ」と「うまっ」は主述関係にはなく、構成素もなしていない。

　また、名詞化分析では、形容詞語幹を入力として感動を表す名詞句を作り出すという、イ落ち構文をもたらす形態プロセスそのものが形式的に有標だということになる[6]。

2.3　清水 (2015) による今野 (2012) に対する批判

　清水 (2015) は、名詞化分析を提案するにあたり、今野 (2012) の小節分析が抱える問題として以下の 3 点を指摘している。まず、今野は「これうまっ」の「これ」を他の論拠を挙げずに主語とみなしており、当該の要素が統語的主語だという独立の証拠を示していない (清水 2015: 126)。したがって、「これうまっ」の「これ」を主語とみなす必然性はないといえる。

　第 2 の問題点は、小節分析ではイ落ち発話が表面的に主語を含まない場合にも主語の存在が仮定されるが、実際の例には主語が省略されたとは直観的に考えにくいものがあるというものである。

(9)　　先日駅で上りエスカレーターに乗っていたら、突然ガンッと頭に衝撃が走った。何が起こったか理解できず、無意識のうちに「痛っ」と声を発していた。　　　　　　　　　　　　　　　　(清水 2015: 127)

この例に続けて清水は以下のように述べる。

　　　[(9) で]「痛っ」に「主語名詞句」を想定することはできない。聞き手が「主語名詞句」として、例えば、頭、首を想定できたとしても、「頭に衝撃」のみがあり、痛みの対象がない状況の発話で、話し手が

6　清水 (2015: 133ff.) によれば、同様の形態操作が注 2 で言及した感情形容詞語幹を用いた「エアコンが欲しっ」タイプの感動文の生成にも関連する。

第 10 章　イ落ち構文における主語の有無 | 169

「主語名詞句」を省略したとは考えられないからである。

（清水 2015: 127）

　第 3 の問題点は、主語を伴うイ落ち発話と伴わないものが連続して用いられる場合、「主語なしイ落ち発話」→「主語ありイ落ち発話」という生起順の方が逆の順序よりも自然であるというものである。

（10）　（ハンバーガーを食べて）「うまっ …」「コレうまっ …」

（清水 2015: 127）

小節分析では主語なし発話も主語あり発話も統語的には同等の資格を持つため、このような生起順の傾向は捉えられない（清水 2015: 128）。

　清水によれば、上記の問題は全てイ落ち構文に主語を仮定することに起因するものであり、名詞化分析にとっては問題とならない。このことから、清水はイ落ち構文に対する小節分析を却下している。

2.4　まとめ

　以上見てきたように、小節分析と名詞化分析は、イ落ち構文が統語的主語を持つかどうかという点で正面から対立する。「おじいちゃん若っ」（今野 2012: 8）というイ落ち発話は、それぞれの分析によって以下のように異なる構造を与えられる。

（11）a.　$[_{SC}$ おじいちゃん 若っ$]$　　　【小節分析】

　　 b.　$[_{NP}$ おじいちゃん$]$ $[_{NP}$ 若っ$]$　【名詞化分析】

この対立を踏まえ、次節以降では、両分析の妥当性を改めて検討する。まず第 3 節と第 4 節で清水による批判を検討することを通じて小節分析の妥当性を検討し、続いて第 5 節で名詞化分析の妥当性を検討する。

3.　イ落ち構文と主語

　清水（2015）が指摘するように「これうまっ」や「おじいちゃん若っ」といった例を挙げるだけでは、イ落ち構文が主語を持つことを十分に示したことにはならない。その点では今野（2012）の議論は不十分だといえる。だが、

170 ｜ 今野弘章

イ落ち構文が主語を持つことを示す言語事実を新たに4つ指摘することができる。それらは小節分析を支持し、名詞化分析にとっては問題となる。

3.1 形容詞語幹の項構造

　形容詞語幹は、形容詞／名詞のいずれとして具現するかに関わらず、外項を持つ。

(12)a.　A：うまいんだよ。

　　　　B：何が？

　　b.　A：うまさがすごいんだよ。

　　　　B：何の？

Bの質問が示すように、「うまい／うまさ」と述べるだけでは、その帰属先が不明なため情報的に不十分である。

　対照的に、純粋な一語文といえる感動詞や挨拶表現は、項構造を持たず、外項を取ることもない[7]。

(13)　これ {*あっ／*おはよっ／*うまっ}。

　この形容詞語幹が持つ項構造上の性質は、小節分析では主語－述語構造によって満たされるのに対し、名詞化分析では形容詞語幹が統語的に孤立しており構造的には保証されない。名詞化分析では、形容詞語幹が本来持つ性質がイ落ち構文では無効化されているという仮定、例えば、イ落ち構文をもたらす名詞化では形容詞語幹の外項が抑制されるというような、何らかのその場しのぎの仮定が必要になる。

3.2 再帰代名詞「自分」

　よく知られているように、再帰代名詞「自分」は先行詞の解釈に関して主語志向性を示す。

(14)　太郎$_i$が次郎$_j$に自分$_{i/*j}$について話した。　（Aikawa 1999: 157）

この特性に関連して、イ落ち構文は内項に「自分」を含むことができる。

(15)a.　先生$_i$自分$_i$に甘っ

7　(13)では、例えば「これ」と言った直後に急に何かに驚いて「あっ」と叫ぶような、「これ」と「あっ／おはよっ」の間に発話上の断絶がある解釈は除外している。

第 10 章　イ落ち構文における主語の有無 ｜ 171

(http://comic6.2ch.net/test/read.cgi/cchara/1147949456/)

b.　かつさん₁人のこと褒めまくって自分₁に厳しっっ(°o°;; お若ぃ
　　　ですょー　　　　　(http://wear.jp/haveagoodwearday/7229506/)

ここでの「自分」は、三人称の「先生」「かつさん」に一致していることか
ら、話者指示詞用法（logophor）ではなく再帰代名詞用法だといえる。また、
(15a) が発話されるのと同じ文脈で「先生」を省略して「自分に甘っ」とだ
け発話したとしても、「自分」を「先生」と同一指示で解釈することが可能
である。小節分析では、[sc {先生ᵢ/proᵢ(=先生)} 自分ᵢ に甘っ]という統語構造
により先行詞である主語と再帰代名詞の依存関係を捉えることができる。名
詞化分析では、先行詞の音形の有無に関わらず、当該の依存関係を統語的に
は保証できない。

3.3　文的慣用句

　イ落ち構文が文的慣用句で形成される場合が存在する。以下は「雲行きが
怪しい」「肩身が狭い」という主語名詞句と形容詞述語からなる文的慣用句
がイ落ち構文として用いられた例である。（以下、実例および引用中の下線
は本論筆者による。）

(16)　（昆虫の飼育について書かれたブログ記事）

　　　　マット底に産ませたかったので、あえて堅い材を選択したんです
　　　　が、なんか気合で齧ってる？なので、マットをガサ入れしたのに
　　　　マットには卵も初令も居ません。。雲行き怪しっ。。

　　　　　　　　　(http://blogs.yahoo.co.jp/riki8kuwa24/8461312.html)

(17) a.　アイコスすら路上喫煙に抗議が出てるみたいです。愛煙家の肩身
　　　　狭っ！　　　　　　　(http://twitcasting.tv/gen1101chan)

　　　b.　（カモの大群の中に 1 羽だけ白鳥がいる写真へのコメント）

　　　　　大群すぎて白鳥の肩身狭っ（笑）

　　　　　　(http://ameblo.jp/rmnktomgrtn/entry-12141504552.html)

下線部では「雲行きが怪しい」「肩身が狭い」がそれぞれ持つ「物事のなり
ゆきや情勢が悪い方へ向かいそうだ」「居心地が悪い」（『大辞林（第 3 版）』）
という文的慣用句としての意味が保たれている。

これらの文的慣用句では、主語を述語から孤立させることは困難である。(18) では実際の空模様を指す解釈しかできない。

(18)　(16の状況で) #ねぇねぇ、雲行き、雲行き！

同様に、文的慣用句の主語と述語の間には統語的境界を挟みにくい。文的慣用句の主語と述語を分裂させると容認度が低下する。

(19) a.　そんなこと言われて私は肩身が狭い。

　　 b. ??そんなこと言われて狭いのは私の肩身だ。

　小節分析では、「白鳥の肩身狭っ」は「白鳥の肩身」と「狭っ」が主述関係にあり同一の構成素に含まれる ([$_{SC}$ 白鳥の肩身 狭っ])。したがって、文的慣用句としての解釈が構造的に保証される。一方、名詞化分析では、「白鳥の肩身」と「狭っ」は単に並置された名詞句であり構成素をなさないため ([$_{NP}$ 白鳥の肩身] [$_{NP}$ 狭っ])、(16) と (17) が慣用句解釈を受ける事実を構造的に捉えることができない。

3.4　疑念の可否

　感嘆詞や挨拶表現とは異なり、イ落ち構文では、話し手が表出した感覚や判断に対し、聞き手がその真偽を問うことができる。

(20)　A：　あっ！／おはよう！

　　　B：#本当？

(21)　(同じものを食べている場面で)

　　　A：　(これ) うまっ！

　　　B：　本当？これおいしくないよ。

この対比から、感嘆詞と挨拶表現が命題内容を持たないのに対し、イ落ち構文は命題内容を持つことが示唆される。小節分析がこの事実を主語−述語構造から直接導くことができるのに対し、名詞化分析では語用論的に主述関係を読み込むというプロセスを仮定して (第2.2節参照) 当該の事実を間接的に導く必要がある。

　以上の事実は、イ落ち構文が節的構成素をなし統語的主語を持つことを示しており、小節分析を支持する。

4. 知覚・認識上の性質と非伝達性

　続いて、清水（2015）による小節分析に対する第2と第3の批判の検討に移る。再述すると、前者はイ落ち構文の例である「痛っ」を発する際には主語を省略しているとは考えにくいというもの、後者は主語を伴わないイ落ち表現と伴うものが連続する際、［主語なし→主語あり］の順序の方が［主語あり→主語なし］よりも自然であるというものである。問題は、これらの指摘が本当にイ落ち構文が主語を持たないことを示しているかという点である。結論を先回りして述べると、上記の指摘はいずれもイ落ち構文における主語の有無とは別個の問題であり、小節分析に対する問題とはならない。

　第2の批判との関連でまず確認すべきは、「痛っ」という直観的にはそもそも主語を持たないと考えられるようなイ落ち発話であっても、文脈を整えれば主語を伴うことが可能だという点である[8]。

　　　　どこかに痛みを感じその感覚を表出する通常の文脈では、「耳が痛い。」のように、経験者は言語化せず痛む部分を主語として表すのが普通である。［…］このような条件を整えれば、例えば、急に寒い戸外に出て、「うっ、耳痛っ。」と発するのには何ら問題がない。　　　　（今野 2012: 12）

同様の点は以下の実例によっても示される。

（22）　うっ … あたま痛っ！オレは、いきなりの頭痛で、目が覚めた。

　　　　　　　　　　　（http://members.jcom.home.ne.jp/a-isi/YUME17.HTM）

したがって、「痛っ」において主語を省略しているとは考えにくいという指摘はあくまでも直観の域を出ず、それを基にイ落ち構文が主語を持たないと断定することはできないといえる。

　第2、第3の批判との関連で、イ落ち構文が主語を伴わない場合には、知覚・認識的動機付けおよび語用論的動機付けが存在する。以下の引用を見て

8　この説明では、なぜイ落ち構文では経験者を言語化できないのかという疑問が残る。この点については、上原（2015: 122）の「イ落ち構文は［概念化者と一致する］体験者を明示不可にする構文である」という分析に従い、構文の内在的特性と仮定するに留める（cf. Iwasaki 2006: 333）。

174 ｜ 今野弘章

もらいたい（同様の指摘に関しては、三上 1953: 144、Iwasaki 2006: 334、仁科 2008: 327, fn.32 も参照）。

> 若し突然手に冷やかなるものゝ觸るゝを覺へて冷たしと叫ぶ時には<u>何物の冷たかりしかは知るところにあらず</u>、又明に言語上指す所のものあるにあらず、唯だ暗に何物かを指してしか云へるなり是れ實に判定の甚だ漠然たるもの其最も不完全なるものにして現はには未だ判定の形即ち主語と客語との二部分を具へざれども、<u>暗に判定たるの趣を有する</u>ものなり。　　　　　　　　　　　　　　　　　　　（山田 1908: 1262）
>
> ［一語文が現れる場合の］第一は、認識し、表現したいものが非常に単純であるか、または未分化であって、複雑に表現したくても表現しようがない場合、すなわち、一語文の形式が、表現行為としてまさにふさわしい場合である。<u>柱に頭をぶつけた場合、一時、痛さだけが全心身を占領する</u>ので、「痛い」「いてー」「いたっ」など以外に選ばれることばは、ありえない。　　　　　　　　　　　　　　　　　　（林 2013: 56f.）

両引用が示しているのは、「痛っ」と発話する典型的な場合には、痛む場所の認識よりも痛みの知覚が先行するということである[9]。イ落ち発話において主語が言語化されないのは、単に、主語に相当する要素が発話の際に認識されていないからだと考えられる。この知覚・認識上の特性は、主語を伴わないイ落ち発話に対し「主語が何か分からないから言わない」という動機付けを与える。

　また、今野（2012: 24）が指摘するように、イ落ち構文は、聞き手への伝達ではなく、話者の感覚・判断の表出のみを目的とした非伝達的構文である[10]。したがって、その発話に際しては話者にとって自明の主語に言及する必要がない。この語用論的特性により、主語を伴わないイ落ち発話には、「主語を言う必要がないから言わない」という動機付けが与えられる（Horn

---

9　山田の引用にはイ落ち構文そのものは含まれていないが、「冷たし」を「冷たっ」に置き換えてもその趣旨は一定だと考えられる。

10　注 3 参照。

1984、廣瀬 2006 参照）。

　これらの知覚・認識上の特性と語用論的特性を踏まえると、清水が指摘する小節分析にとっての第2、第3の問題を、主語の有無つまりイ落ち構文の統語構造とは別個に説明することができる。「痛っ」を発する際に主語の省略を想定しにくいという直観は、問題の発話において痛みのみが知覚され、主語が認識されていないと感じられることに起因する。また、「うまっ。これうまっ。」のように［主語なし→主語あり］順序の方が逆の順序よりも自然だという傾向、特に先行する発話に主語がないという傾向は、(i) 先に述べた知覚上の特性により、話者が何かを口にした瞬間に「うまさ」の知覚が口にしたものの認識に先行するということ、(ii) 口にしたものを既に認識している場合であっても、イ落ち構文が非伝達的であるがゆえに、話者が自明の主語に言及する必要がないということのいずれかに動機付けられている。

　このように、主語を伴わないイ落ち発話は、「分からないから言わない」という知覚・認識的動機付けと、「言う必要がないから言わない」という語用論的動機付けを持つ。つまり、清水による小節分析に対する批判は、イ落ち構文が主語を持たないことを示すものではなく、当該構文の統語構造からは独立した説明を与えられるべき問題である。第3節と本節の議論を総合すると、小節分析は妥当であるという結論が導かれる。この結論を踏まえ、以下では「これうまっ」の「これ」に相当する要素を一律「主語」と呼ぶ。

5.　名詞化分析の検討

　では、小節分析への対案の名詞化分析の妥当性はどうだろうか。本節では、名詞化分析を支える、イ落ち構文の主語が提示機能を持つという仮定、形容詞語幹を名詞句とする仮定のどちらにも経験的問題があることを論じる。

5.1　主語名詞句の提示性

　「これうまっ」のような直示代名詞を主語に含む例を観察しているだけでは分かりにくい点であるが、イ落ち構文の主語は提示的なものに限定される

わけではない。

(23) アンチョビポテトうまっ！ってゆか料理全部うまっ！

（http://ameblo.jp/373yoko/theme3-10029685399.html）

下線部で「料理全部」という遊離数量詞を伴った名詞句が主語になっている点に注意してもらいたい。

「提示」という行為は「その場に持ち出して、人にわからせること」（『大辞林（第 3 版）』）である。名詞化分析が仮定するようにイ落ち構文の主語が提示機能を担うなら、(23) の「料理全部」も提示の文脈で利用可能なはずである。だが、事実は異なる。直示的解釈が可能な「これ」は提示的文脈で単独で用いることができるのに対し (24)、同様の文脈で「料理全部」を単独で用いることはできない (25)。

(24) A：嬉しそうな顔してどうしたの？

B：（合格通知を見せながら）

ほら、これ。

(25) A：嬉しそうな顔してどうしたの？

B：（完成した料理を見せながら）

＊ほら、料理全部。

（cf. ほら、料理全部できたよ！）

第 3.3 節 (16) および (17) で観察した文的慣用句からなるイ落ち表現からも同様の点を指摘することができる。それらの例における主語名詞句「雲行き」「白鳥の肩身」は慣用句解釈を受け、具体的な指示対象を持たない。したがって提示の対象には適さない。

直示代名詞「これ」は、提示的使用が可能なだけでなく、イ落ち構文の主語としても生起可能な要素である。だが、「これ」は常に提示機能を担うわけではない。

(26) 通勤途上で、紅葉が始まる直前の木々の緑が鮮やかな青空に映えるのを眺め、思わず「これは綺麗だ」と独りごちたのはわずか半月ほど前のことですが、今や錦秋は日一日と深まり、「秋」は「明き」からきているのかと思うほど、紅葉・黄葉で辺り一帯が明るく感じられます。（http://www.og-cel.jp/column/1199644_15959.html）

提示行為は「相手」を必要とするが、下線部が示すように、(仮想上のもの
も含めた) 相手を必要としない独話においても「これ」は出現可能である。

　これらの観察からイ落ち構文の主語が提示機能に特化しているわけではな
いことは明らかであり、名詞化分析が当該構文の主語に与えている提示性に
関する指定は不要だといえる。なお、小節分析は主語の提示性に関して中立
であるため、これらの事実は問題とはならない。

5.2　形容詞語幹の名詞化

　名詞化分析の要であるイ落ち構文の形容詞語幹が名詞化されているという
仮定は、形容詞語幹が一般に体言資格を持つという仮説 (永野 1951) 以外の
根拠を持たない。名詞化分析から予測されることとは反対に、イ落ち構文の
語幹が名詞化していないことを示す事実がある。

（27）a.　これ (*の) うまっ。

　　　b.　これ (*の) うまい。

　　　c.　これのうまいこと／これのうまさ

　　　d.　イワンのばかっ。

通常の形容詞の場合 (27b) と同様、イ落ち構文においても主語を連体格で
標示することはできない (27a)。この事実は名詞を主要部とすることが明ら
かな (27c, d) の例とは対照的である。

　「若」という形容詞語幹には転換による名詞用法が存在する。だが、この
名詞用法では、形容詞語幹が本来持つ、外項を要求するという特質 (第 3.1
節参照) に変更が加えられ、名詞化された語幹そのものが「幼児」や「少年」
といった意味を表す。

（28）　<u>うちの若</u>が頑張っていますよー。やはり若いのでのみこみが早いで
　　　すね。　　　(http://xn--gcksd8a5fua6qvczd.okinawa.jp/blog/?p=215)
第 3 節で論じたように、イ落ち構文では形容詞語幹の外項は保持されてお
り、(28) の形容詞語幹の名詞用法とは性質が異なる。ここでの議論との関
連で重要なことに、(28) のような例において形容詞語幹が持つ名詞として
の性質が、イ落ち構文においても継承されていると考えなければならない証
拠は存在しない。

178 | 今野弘章

イ落ち構文が名詞化するのは、以下のような例においてだと考えられる。

(29) a.　バイキングではないけど463バイパスの山田うどんの隣にある
ILLCANTI（スペル間違ってたらごめん）が<u>うまっ！</u>だよね。

（http://mamastar.jp/bbs/comment.do?topicId=443511）

　b.　窯で焼くタンドリーチキンは<u>うまっ！</u>だよ。

（http://pecolly.jp/user/photos_detail/4727820）

コピュラの「だ」を伴っていることからも分かるように、(29)ではイ落ち部分が名詞化している。だが、今野 (2012: 14) が指摘するように、これは直接引用として埋め込まれたイ落ち表現が名詞化した事例であり、純粋なイ落ち構文とは異なる[11]。ちょうど、「宿題やんなきゃ」という表現の文法的資格が (30a) と (30b) で異なることと同じである。

(30) a.　そうじゃん！私宿題やんなきゃ！

（https://twitter.com/chord_00/status/769504401308254208）

　b.　私宿題やんなきゃだー！全然終わってないヤバイー

（http://lineq.jp/q/45849071）

5.3　イ落ち構文と喚体

第4節と本節の議論を総合すると、イ落ち構文の統語構造に関して、小節分析が支持されるだけでなく、対案の名詞化分析に問題があることが分かる。第2.2節で紹介したように、清水は山田文法の喚体にイ落ち構文を位置づけることから議論を始めている。確かに、感動文という機能（注3参照）のみに注目すると、イ落ち構文は一見喚体的に映る。だが、イ落ち構文は主語−述語構造を備えている点で述体に属し、喚体とみなすこと（笹井 2005, 仁科 2008 参照）は形式的観点から妥当ではない（冨樫 2006 参照）。

イ落ち構文が喚体ではなく述体であるという結論は、本論独自のものではない。喚体の概念を提案した山田 (1908) 自身が、「あいた／お丶あつ／あなおもしろ／あなさやけ」というイ落ち構文に相当する例を挙げ、次のように述べていることは注目に値する（第4節山田の引用の第2下線部も参照）。

11　したがって、(29)で主語名詞句が「が」格標示されていることや主題化されていることも小節分析にとって問題とはならない。

第 10 章　イ落ち構文における主語の有無 ｜ 179

　　吾人はある感覺を言語に發表することあり。この時は通常その主語を
　　あげずして、形容詞の語幹を以て發表す。こは、嚴密ににいへば、述體
　　ともいふべからざるものにして喚體に近きものなり。<u>されども、その意
　　義はいづこまでも述格的なれば、またこの體に近きものなるを見るべ
　　し。</u>
　　　　　　　　　　　　　　　　　　　　　　（山田 1908: 1264f.）[12]

山田はイ落ち構文が喚体に近いものの述体にも近いと述べるに留めている
が、それは当該構文が主語を伴う事例を観察していないためと推察される。

6.　結語

　本論では、イ落ち構文が主語を持つか否かという点に関する小節分析と名
詞化分析の対立を受け、小節分析を支持する証拠と名詞化分析にとって問題
となる証拠を提示し、小節分析の妥当性を論じた。
　これまでの議論を踏まえた上で小節分析に則ると、「これうまっ」という
表面形式は以下の 2 通りの構造的曖昧性を持つことになる。

　(31)a.　[$_{SC}$ これ うまっ]

　　　b.　[$_{NP}$ これ$_i$] [$_{SC}$ pro_i うまっ]

(31a) は今野 (2012) がイ落ち構文と呼ぶ現象に相当し、(31b) は、清水
(2015) が感動対象を提示する名詞句と感動表出の名詞句の並置と分析して
いる現象を、小節分析により再解釈したものである。(31b) は、提示の名
詞句 [$_{NP}$ これ] とイ落ち構文 [$_{SC}$ pro うまっ] の間に統語的断絶があり単一の
構成素をなさないという点で、「見せかけのイ落ち構文」といえる[13]。また、
(31b) の構造は小節主語の空代名詞が顕現する可能性を示唆するが、実際に
そのような例が存在する。

12　イ落ち構文そのものを分析しているわけではないものの、尾上 (1998, 2001: 237) にも
「形容詞による文『あつい！』や『空が青い！』は、『述体』の側に位置づけるのがよいと
現在では考えている」という指摘があり、ここでの議論と軌を一にする。

13　(31b) の構造が示すように、提示機能を持つ名詞句はイ落ち構文が形成する小節外の
要素であり、第 5.1 節の議論通り、イ落ち構文の主語自体が提示機能を持つ必要はない。

（32）　うわー、これ！これすごっ、かわいー！

（http://www.pixiv.net/novel/show.php?id=6203969）

所与の構文がどのような意味で形式的に特異かを考察する際には、少なくとも以下の2つの可能性が考えられる。

（33）a.　ある構文が当該構文のみに観察される形式的特徴を持つ場合

　　　b.　一定の統語的環境で許される形式がその環境外に生じる場合

今野（2012）による小節分析が（33b）の形式的特異性に関わるのに対し、清水（2015）による名詞化分析は、感動文専用の名詞化を仮定するという点で、（33a）の形式的特異性に関わる。本論で論じたように小節分析が妥当だとすると、イ落ち構文は、小節という補文構造としては無標な構造上の単位が主節として用いられる点で形式的に有標であり、（33b）の一般的意味における有標現象と位置づけられる[14, 15]。以上、本論では、構文が持つ特異性のありか・ありさまを言語事実に基づいて見定める研究例を提示した。

謝辞

本論執筆の機会をくださった編者の天野みどり氏と早瀬尚子氏に感謝申し上げる。また、研究の過程で以下の方々から貴重なコメントを頂いた。記して感謝申し上げる（敬称略）：加賀信広、加藤重広、益岡隆志、三宅知宏、長野明子、西田光一、岡崎正男、大澤舞、大矢俊明、尾山慎、島田雅晴、沈力、須賀あゆみ、竹沢幸一。本論はJSPS 科研費 JP15K02603 の助成を受けたものである。

参照文献

Aikawa, Takako（1999）Reflexives. In: Natsuko Tsujimura（ed.）*The handbook of Japanese linguistics*, 154–190. Oxford: Blackwell.

Goldberg, Adele E.（1995）*Constructions: A construction grammar approach to argument structure*. Chicago: University of Chicago Press.

原田幸一（2013）「大学生の日常会話における形容詞の語幹終止用法」『言語社会』7: 341–327. 一橋大学 .

林四郎（1960）『基本文型の研究』東京：明治図書（林 2013 として復刊）.

林四郎（2013）『基本文型の研究』東京：ひつじ書房.

14　イ落ち構文が持つ機能的有標性に関する議論は今野（2013）を参照。

15　イ落ち構文と類似した「あちっ／いてっ」のような母音変化を含む表現（三宅知宏氏からの私信）についての考察は今後の課題とする。

廣瀬幸生（1997）「人を表すことばと照応」中右実（編）『指示と照応と否定』1–89. 東京：研究社.

廣瀬幸生（2006）「日記英語における空主語と主体化」卯城祐司・太田聡・田中伸一・山田英二・太田一昭・滝沢直宏・西田光一（編）『言葉の絆：藤原保明博士還暦記念論文集』270–283. 東京：開拓社.

Horn, Laurence R.（1984）Toward a new taxonomy for pragmatic inference: Q-based and R-based implicature. In: Deborah Schiffrin（ed.）*Meaning, form, and use in context: Linguistic applications*, 11–42. Washington: Georgetown University Press.

Iwasaki, Shoichi（2006）The structure of internal-state expressions in Japanese and Korean. *Japanese/Korean Linguistics* 14: 331–342.

岩崎勝一・大野剛（2007）「『即時文』・『非即時文』：言語学の方法論と既成概念」串田秀也・定延利之・伝康晴（編）『時間の中の文と発話』135–157. 東京：ひつじ書房.

今野弘章（2005）「イ落ち」日本英語学会第 23 回大会ワークショップ「多角的視点からのインターフェイス研究に向けて」における口頭発表, 九州大学.

今野弘章（2012）「イ落ち：形と意味のインターフェイスの観点から」『言語研究』141: 5–31.

今野弘章（2013）「独立構文としてのイ落ち構文」『欧米言語文化研究』1: 41–57. 奈良女子大学.

松村明（編）（2006）『大辞林（第 3 版）』東京：三省堂.

三上章（1953）『現代語法序説：シンタクスの試み』東京：刀江書院.

永野賢（1951）「言語過程説における形容詞の取り扱いについて」『国語学』6: 54–64.

中右実（1994）『認知意味論の原理』東京：大修館書店.

仁科明（2008）「人と物と流れる時と：喚体的名詞一語文をめぐって」森雄一・西村義樹・山田進・米山三明（編）『ことばのダイナミズム』313–331. 東京：くろしお出版.

仁田義雄（1991）『日本語のモダリティと人称』東京：ひつじ書房.

仁田義雄（1997）「未展開文をめぐって」川端善明・仁田義雄（編）『日本語文法：体系と方法』1–24. 東京：ひつじ書房.

尾上圭介（1998）「一語文の用法：“イマ・ココ”を離れない文の検討のために」『東京大学国語研究室創設百周年記念国語研究論集』888–908. 東京：汲古書院（尾上 2001 に再録）.

尾上圭介（2001）『文法と意味 I』東京：くろしお出版.

Progovac, Ljiljana（2006）The syntax of nonsententials: Small clauses and phrases at the root. In: Ljiljana Progovac, Kate Paesani, Eugenia Casielles, and Ellen Barton（eds.）*The syntax of nonsententials: Multi-disciplinary perspectives*, 33–71. Amsterdam and Philadelphia: John Benjamins.

Progovac, Ljiljana（2015）*Evolutionary syntax*. Oxford: Oxford University Press.

Rothstein, Susan（2004）*Predicates and their subjects*. Dordrecht: Kluwer.

笹井香 (2005)「現代語の感動喚体句の構造と形式」『日本文芸研究』57 (2): 1–21. 関西学院大学.

清水泰行 (2015)「現代語の形容詞語幹型感動文の構造：『句的体言』の構造と『小節』の構造との対立を中心として」『言語研究』148: 123–141.

Stowell, Tim (1983) Subjects across categories. *The Linguistic Review* 2: 285–312.

杉浦秀行 (2006)「『さむっ』、『うまっ』などに見られる文法化に関する考察：構文文法の視点」『日本認知言語学会論文集』6: 382–389.

竹沢幸一 (1998)「格の役割と統語構造」中右実 (編)『格と語順と統語構造』1–102. 東京：研究社.

立石浩一 (2012)「『い落ち』表現を端緒とする言語学的諸問題」『神戸女学院大学論集』59 (2): 159–168.

Tateishi, Koichi (2013) Heavily OCP-based inflectional morphophonology of the so-called *i-ochi* (/i/-drop) in Japanese. In: Nobu Goto, Koichi Otaki, Atsushi Sato, and Kensuke Takita (eds.) *Proceedings of GLOW in Asia IX 2012* (available only online at http://faculty.human.mie-u.ac.jp/~glow_mie/IX_Proceedings_ Poster/16Tateishi.pdf).

冨樫純一 (2006)「形容詞語幹単独用法について：その制約と心的手続き」『日本語学会 2006 年度春季大会予稿集』165–172.

上原聡 (2015)「日本語の『人称制限』は『人称』制限ではない：内的状態述語における話者・概念化者・体験者の区別」『日本認知言語学会論文集』15: 112–124.

山田孝雄 (1908)『日本文法論』東京：宝文館.

山田孝雄 (1936)『日本文法學概論』東京：宝文館.

第11章

構文としての日本語連体修飾構造
縮約節構造を中心に

本多　啓

1.　はじめに

　本論は (1) などをもとに、縮約節構造が構文 (形式と意味の慣習化した組合せとしての記号) として定着していることを示すことを目的とする。

(1)　a.　石鹸でしっかり洗ったきれいな手

　　　b.　お金持ちと結婚した専業主婦

(1) は一見すると内の関係の例のように見える。しかし実際にはこれらにおいては内の関係としての解釈は抑止されている。そのことは次の (2) (3) から分かる。

(2)　a.　石鹸でしっかり洗ったきれいな手

　　　　　　　　　　　　　　≠きれいな手を石鹸でしっかり洗った

　　　b.　#石鹸でしっかり洗った汚い手＝汚い手を石鹸でしっかり洗った

(3)　　お金持ちと結婚した専業主婦≠#専業主婦がお金持ちと結婚した

　たとえば (2) においては、「石鹸でしっかり洗ったきれいな手」はもともときれいな手を石鹸で洗ったのではなく、石鹸で洗うことによって手がきれいになったと解釈される。「汚い手を石鹸でしっかり洗った」は容認可能であるが、「石鹸でしっかり洗った汚い手」は通常は理解困難な表現となる。また (3) は、もともと専業主婦だった人物がお金持ちと結婚するわけではな

く、お金持ちと結婚することで働く必要がなくなり専業主婦を選択できたということである。

本論の主張は (4) に要約される。

(4) a.　(2)(3) は内の関係ではなく縮約節の例である。

　　b.　縮約節を含む連体修飾構造の少なくとも一部は構文（形式と意味の慣習化した組合せからなる記号）として定着している。

以上について、節による連体修飾構造の全体像についての私見を提示して縮約節構造をその中に位置づけながら論じる。

2.　先行研究の確認―寺村 (1975–1978) による連体修飾の分類を出発点として

議論の前提として寺村 (1975–1978) による連体修飾の分類を確認しておく。寺村は節による連体修飾を大きく「内の関係」と「外の関係」に分ける。「内の関係」とは (5)(6) のようなものである。

(5)　　動詞との格関係によるもの

　　　太郎が書いた本

(6)　　「内の関係の短絡」

　　a.　頭が良くなる本　　　　　　　　　（寺村 1977a, Matsumoto 1988a, b）

　　b.　泣きそうになる写真

　　c.　米子に泊った朝　　　　　　　　　（寺村 1977b, 白川 1986）[1]

「外の関係」には次のようなものが該当する。

(7)　　「内容補充」

　　a.　二台の車が正面衝突する事故

　　b.　熊が散歩をしている絵

(8)　　「相対的補充」

　　　火事が広がった原因

本論はこの寺村の分類を議論の出発点とする。

1　寺村 (1977b: 28) 自身はこの例を「相対的補充」に含めている。

第 11 章　構文としての日本語連体修飾構造 | 185

　本論の中心的なテーマは「縮約節」ないし「縮約節構造」であるが、これは寺村が「内の関係の短絡」と呼んでいるものである[2]。これについて先行研究には大きく「内の関係」寄りと位置づける立場と大きく「外の関係」寄りと捉える立場とがある。「内の関係」ないしそこからの拡張と見る立場を取る研究としては寺村（1977a）、Matsumoto（1988a, b）、大島（2010）などがある[3]。「相対的補充」からの拡張と見る立場の研究としては本多（1997）、益岡（2000）、加藤（2003）などがある。本論は後者の立場を取る。

　以上の先行研究の概観を踏まえて次に連体修飾の全体像についての私見を提示する。

3.　「内の関係」「外の関係」とは？[4]

3.1　内の関係

　本論では次のような例を内の関係に含める。

（9）a.　太郎が書いた本 = 太郎がその本を書いた
　　 b.　太郎が一緒に旅行に行った人
　　　　 = 太郎がその人と一緒に旅行に行った

寺村がもともと「内の関係」として想定していたのは（9a）のように被修飾名詞が修飾節の動詞と格関係で結ばれる場合のみ、すなわち動詞が被修飾名詞と主要部・項の関係にある場合のみであった。しかし本論では（9b）のように、「一緒」のような動詞以外の要素が被修飾名詞と主要部・項の関係を結ぶ場合も内の関係に含める立場を取る。

　この立場では（10）のように節内の名詞が被修飾名詞を項として取る場合も内の関係に含めることになる。

（10）　就職を勧められない会社 = その会社への就職を勧められない

2　なお「短絡節」と呼ばれたこともある。「短絡節」の用語はおそらく井口（1995）による。「縮約節」はおそらく益岡（2000）による。

3　ただし先の注で述べたように（6c）については寺村（1977b）は「相対的補充」に含めている。

4　本節の議論は基本的に本多（1996a, b, 1997）を踏襲している。

そして (11) のように節内の名詞と被修飾名詞が広義の所有関係で結ばれる場合、さらには (12) のようにその所有関係の認定に語用論的な知識が関わる場合も、本論の枠組みでは内の関係に含めることになる。

(11) a. <u>子どもが大学に通っている人</u>
= その人の子どもが大学に通っている

b. <u>業績が下がった会社</u> = その会社の業績が下がった

c. <u>ひざが痛い人</u> = その人のひざが痛い

d. <u>女事務員が自殺した某大学のフシギな経理</u>
= 某大学の女事務員が自殺した　　　　　　　　　(寺村 1977a)[5]

e. 5分間で<u>筋が言える歌舞伎</u>は嫌い。
= 歌舞伎の筋は5分間で言える。　　　　　　　　(松本 2014)

(12) <u>大学前にマクドナルドがある私</u> = 私の大学
(「私」が大学関係者 (教職員または学生) であることが前提)

以上から、本論においては「内の関係」を次のようなものと考える。

(13) 内の関係：<u>修飾節内要素が主要部</u>、<u>被修飾名詞が項</u>、およびそれに準じる関係[6]

3.2 外の関係—相対的補充

外の関係のうち内容補充については紙幅の関係もあり本論では議論を割愛する。相対的補充に関しては本論では次のようなものを含むものと想定する。

(14) a. <u>黒人解放運動が過激化の道を辿った原因</u>はキング師の暗殺だ。

b. <u>キング師が暗殺された結果</u>、黒人解放運動は過激化の道を辿った。　　　　　　　　　　　　　　　　　　(寺村 1975, 益岡 2000)

(15) a. <u>美奈子を殺した罰</u>　　　　　　　　　　　　　(寺村 1975, 1977b)

b. <u>3つの数を足した合計</u>

5　寺村 (1977a: 258) はこれを「女事務員が自殺した　某大学のフシギな経理」として「内の関係の短絡」に含めている。なお、寺村論文では大学名が略称ではあるが特定可能な形で用いられているが、ここでは「某大学」とした。

6　これは Matsumoto (1988a) の "Clause Host" に相当するものである。

第 11 章 構文としての日本語連体修飾構造 | 187

　　c.　塾に行った帰り／塞で勉強した帰り　　（寺村 1977a, 松本 2014）

益岡（1997）、本多（1996b）で議論されているように、これらの例には修飾節を名詞句で置換した言い換え表現がある。

（16）　黒人解放運動過激化の原因／キング師暗殺の結果／殺人の罰／3 つの数の合計／塾の帰り

（16）においては修飾部の名詞句が被修飾名詞の項になっている。この修飾名詞句・被修飾名詞句間に成立している項・主要部の関係は、節が修飾部となっている（14）（15）においても成立していると考えられる。

以上から、本論においては「相対的補充」を次のようなものと考える。

（17）　相対的補充：修飾節が項、被修飾名詞が主要部、およびそれに準じる関係

　　　　　　　　　　　　　　　　　　　　　　　　　（本多 1996b, 1997）[7]

3.3　「内の関係」と「相対的補充」のまとめ

以上の議論をまとめると次の表のようになる。

（18）　「内の関係」「相対的補充」のまとめ

	名詞句が節内要素の項	節が名詞の項	
（9）〜（12）	○	×	内の関係
（14）（15）	×	○	相対的補充

ここから浮上するのは、次のような可能性である。

（19）　可能性

	名詞句が節内要素の項	節が名詞の項
第 4.1 節	○	○
第 4.2 節	×（?）	×（?）

第 4 節ではこれらの可能性を探求する。

7　丹羽（2012: 80）も参照されたい。またこれは Matsumoto (1988a) の "Noun Host" に相当するものでもある。

4. その他の連体修飾構造

4.1 内の関係かつ相対的補充

(20) は、内の関係と相対的補充の両方の性質を持つ。

(20)　太郎が結婚した相手　　　　　　　　　　　（内の関係かつ相対的補充）

これが内の関係としての性質を持つことは (21a) から明らかであり、同時に相対的補充としての性質も持つことは (21b) が示すとおりである。

(21)a.　太郎がその相手と結婚した／その相手との結婚

　　b.　太郎の相手　結婚の相手　太郎の結婚の相手

(20) の特性は純粋な内の関係の例である (22) と比べることでさらに明らかになる。

(22)　太郎が結婚した人／女性　　　　　　　　　　　　　　　（内の関係）

(22) が内の関係としての性質は持つものの相対的補充としての性質は持たないことは次の (23) から明らかになる。

(23)a.　太郎がその人／女性と結婚した　その人／女性との結婚

　　b.　#太郎の人／女性　#結婚の人／女性　#太郎の結婚の人／女性

(20) と同じように内の関係と相対的補充の双方の性質を持つものとしては、他に次のようなものがある。

(24)　英語を教える先生

　　　　●その先生が英語を教える

　　　　●英語の先生

(25)　一朗を殺した本人

(26)　味方の窮地を救った英雄が帰ってきた。　　　　　　（松木 2000）

4.2 縮約節

最後に取り上げるのが縮約節である。縮約節の例として通常言及されるのは次のような例である。これらにおいては修飾節と被修飾名詞の間に主要部・項の関係が存在しない。

(27)a.　頭が良くなる本

　　b.　米子に泊った朝

第 11 章　構文としての日本語連体修飾構造 ｜ 189

一方本論では次のようなものも縮約節に含める。

(28) a.　<u>トイレに行った</u>汚い手

　　 b.　<u>血がついた</u>汚い手

(28a) は上の例同様、修飾節と被修飾名詞句の間に主要部・項の関係が存在しない。ただし修飾されているのが名詞ではなくて「汚い手」という名詞句になっているのが上との違いである。

(28b) では修飾節内の動詞と被修飾名詞の間に格関係 (主要部・項の関係) が成立している。その点でこれは内の関係に近い性質を持っている。しかしながら、この例には内の関係が抑止された解釈が存在する。それは、もともと汚かった手に血がついたという状況ではなく、手はもとはきれいだったのが血がつくことによって汚くなったという状況を指す解釈が存在するということである。この解釈は内の関係の例ではなく、因果関係を表す縮約節構造の例と見なすのが妥当である。

すなわち本論の見方では、縮約節構造においては修飾節内の動詞と被修飾名詞 (句) の間に格関係が存在するか (主要部・項の関係が成立しているか) どうかは不問ということになる。

5.　連体修飾構造についての私見のまとめ

以上の議論をもとに日本語の連体修飾構造についての私見を本論で扱った現象の範囲でまとめると、次の表のようになる。

(29)　連体修飾構造のまとめ

	名詞句が節内要素の項	節が名詞の項	
(9) 〜 (12)	○	×	純粋な内の関係
(14) (15)	×	○	相対的補充
(20) (24) 〜 (26)	○	○	内の関係かつ相対的補充
(27) (28)	不問	×	縮約節

縮約節以外の例においては、連体修飾構造は主要部と項の関係に支えられ

190 | 本多　啓

て成立していると考えることができる。そこで問題になるのは、縮約節構造において連体修飾を支えているのは何かということである。

　本論の見解は、縮約節構造においては連体修飾構造がそれ自体で構文（形式と意味の慣習化した組合せとしての記号）をなしており、それは相対的補充からの拡張によって成立したと見ることができる、というものである。次節ではこの点について議論する。

6. 「縮約節」とは？[8]

6.1　多義性／同音異義性

縮約節は少なくとも次に挙げるような多義性ないし同音異義性を持つ[9]。

(30)　＜原因＞＜結果＞1：連体修飾部と被修飾名詞との間に＜原因＞と＜結果＞の関係が成立するもののうち、被修飾名詞が＜連体修飾部の表す行為の結果存在するようになるもの＞を表すもの。

a. 2つの小さな部屋の仕切りを取り払ったワンルーム　（白川 1986）

b. 勝俣州和、デビット伊東にとんねるずの石橋貴明、木梨憲武が加わったチーム　　　　　　　　　　　　　　　　　　（朝日新聞）

c. 素朴のおいしさを追求した品　　　　（「ゆばさし」の添付文書）

d. 総力を挙げて取材した特集記事

e. 赤ちゃんの健康を真剣に考えたおむつ

（テレビのコマーシャルのキャッチコピー）

(31)　＜原因＞＜結果＞2：連体修飾部と被修飾名詞との間に＜原因＞と＜結果＞の関係が成立するもののうち、被修飾名詞が＜連体修飾の表す行為の結果立ち現れてくる（その存在が認識される）／利用可能になるもの＞を表すもの。

a. 本を売った金／汗水たらして働いた金／英語を中学生に教えた金／競馬で勝った金／部屋を学生に貸した金　　　　（白川 1986）

b. それは西安から北へ四百キロ近く、車で約十時間ほど行った黄土

8　本節の議論は本多（1996a, 1997）の見解に修正を加えたものである。

9　以下は本多（1997）で示したリストに若干の修正を加えたものである。

第 11 章　構文としての日本語連体修飾構造 | 191

高原地帯にある。

c.　県内の支局、通信局などの通信網を動員、取材した情報を加え、終盤戦の情勢を総合的に判断した。

（32）　＜原因＞＜結果＞3（カテゴリー化）：連体修飾部に述べられた事態を根拠として、被修飾名詞の指示対象がそのように呼ばれるようになるもの。

a.　あいつは人を殺した犯罪者だ！　　　　　　　　　　（飽和名詞）

b.　人を殺した殺人者が幸せになるなんて許せない！

c.　マンガを盗んだ万引き犯を捕まえた。

（33）　＜原因＞＜結果＞4（関数構造）：被修飾名詞が変化するものを表し、連体修飾部がその変化のあり方を規定する要因を表すもの。

a.　百メートルほど行ったところに野井戸があった。　（寺村 1978）[10]

b.　花瓶を下から見た形

c.　あの人が笑った顔はとてもかわいい。

d.　清水の舞台から飛び降りる思い

e.　食べたお茶碗は持って来てね。　　　　　　　　　（松本 2014）

（34）　＜結果＞＜原因＞1：連体修飾部と被修飾名詞との間に＜結果＞と＜原因＞の関係が成立するもの。

a.　頭が良くなる本

b.　元気が出る車　　　　　　　　　　　　　（Matsumoto 1988b）

c.　トイレに行けないコマーシャル　　　　　　（Matsumoto 1988b）

d.　だれとでも仲よくなれる性格[11]

e.　血の気のひく体験

f.　頭が下がる思い

g.　現場が動き出す会計―人はなぜ測定されると行動を変えるのか

（書名）

10　寺村（1978: 328）はこれを「外の関係」とする。ただし内容補充であるか相対的補充であるかについての言及はない。

11　ただし、「お年寄りが困っているのを黙ってみていられない性格」は相対的補充の例である。

(35) ＜結果＞＜原因＞2：連体修飾部と被修飾名詞との間に＜結果＞と
＜原因＞の関係が成立するもののうち、連体修飾部が否定形のも
の。

    a.　太らないお菓子

    b.　手を洗わなくてもいいおやつ　　　　　　　　　（Matsumoto 1988b）

    c.　サラリーマンの税金が無駄にならない政治　（政見放送、1996 年）

(36) 時間的な連続関係：連体修飾部の指示対象と被修飾名詞の指示対象
とが時間的に連続する＜前＞＜後＞の関係にあるもの。

    a.　米子に泊った朝／徹夜をした朝／深酒をした朝

    　　　　　　　　　　　　　　　　　　　　　　　　　（白川（1986）ほか）

    b.　三月に入ったある日、石川政義が突然宿舎に飛びこんできた。[12]

(37) 空間的な近接関係：連体修飾部の指示対象と被修飾名詞の指示対象
が空間的な隣接関係にあるもの。

    a.　うちを倒した勢いで、どこまでも勝ち進んでいって下さい。[13]

    b.　2 人が SL を運転する窓から、雪を抱く大雪山が見えた。（NHK）

    c.　椅子に腰掛けた膝／信吾の歩く首筋　　　　　　　　　（寺村 1992）

    d.　役所で、旅館で、朝市で、「お帰りなさい」と迎えてくれた笑顔
が、なによりもうれしい。　　　　　　　　　　　　　（朝日新聞）

　これらが多義の関係にあるのか同音異義の関係にあるのかが実は問題にな
るのであるが、それについては本論では検討しない[14]。次節ではこれらが相
対的補充からの拡張であるという想定のもと、一部の例を取り上げて相対的
補充との関係を検討する。

12　この文の主節は三月一日の出来事を記述しているわけではない。したがって「三月に
入ったある日」を「ある日、三月に入った」と結び付けて考えることはできない。（高橋
（2014）も参照されたい。）

13　これには因果関係がある可能性もあるが、どちらが原因でどちらが結果かは明確でな
い。

14　これらが全体として1つのネットワークを構成しているのではなく、一部が多義性で
はなく同音異義性の関係になっている可能性がある。

第 11 章　構文としての日本語連体修飾構造 | 193

6.2　縮約節構造成立の動機づけ

　以下、縮約節構造成立の動機づけについて現代語のデータに基づいて共時的に見ていく。

（38）　＜原因＞＜結果＞

　　a.　オホーツク海の高気圧がずっとはりだしていた結果（相対的補充）

　　b.　塚を掘ったタタリ　　　　　　　　　　　　　（相対的補充）

　　c.　酔った勢いで上司に暴言を吐いてしまった。　（中間段階？）

　　d.　2 つの小さな部屋の仕切りを取り払ったワンルーム　　（縮約節）

　（38a, b）は相対的補充の例である。これらにおいて連体修飾構造を支えているのは、連体修飾節と被修飾名詞との間の項・主要部関係である。しかしそれと同時に、連体修飾節の指示対象と被修飾名詞の指示対象の間に原因と結果の関係が成立している。指示対象間の関係として存在するこの原因・結果の関係が、連体修飾構造それ自体の意味と再分析されれば、形式と意味の組合せからなる記号としての縮約節構造が成立する。その構造において連体修飾節に当たるスロットと被修飾名詞（句）に当たるスロットがそれぞれ原因に当たる要素と結果に当たる要素で補充されれば、（38d）のような縮約節の例ができることになる。

　なお、本論では（38a, b）のような相対的補充と（38d）のような縮約節構造は連続相をなすと想定している。（38c）の「勢い」のような例[15]は中間段階に相当するものと考えられる[16]。

　これを図で表現すると次のようになる。

15　筆者の直観では、「酔いの勢い」は不可能ではないものの、自然な表現ではない。

16　白 – 灰色 – 黒からなる連続体を見ると、両極端の白と黒はまったく異なるもので、それだけを見ると白と黒は離散的なものと見える。しかしながら白と黒は灰色を介して連続しており、その連続相においてどこまでが白か、どこからどこまでが灰色か、そしてどこからが黒かを確定することは不可能である。相対的補充と縮約節の関係もこれに並行すると考えられる。

(39)

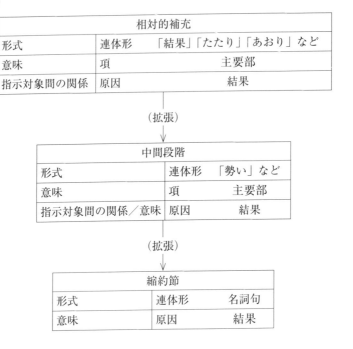

　縮約節における形式と意味の組合せは当初は語用論的・臨時的なものであったと想定されるが、やがてこれが定着・慣習化すると、次の (40) に挙げるような語彙項目と同様な構文 (形式と意味の慣習化した組合せとしての記号) として定着することになる[17]。

17　ちなみに本論の枠組みでは (40) のような語彙項目も「形式と意味の慣習化した組合せとしての記号」としての「構文」に含められることになる。

第 11 章　構文としての日本語連体修飾構造 | 195

（40）

形式	/buk/
意味	本

次の（41）も同様に考えることができる。

（41）　＜結果＞＜原因＞

 a.　7月になっても寒い日が続いた原因　　　　　　　（相対的補充）

 b.　元気が出る車　　　　　　　　　　　　　　　　　（縮約節）

次の（42b）の時間的な連続関係を表す縮約節構造については、（42a）における連体修飾節の指示対象と被修飾名詞の指示対象の間の時間的な前後関係が、連体修飾構造それ自体の意味と再分析されることによって、形式と意味の組合せからなる記号として前後関係を表す縮約節構造が成立したものと考えることができる。

（42）　時間的な＜前＞＜後＞

 a.　深酒をした翌日　　　　　　　　　　　　　　　　（相対的補充）

 b.　深酒をした朝　　　　　　　　　　　　　　　　　（縮約節）

だがこの（42b）はそれと同時に、（38d）のような原因結果を表す縮約節構造から時間関係が抽出されたものと位置づけることもできる。すなわち（42b）は、（42a）からの拡張と位置づけることができると同時に（38d）からの拡張と位置づけることもできる。

次の空間的な近接関係を表す縮約節構造についても複数の可能性が考えられる。

（43）　空間的な近接関係

 a.　熊が散歩をしている絵　　　　　　　　　　　　　（内容補充）

 b.　酔った勢いで上司に暴言を吐いてしまった。

     （相対的補充から＜原因＞＜結果＞への中間段階？）

 c.　うちを倒した勢いで、どこまでも勝ち進んでいって下さい。

              　（縮約節）

 d.　椅子に腰掛けた膝／信吾の歩く首筋　　　　　　　（縮約節）

 e.　役所で、旅館で、朝市で、「お帰りなさい」と迎えてくれた笑顔

196 | 本多　啓

が、なによりもうれしい。　　　　　　　　　　　　　　（縮約節）

　これらは (43a) の内容補充からの拡張と見ることもできるが、(43b) のような因果関係を表す表現から近接関係のみを抽出することによって成立したと見ることもできる。また (43d, e) には全体から部分への注視点の絞り込み（参照点能力に支えられた焦点連鎖 (Langacker 1997)）が関わっている。このことが縮約節構造成立の動機づけになっている可能性もある。

6.3　格関係があるかどうかは不問

　第 4.2 節でも述べたように、本論の枠組みでは縮約節構造において連体修飾節内の要素と被修飾名詞句の間に格関係（主要部・項の関係）があるかないかは不問である。

(44) a.　トイレに行った汚い手で握手を求められるのは嫌です。

　　　　　　　　　　　　　　　（＜原因＞＜結果＞の縮約節）

　　 b.　血がついた汚い手で握手を求められるのは嫌です。

　　　　　　　　　　　　　　　（＜原因＞＜結果＞の縮約節）

　　　　　　　　　　　　　　　　　　　　　　　（Cf. (28)）

　このことは、次の縮約節の構造（(39) より抽出）において連体形と名詞句のスロットに主要部・項の関係で結ばれる要素が入ることが妨げられないということによって捉えられることになる。

(45)

縮約節		
形式	連体形	名詞句
意味	原因	結果

　　　　　　　　　　　　　　　　　　　　　　　（Cf. (39)）

　次の (46b) は＜結果＞＜原因＞の縮約節であるが、これについても同様の議論が成立する。

(46) a.　就職を勧められない会社　　　　　　　　　　（内の関係）

　　 b.　就職を勧められないブラック企業　　　　　　（縮約節）

第 11 章　構文としての日本語連体修飾構造 | 197

7.　データの再説─構文としての縮約節構造

以上を踏まえて (2) (3) の議論に戻る。

(2) a.　石鹸でしっかり洗ったきれいな手

≠ きれいな手を石鹸でしっかり洗った

　　b. #石鹸でしっかり洗った汚い手＝汚い手を石鹸でしっかり洗った

(3)　　お金持ちと結婚した専業主婦 ≠ # 専業主婦がお金持ちと結婚した

まず、これらの例においては被修飾名詞は修飾節の動詞と格関係で結ばれ
ているが、これらには内の関係としての解釈が抑止された解釈が存在する。
そしてその解釈は (44b) と同様の因果関係の解釈である。すなわち (2) (3)
は縮約節の例である。

そしてそのことは、縮約節の少なくとも一部が構文 (形式と意味の慣習化
した組合せとしての記号) として定着していることの根拠となる。これらの
例において内の関係としての解釈が抑止されるには、抑止する要因が存在す
るはずである。慣習的な記号単位として定着した縮約節構造がその要因にな
ると考えられるのである。また逆に、縮約節構造が構文として定着していな
ければ、これらの例において内の関係としての解釈が抑止される要因がない
と思われる。

8.　補足

8.1　構造上の曖昧性

本論ではここまで「石鹸でしっかり洗ったきれいな手」の構造を (47a) で
あると想定してきた。しかしそれとは別に、(47b) の構造が存在することも
確かである。そのことは (47c) が不可能ではないことから確認される。

(47) a.　[石鹸でしっかり洗った] [きれいな手]

　　b.　[石鹸でしっかり洗った] [きれいな] 手

　　c.　きれいな、石鹸でしっかり洗った手

次の例は (47b) の構造が存在することの明確な根拠となる。

(48) a.　昔研究費で買った古い iPad

b.　［昔研究費で買った］［古い］iPad[18]

　しかしながら、(47b) が存在することは本論の議論の妥当性に影響を与えるものではない。(47b) を想定したとしても、この構造では「きれいな手を石鹸でしっかり洗った」に対応する内の関係の表現が存在しないことを説明することはできない。

8.2　未解決の問題

　西山 (2016) は次の例を、縮約節構造（西山の用語では「結果随伴的解釈」）の例として容認されてもおかしくはないはずなのに実際には不自然となる例として挙げている。

(49) a.　?麻雀で勝ったある本
　　　b.　?タマネギを切った涙
　　　c.　?風邪をひいた鼻水／クシャミ
　　　d.　?1 万メートル走った汗
　　　e.　?大雨が降った水たまり
　　　f.　?大風が吹いた落ち葉
　　　g.　?山手線が止まった大混雑　　　　　　　　　　　　（西山 2016）

　これらは本論の議論に対する反例となりうるが、どのように考えるべきかについては今のところ未解決とせざるをえない。

9.　まとめ

　本論では (2) (3) などをもとに、縮約節構造が構文（形式と意味の慣習化した組合せとしての記号）として定着していることを主張した。根拠としては、(2) (3) が内の関係ではなく縮約節に該当すること、これらが内の関係として解釈されることを抑止する要因が要請されることの 2 点から上の主張を導いた。
　また、その議論の過程で節による連体修飾構造の全体像についての私見を

18　ただし「この前中古屋で買った古い iPad」は「古い iPad をこの前中古屋で買った」に対応する純粋な内の関係の例である。

第 11 章　構文としての日本語連体修飾構造 | 199

提示して縮約節を連体修飾構造全体の中に位置づけた。まず「内の関係」の
構造を「修飾節内要素が主要部、被修飾名詞が項、およびそれに準じる関
係」、「相対的補充」の構造を「修飾節が項、被修飾名詞が主要部、およびそ
れに準じる関係」とそれぞれ捉え直した。その上で「修飾節と被修飾名詞が
相互に主要部かつ項になる場合」（内の関係かつ相対的補充）の例として「太
郎が結婚した相手」「英語を教える先生」などを挙げ、縮約節の構造につい
ては「修飾節内要素と被修飾名詞句の間に項・主要部関係は存在せず、主要
部・項関係が存在するか否かは不問」とした。そして縮約節を相対的補充か
らの拡張と想定することで、縮約節を連体修飾構造全体の中に位置づけた。

謝辞

　本論は本多（2016）を改訂増補したものである。発表に関してコメントをくださっ
た益岡隆志先生、西山佑司先生、小柳智一先生、および本企画の関係者の皆様と福
田嘉一郎先生をはじめとする対照研究セミナーのメンバーの皆様に謝意を表します。
本研究は文部科学省科学研究費補助金新学術領域研究（領域番号 4903, 課題番号
17H06379）の助成を受けています。

参照文献

本多啓（1996a）「連体被修飾語としての用法 2」情報処理振興事業協会（編）『計算機
　　用日本語基本名詞辞書 IPAL（Basic Nouns）：解説編』149–162. 東京：情報処理振
　　興事業協会.
本多啓（1996b）「「という」についての覚え書き」『駿河台大学論叢』12: 105–127.
本多啓（1997）「連体修飾を受けて副詞句を構成する名詞の用法に関する認知言語学
　　的研究」情報処理振興事業協会（編）『ソフトウエア文書のための日本語処理の研
　　究 13：IPAL 統合化に向けて』175–197. 東京：情報処理振興事業協会.
本多啓（2016）「内の関係と紛らわしい縮約節構造について」日本語文法学会第 17 回
　　大会パネルセッション「構文と意味の拡がり」における発表. 2016 年 12 月 11
　　日 神戸学院大学ポートアイランドキャンパス.
井口厚夫（1995）「短絡節とコロケーション」『獨協大学教養諸学研究』29（2）: 10–21.
加藤重広（2003）『日本語修飾構造の語用論的研究』東京：ひつじ書房.
Langacker, Ronald W.（1997）A dynamic account of grammatical function. In: Joan Bybee,
　　John Haiman, and Sandra A. Thompson（eds.）*Essays on language function and
　　language type dedicated to T. Givón*, 249–273. Amsterdam and Philadelphia: John
　　Benjamins.
益岡隆志（1997）「「魚の焼ける匂い」：因果関係を表す連体修飾表現」『言語』26（2）:

44–49.

益岡隆志 (2000)「連体修飾における縮約節」『日本語文法の諸相』215–232. 東京：くろしお出版.

松木正恵 (2000)「連体修飾節のとらえ方：序説」『早稲田日本語研究』8: 1–9.

Matsumoto, Yoshiko (1988a) Grammar and semantics of adnominal clauses in Japanese. Doctoral dissertation, University of California at Berkeley.

Matsumoto, Yoshiko (1988b) Semantics and pragmatics of Noun-modifying constructions in Japanese. *BLS* 14: 166–175.

松本善子 (2014)「日本語の名詞修飾節構文：他言語との対照を含めて」益岡隆志・大島資生・橋本修・堀江薫・前田直子・丸山岳彦 (編)『日本語複文構文の研究』559–590. 東京：ひつじ書房.

西山佑司 (2016)「意味論・語用論の難問：「タマネギを切った涙」はなぜ奇妙か」『日本語学』35(5): 26–37.

丹羽哲也 (2012)「連体修飾節構造における相対補充と内容補充の関係」『日本語文法』12(2): 78–94.

大島資生 (2010)『日本語連体修飾節構造の研究』東京：ひつじ書房.

白川博之 (1986)「連体修飾節の状況提示機能」『言語学論叢』5: 1–15. 筑波大学一般・応用言語学研究室.

高橋美奈子 (2014)「時を表す名詞を主名詞とする名詞修飾表現について：「ある日」を主名詞とする表現」益岡隆志・大島資生・橋本修・堀江薫・前田直子・丸山岳彦 (編)『日本語複文構文の研究』169–196. 東京：ひつじ書房.

寺村秀夫 (1975)「連体修飾のシンタクスと意味 (1)」『日本語・日本文化』4: 71–119. 大阪外国語大学留学生別科. 寺村 (1992: 157–208) に再録.

寺村秀夫 (1977a)「連体修飾のシンタクスと意味 (2)」『日本語・日本文化』5: 29–78. 大阪外国語大学留学生別科. 寺村 (1992: 209–260) に再録.

寺村秀夫 (1977b)「連体修飾のシンタクスと意味 (3)」『日本語・日本文化』6: 1–35. 大阪外国語大学留学生別科. 寺村 (1992: 261–296) に再録.

寺村秀夫 (1978)「「トコロ」の意味と機能」『語文』34: 10–19. 大阪大学文学部国文学科. 寺村 (1992: 321–336) に再録.

寺村秀夫 (1992)『寺村秀夫論文集 I：日本語文法編』東京：くろしお出版.

第12章

アメリカ英語における破格構文

節の周辺部に注目して

柴﨑礼士郎

1. はじめに

　本論では以下に示すようないわゆる破格構文に取り組む。該当箇所には下線を施し日本語訳も提示しておく。尚、村上（訳）（2006）の強調部分は本論と直接関係しないため省いてある。以下、原文中および例文中の下線は筆者による。

(1)　"Anything. Anything descriptive. A room. Or a house. Or something you once lived in or something– you know. Just as long as it's descriptive as hell." He gave out a big yawn while he said that. Which is something that gives me a royal pain in the ass. I mean if somebody yawns right while they're asking you to do them a goddam favor. "<u>Just don't do it too good, is all</u>," he said. "That sonuvabitch Hartzell thinks you're a hot-shot in English, and he knows you're my roommate. So I mean don't stick all the commas and stuff in the right place."

　　　　　　　（1951 J.D. Salinger, *The Catcher in the Rye*（=*Catcher*）, 4)

「「何でもいいんだ。描写的なものならなんでもいい。部屋でもいいし、家でもいいし、お前がこれまでに暮らしたことのある場所とか、とにかくそういうことについて書くわけだよ。ほら、わかるだ

ろう。要するにきっちり描写的な文章であれば、なんでもいいってこと」、そう言いながら彼は大きなあくびをした。そういうのってけっこう頭にくるよね。だいたい人に頼みごとをしていながら、その途中であくびをするなんてとんでもない話だ。<u>「ただしあんまりうまく書きすぎないでくれよな</u>」と彼は言った。「あのハーツェルのおっさんはお前のことを、文才があると思っているんだ。で、お前が俺のルームメイトだってことも知っている。だからさ、コンマとかそういうのをあんまりちゃんとした場所に、かちこちと置きすぎないようにしてもらいたいわけさ」」 （村上（訳）2006: 52）

主人公のホールデン少年はルームメイトのストラドレイターと学校の洗面所にいる。ストラドレイターは見かけには拘るが内実だらしない側面もある少年で、この洗面所でのやり取りでも自身の宿題をホールデンに任せようと説得している。その中で下線部の表現が使用されている。下線部分が文法的であるためには、関係代名詞を挿入して Just don't do it too good, which is all とするか、2 文に分割して Just don't do it too good. That's all とする必要があることからも、破格構文であることは明らかである。

興味深いのは以下の点である。まず、文末の is all を含む文全体がストラドレイターの直接引用を示す二重引用符 (" ") の中で使用されている点である。二重引用符の後に he said と続くことからも、is all に直接引用機能のない点は明らかである[1]。次に is all の文末談話機能である。村上訳から判断すると「緩和詞」（softener, mitigator）と解釈できそうである。そこで、『キャッチャー・イン・ザ・ライ』にもう一例だけ確認できる同構文を (2) に提示する。尚、紙幅の都合で該当箇所を含む短めの引用にとどめる。

(2)　"Hey, I don't need all this," I said. "<u>Just give me two bucks, is all.</u> No kidding-Here." I tried to give it back to her, but she wouldn't take it.

（1951 J.D. Salinger, *Catcher*, 23）

「「なあ、そんなにいらないんだよ」と僕は言った。「<u>二ドルもあればじゅうぶんなんだ。</u>ほんとに、嘘じゃなくってさ。ほら、これ」、

1　ただし、山口 (2009: 123–132) の論じる「自由直接話法」との関係は考察に値する。

そう言ってお金を返そうとした。でもフィービーは受け取らなかった」

(村上 (訳) 2006: 304)

例文 (1) と異なり、(2) ではホールデン自身の直接引用である。しかし、is all は直接引用の中で使用されており、先行節に対して緩和的あるいは念押し機能を果たしていると思える。参考までに (2) の下線部訳を幾つか提示しておく。

(3) 「二ドルももらえれば、それで十分だ」 (野崎 1984: 279)

(4) 「2 ドルくれ、って言ってるだけさ」 (安藤 2005: 28) [2]

(5) 「ほんの 2 ドルくれるだけでいんだよ」 (藤井 2006: 220)

広く緩和的機能を果たしていると判断できそうであるが、(4) の安藤訳は注目に値するかもしれない。つまり、先行節 Just give me two bucks (「2 ドルくれ」) を引用実詞 (quotation substance) と捉え、is all 部分に引用機能 (「って言ってるだけさ」) を認めている点である (安藤 2005: 28)。

紙幅制限のため、本論では考察点を以下の二点に絞る。一点目は本書と直接関わる中心課題であり、大規模コーパスを用いて is all 破格構文の歴史的派生経緯を記述的に調査し、更に構文化の観点から理論的説明を試みることである。二点目は is all 破格構文のジャンル別使用分布の実態である。主要先行研究では「話しことば」で使用されると一様に説明されているが、本論では大規模コーパスを用いてその点を再検証してみる[3]。以下、文末に生起する is all 破格構文を「is all 構文」と略記する。また、特に断り書きのない場合には、日本語訳は全て筆者による試訳である。

本論の構成は以下の通りである。第 2 節では関連研究を概観して is all 構文の位置付けを確認する。第 3 節では分析基準と分析結果を提示し、第 4 節では調査結果に基づく考察を示す。第 5 節は結論と今後の課題である。本論では *The Corpus of Contemporary American English 1990–2015* (以

---

2 安藤 (1969: §III) でもいち早く *Catcher* の特徴的な英語表現に注目しているが、Costello (1959) の影響を受けている点は否めない (安藤 1969: 135)。

3 ただし、この点は紙幅の都合で概略を示すにとどめ (第 4.2 節) 別稿で詳細を論じる点を予め示しておく。尚、同僚のアメリカ人 (モンタナ州生まれ) によると、同表現は古めかしく感じるとともに、地域語よりも小さい個人語 (idiolect) 的な響きが強いとのことである。

下 COCA）および *The Corpus of Historical American English 1810–2009*（以下 COHA）を用いて、アメリカ英語史における is all 構文の発達を考察する。尚、紙幅制限により、他形式（was all, were all）は本論の考察対象としない点も付記しておく。

2.　研究史の概観

2.1　語法と語史について―言語接触という要因

　管見では is all 構文の先行研究は極めて少ない。記載のある場合にもその殆どが語法文法書であり、辞書への記載は調査の限り皆無と思われる点も特徴的である。数少ない例である Follett (1998: 21) は (6) を提示し、安藤 (2005: 28) でも取り上げられている[4]。

(6)　a.　He has his facts wrong is all.
　　　　「彼は事実をまちがえているだけさ」

　　b.　I forgot to wind my watch is all.
　　　　「時計のねじを巻くのを忘れただけさ」

(Follett 1998: 21; 安藤 2005: 28)

　藤井 (2006: 220–222) も 20 世紀中葉のアメリカ小説から is all 構文を含む多数の用例を引いているが、ジャンルへの言及は確認できない。一方で、アイルランド移民と共にアメリカ国内へもたらされたアイルランド英語の語法が起因となっていると述べている（尾上 1953 も参照されたい）。若田部 (1985) は is all 構文に触れてはいないものの、アイルランド語法からの影響

4　安藤 (2005: 28) の解釈には注意を要する。初版の Follett (1966: 56) を見る限り、文末の is all 構文は (i) のように「省略表現」として扱われている点が説明されていないからである。[　] は省略を示す。関連構文として Traugott (2008) も参照のこと。

(i)　a.　He has his facts wrong is all [that's the matter with him].
　　　　「彼が事実をまちがえている（のが、彼にとって問題な）だけさ」

　　b.　She's gone to the hairdresser is all [that accounts for her absence].
　　　　「彼女が美容院へ行ってしまった（のが不在の理由って）だけさ」

Crystal (2017: 171–172) も文末の is all へ触れ、個人的な見解の要約機能を担うと解釈している。しかし、口語で増えつつあるという具体的な根拠も示されておらず、先行研究への言及も皆無な点は注意を要する（第 4.2 節を参照されたい）。

は取り上げている。

更に Mencken（1948）も看過することはできない。Mencken（1948）はペンシルベニア州のドイツ系移民のことば（ペンシルベニア・ドイツ語）が、当時のアメリカ英語へ語法文法上の影響を及ぼした可能性を示唆している。以下のドイツ語の例を用いて説明する。

(7) a. *Ich bin alle.*

I be all

"I'm tired/exhausted." 「疲れ切ってしまった」

b. *Mein Geld ist/wird alle.*

my money is/become all

"(lit.) My money is running short." 「手持ちが不足してきた」

（前田（監修）2003: 46, s.v. *alle*）

英語 all と同語源にあたるドイツ語 alle には「終った、なくなった、疲れはてた」という意味がある。Mencken（1948: 160, 175, 230, 233）によれば、こうした用法がアメリカ英語に入り、インディアナ、アイオワ、カンザス、メリーランド、ミシガン、ネブラスカ、オハイオ、ペンシルベニア、バージニア、ウェスト・バージニアの各州で確認されている。Hook and Mathews（1956: 58）も The sugar is all「砂糖が切れた」という例文を挙げており、all（=all gone）の用法をペンシルベニア・オランダ語のイディオムと説明している。

本論にとって重要なのは、アメリカ英語の all（=exhausted）から類推により派生したと Mencken（1948: 148）が述べる (8) の例である。

(8) It's in a bad neighborhood, <u>is all</u>.

「そりゃ近所の環境が悪いってことさ」

（Mr. C.F. Ransom, July 8, 1939; Mencken 1948: 148）

つまり、is all 構文が類推（analogy）により構文拡張を遂げている点である（Fischer 2007）。第3節で紹介する通り、is all 構文は 20 世紀初頭から先行する節を（破格的にではあるが）主語位置に取りはじめている（「ホストクラスの拡張」（host class expansion）については Himmelmann（2004）を参照されたい）。

ここまでを総括すると以下の通りである。語義 all（=exhausted, all gone）は移民の使用言語であるドイツ語あるいはオランダ語とともにアメリカ英語に入り、ペンシルベニア州を中心として五大湖周辺および中西部北部地域へと用法が広まっていった。そして 20 世紀半ばには、（1）や（8）の破格構文としての記録がはじまっている。

2.2　節の左周辺部と右周辺部—構文化を誘発しやすい談話構造

　文末生起の is all 構文が注目を集めてこなかったのとは異なり、引用実詞の直前に使用される be all は研究対象として取り上げられている。Google 社の協力を得て Buchstaller et al.（2010）が行った調査結果は、アメリカ英語（この場合カリフォルニア州）における若者ことばの変遷の速さを垣間見ることのできる貴重な報告である。（10）は長いやり取りの一部であるが、同一構造の構文連鎖を分かりやすくするために原文を縦に配置した[5]。

(9)　She's all "Ooh- he's so wonderful—I'm all in love with him—he's all in love with me."
　「彼女曰く、「ああっ、とにかく彼は素敵で、私は彼に夢中で彼も私に夢中」だそうな」　　　　　　　　　　　　　　　（Buchstaller et al. 2010: 192）

(10)　He's all "What are you doing here?" 「彼が「何やってるの」って」
　I'm all "You called me in." 「なので「君が呼んだんだろ」って」
　He's all "For what? For what?" 「で彼が「一体何のために」だって」
　　　　　　　　　　　　　　　　　　　　　　　（Buchstaller et al. 2010: 201）

この be all は引用機能を有する言語的刷新（innovation）である。Buchstaller and Traugott（2006）、Rickford et al.（2007）や Buchstaller et al.（2010）の報告によれば、1982 年以降から 2000 年代初頭にかけて使用が確認されているが、その後、急速に廃れている。勿論、現在でも若干確認可能ではあるものの、使用が確認されてから長らく辞書への記載のなかった点も興味深い。

5　特定の構文連鎖による対話形式の分析は、柴﨑（2005）や Du Bois（2007）が参考になる。また、構文連鎖は言語変化を引き起こす起因にもなる（Shibasaki 2007, forthcoming）。周辺部研究に関しては、Higashiizumi et al. (eds.) (2016) および小野寺（編著）(2017) が近年の傾向を良くまとめている。

第 12 章　アメリカ英語における破格構文 | 207

Buchstaller et al. (2010: 192) によれば、オックスフォード英語辞典やウェブスター辞典を含む主要英語辞典に該当項目はなく、2000 年に刊行された *The American Heritage Dictionary of the English Language* 第 4 版で初めて取り上げられたようである。(11) に同辞典第 5 版からの説明と例を紹介する。

(11)　*be all* Informal To say or utter. Used chiefly in verbal narration:
　　　　He's all, "What did you do that for?"
　　　　be all くだけた文体「発言あるいは発話する」主に語りで使用
　　　　「彼が「どうしてそんなことしたの？」って」

　　　　　　　　　(*The American Heritage Dictionary,* 5th ed., s.v. *all*, 2011)

　確認から 18 年の時を経て be all の引用機能が辞書へ登録されたことになる。一方で、文末使用の is all 構文は 100 年余りの歴史を有するにもかかわらず（第 4 節を参照）、第 2.1 節に挙げた語法文法書以外には記載がない。

　先行研究を精査した上での憶測であるが、引用機能の be all が注目を集めた理由は表 1（次頁）に示すことと無関係ではないと思われる。なぜなら、大まかに 20 世紀下四半期から現在にかけて、引用実詞の直前に創発される刷新的引用構文が注目を集めていたからである。全ての刷新的引用構文に共通しているのは次の二点である。一つは刷新的引用構文が引用実詞の直前に用いられている点であり、もう一つは引用実詞が引用符で括られている点である（Buchstaller らは主にイギリス英語を分析対象としているため一重引用符（' '）を用いている）。

　一方で、同じく all を用いた文末破格構文は事情が異なる。まず、(1) や (2) のように直接引用符の中で使用される場合が多く、少なくとも引用符を伴う伝達節としては機能していない。つまり、文末生起の is all には少なくとも現段階では引用機能は創発されておらず、情報上中心となる節（あるいは語・句）に後接する緩和詞やスタンス・マーカーとみなすのが妥当である。

　同じく主情報に後接する (12) の構文でも確認しておく。SPOK=spoken。

(12)　EDWARDS: "So there's an ethic there, is what I'm saying."
　　　　エドワード：「そこには倫理があるんだよ、って言ってるんだよ。」

　　　　　　　　(2001 *NPR_Morning*, SPOK, COCA; Shibasaki 2017)

　下線部の wh 分裂文 is what I'm saying を「って言ってるんだよ」と訳出す

ることで自然な日本語となるが、is what I'm saying が直接引用符のついた引
用実詞に後接する事例は現時点で確認できない。

表1 非標準的引用形式

(Buchstaller 2014: 2, 19; 紙幅の都合で一部簡略化してある)

初出年代	形式	例
1970s	here was I	Here was I 'Then I must be hard of hearing' (…) 「私は「つまり難聴みたい」って」
	here's me	Here's me 'Have youse took leave of your senses?' 「私は「おまえ、正気の沙汰じゃないよ」って」
1980s	go	She goes 'No I had them bound in front of me' 「彼女は「いえ、私の所に拘束しといたの」って」
	be all	S/he's all 'Why don't you ever do what you're told!' 「彼（女）は「なぜ言った通りにしないの」って」
	I'm here	I'm here [feigned nonchalance] 'la-de-da-de-da' 「私は「ほほう」と〔無関心そうに〕すました」
1990s	I'm sittin' there	I'm sittin' there 'Wow, dude!' 「私は「うわっ、スゴッ!」って」
	be like	He was like 'Let me say something' 「彼は「僕にも何か言わせて」って」
2000s	this is + NP	This is my mum 'What are you doing?' 「ママだけど「あなた何しているの?」」
	be git	I was git 'Aye do you know her?' 「私は「おやまあ、彼女を御存知?」って」
	be just	Angela's just 'Did you do anything last night?' 「アンジェラは「昨晩、何かしたの?」って」
	be pure	She's pure 'You got it wrong' 「彼女は「あなた誤解してる」って」
2010s	be a little bit	I was a little bit 'What the fuck?!' 「私は「どうなってるの?!」って」

　一方、wh 分裂文が主情報に先行する場合には、僅かながら直接引用を伴
う事例が確認できる。

（13）　BOB-BECKEL-FOX-NE: … And, overwhelmingly, the American people
　　　　say yes. He was exactly right. And what Obama is saying is "I make a lot

of money…"

ボブ・ベッケル：「そして圧倒的多数でアメリカ国民は賛成している。彼は正に正しかった。オバマ大統領が言わんとするのは「財源を潤沢にする…」ってことだ」　　　(2011 *Fox_Five,* SPOK, COCA)

　この事実が示すのは、特定の構文が変化を被る場合、談話上のどの位置にあっても均等に変化が進行するわけではないことである。談話機能が言語構造あるいは（句読法を含めた）文体構造へ組み込まれるか否か（あるいは刷新化されやすいか否か）は、該当する構文が主情報の左周辺に創発するか右周辺に創発するかに依存している。つまり、周辺部とは構文化を促す付帯現象（epiphenomenon）である（トラウゴット 2017）。(14) に図示する。

(14)　　　　　　　　　　　先行表現　[　主情報　]　後行表現

　　（引用構文化）　　　　　　　↓　　　　　　　　　↓　（非引用構文化）

　　　　　　　　　… is all, "…"　　　　　　…, is all.

　　　　What I'm saying is, "…"　　　　…, is what I'm saying.

　節の左周辺部で引用構文として刷新した形式が節の右周辺部でも使用されている。(2) の訳出が (3) から (5) のように緩和性と引用機能性の両面を担うことからも、安藤 (2005) が文末生起の is all 構文に引用性を認める点も首肯できる。(15) のように発話動詞と共起する場合には尚更である。

(15)　"Look, I'm just <u>saying</u> I'm undecided, <u>is all</u>."

　　　「あのね、まだ決心がつかないっていうか」

(2015 *NPR,* SPOK, COCA)

勿論、引用構文化した左周辺部の表現に影響を受けて、右周辺部の表現が今後引用構文化される可能性は否定できない。しかし本論では、文末生起の is all 構文は句読法の点で構文化し切れていないものと判断する（構文化については第 4 節で取り上げる）[6]。

6　Buchstaller (2014: 42–43) は「伝達節＋直接引用」という連続生起による言語変化を通言語的特徴とみなしている。例文 (12) から (14) とも関係する指摘である。

3. 分析基準と分析結果

第 1 節で紹介したコーパス（COCA および COHA）に基づく分析結果を提示する前に、分析対象とした構文と文体的特徴を説明する。まず、is all 構文を「I'm tired + That's all」の融合とみなす安藤（2005: 28）に注目し、一人の話者の発話中に確認できる（16）のような例を考察対象とした（藤井 2006: 220–222 も参照されたい）。ただし、（17）のように異なる話者間での連続生起は対象外としてある。FIC=fiction。

(16) a.　"We were still alive then. That is all."
　　　　「我々はまだ存命だった。それだけ」

(1991 *Contemp Fic*, FIC, COHA)

　　　b.　… she admitted. "I am afraid for Roger, that is all."
　　　　「彼女は「ロジャーの安否が気になるだけなの」と認めた」

(2000 *Demon Apostle*, FIC, COHA)

(17)　　"Well, and what next?" he asked. "That is all," said Strangeways.
　　　　「「それで、次は何？」と彼が尋ねた。「それでおしまい」とストレインジウェイは言った」　　　　(1910 *Murder Point*, FIC, COHA)

一方で、is all 構文については、（18）のように先行表現と読点で区切られている場合と読点なしの場合とに分けて調査を行った。

(18) a.　Jet assured her. "My mom's just a little upset, is all."
　　　　「ジェットは「ママはちょっと動揺しているだけ」と言って彼女を安心させた。」　　　　(1997 *Little Fur People*, FIC, COHA)

　　　b.　Frank Flynn says. "You were lucky is all."
　　　　「フランク・フリンは言う「君は運が良かっただけ」と」

(2003 *Ploughshares*, FIC, COHA)

以下のように、等位接続詞で連続生起が確認できる場合も散見しているため調査対象とした[7]。

7　(19) 以外にも先行表現とのつながりが 4 パターン確認できる。1) 句点で区切られる場合（. And that is all）、2) コロンで区切られている場合（: and/but that is all）、3) セミコロンで区切られている場合（; and/but that is all）、4) ポーズがある場合（… and/but that is all）である。本論ではこれら全てを考察対象とした。

（19）a.　"We're co-workers, we work together now, and that is all."

「我々は同僚で、現在一緒に働いている、それだけだよ」

(2004 *Play: Fat Pig*, FIC, COHA)

　　b.　"You will continue to make your hospital rounds, Doctor, but that is all."

「今後も回診を続けることになるでしょうね、先生。でも、それだけのことですよ」　　(1979 *Rainbow Man*, FIC, COHA)

　調査結果は以下の通りである。表2にはCOHAに基づく6種の下位構文の史的変遷が、表3にはCOCAに基づく直近25年の変遷が各々まとめてある。尚、表2と表3の数値は素頻度を、空欄は該当例のないことを示している。

表2　COHAに基づくis all構文の変遷（最終アクセス：2016/12/15）

	and that…	but that…	. That	, that	, is all	is all
1810s			2			
1820s	2	3	1	1		
1830s	2	6	2	4		
1840s	7	5	5	3		
1850s	4	6	6	9		
1860s	7	4	10	16		
1870s	6	4	22	19		
1880s	10	7	32	29		
1890s	7	4	21	24		
1900s	10	9	33	17	2	
1910s	7	7	31	23	2	
1920s	7	12	20	19	5	
1930s	9	4	22	5	3	
1940s	9	4	18	10	8	1
1950s	2	4	15	7	12	2
1960s	2	3	11	7	16	15
1970s	3	3	8	17	14	11
1980s	3	1	8	1	21	9
1990s	1	1	6	6	24	15
2000s	2		1	4	26	15

表2で目を引くのは、安藤（2005）の指摘する（接続詞なしの）連続生起の事例が19世紀初頭から確認され、20世紀中葉までは相対頻度が最も高い点である。同じく、等位接続詞（and, but）を用いた並列構造も19世紀初頭から使用が確認できる。一方で、破格構文としての用法は20世紀初頭からはじまり、20世紀後半には並列構造の用法を使用頻度の面で凌いでいる。言い換えると、is all構文は並列構造という文法的な連続生起にはじまり（. That is all, and/but that is all）、2つの節を接続詞なしでつなぐ疑似並列構造（, that is all）に後押しされつつ、破格構文としての従属構造（, is all あるいはカンマなしのis all）へと変化している。

更に興味深いのは、読点有りのis all構文（, is all）の派生が1900年代にはじまり、読点なしのis all構文（is all）の創発が1940年代以降という点である。音声確認のできないデータのため慎重な対応が迫られるものの、統語的融合の度合いが読点の有無という文体的側面からも支持されうる調査結果となった点は無視できない事実である。書きことばの発達した言語の場合、言語変化は句読法の面にも反映される可能性を示している。

表3はCOCAに基づくより近年の調査結果である。表2の史的分布が示す通り、破格構文化したis all構文の優位性は表3からも明らかである。次節では表2および表3の調査結果に基づき、第1節で提示した考察点、1）is all構文の歴史的派生経緯の理論的説明、および、2）使用ジャンルに取り組む。

表3　COCA に基づく is all 構文の変遷（最終アクセス：2016/12/15）

	and that…	but that…	. That	, that	, is all	is all
1990	1	1	3		7	17
1991	1		2	1	4	
1992			2	1	5	5
1993		1	2	2	10	11
1994		1	6		5	4
1995	1	1	2	2	5	6
1996		1			6	4
1997		1	3	2	9	10
1998		1	1	3	7	4
1999	1		3	1	17	8
2000	2		4	1	9	5
2001			1	1	10	2
2002		1	1	1	7	7
2003			1	1	11	7
2004	1		2		7	3
2005			1	1	5	7
2006	1	1	1	1	8	5
2007	1		1	2	14	6
2008			1	3	12	6
2009	2		1		4	6
2010			1	1	6	3
2011			1		5	1
2012	2		2		9	4
2013			1	1	4	6
2014	1		7		12	6
2015			1		8	2

4.　考察

4.1　構文化としての is all 構文

考察に入る前に Goldberg（2006）による「構文」の定義を見ておく。

(20)　All levels of grammatical analysis involve constructions: learned
　　　pairings of form with semantic or discourse function, including

morphemes or words, idioms, partially lexically filled and fully general phrasal patterns.

　「あらゆるレヴェルの文法的分析は構文を含んでいる。つまり、構文とは学習によって習得された形式と意味あるいは談話機能を担うペアのことである。そこには、形態素あるいは語、イディオム、部分的に語義の残るフレーズ・パターンや完全に一般化したフレーズ・パターンが含まれる」 (Goldberg 2006: 5)

　文末生起の is all 構文は独立した 2 文の融合現象であるため談話レヴェルでの構文と判断できる。Hilpert (2013: 210) によれば、談話レヴェルでの構文研究は構文文法の最も弱い部分とされ、実際に構文研究の多くが統語レヴェルまでの事例研究に止まっていることは Hilpert (2013) の副題からも読み取れる。つまり、構文文法が如何に談話研究へ貢献できるのか、あるいは、構文文法を談話研究に如何に取り入れることができるのかが今後の課題と言える。その意味で、本論で取り扱う is all 構文は構文文法が不得手とする部分を補うことのできる好例となりうる。

　Traugott and Trousdale (2013: 22) によれば、「構文化」(constructionalization, Cxzn) とは形式と意味のペアがともに新規になる変化 (form$_{new}$-meaning$_{new}$ pairs) と定義されている。構文化の前後には「前構文化」(pre-Cxzn Constructional Changes, PreCxzn CCs) と「後構文化」(post-Cxzn Constructional Changes, PostCxzn CCs) が想定されており、それぞれ以下の特徴が記されている。前構文化には①語用論の拡大、②語用論の意味化、③形式と意味のミスマッチ、および、④多少の分布上の変化があり、後構文化には①コロケーションの拡大、および、②形態音韻的減少が特徴として挙げられている (Traugott and Trousdale 2013: 27; 概要については秋元 2015 を参照)。尚、この流れが繰り返される可能性もある（上掲書 p. 28）。

　こうした点を留意しつつ、第 4 節での調査結果を基に構文変化をスキーマ化してみる。尚、構造変化を分かりやすくするため、(19) に提示した等位接続詞付き is all 構文は省略し、前構文化と後構文化も略記してある。

(21) a. [I'm tired.]_{sentence 1}　　[That is all.]_{sentence 2}　⎫
　　　　「疲れた。でもそれだけのことです」　　　　　⎬ PreCxzn（前構文化）
　　　　　　　　　　　　　　　　　　　　　　　　　⎭

　　 b. [I'm tired,　　　　　　　that is all.]_{sentence 1}　⎫
　　　　「疲れたけど、それだけのことです」　　　　　⎬ Cxzn（構文化）
　　 c. [I'm tired,　　　　　　　Ø　is all]_{sentence 1}　⎭
　　　　「疲れただけってこと」

　　 d. [I'm tired　　　　　　　　Ø　is all]_{sentence 1}　⎫ PostCxzn（後構文化）
　　　　「疲れただけって」　　　　　　　　　　　　　⎭

　（21a）から（21b）への変化を「前構文化」（PreCxzn）とみなす。まず、that は指示代名詞から関係代名詞（の非制限用法）へと意味（機能）上の変化を被ってはいるが、カンマで区切られているため曖昧さが残る（上記③形式と意味のミスマッチ）。また、表 2 に示されるように、1820 年代に入ると（21b）に加えて（19）に例示した等位接続詞付き is all 構文も派生しはじめている（上記④多少の分布上の変化）。残り 2 つの特徴は希薄と思われる。しかし、隣接する節というユニットが 19 世紀を通して徐々に頻度を高めている点から判断すると、語用論的変化も誘発されているはずであり、その結果として（21c）が 20 世紀初頭に創発されている。その（21b）から（21c）への変化は構文化（Cxzn）とみなす。形式上 that が省略され、残存する is all も緩和詞やスタンス・マーカー化しているからである（第 2.2 節を参照）。

　（21c）から（21d）への変化は後節の融合化が更に進み、読点による分け隔てが文体的になくなる段階を示している（表 2）。本論では、こうした（21c）から（21d）への変化を「後構文化」（PostCxzn）と捉えたい。形態音韻的減少という特徴は、読点の省略という文体上の変化が該当すると思われる。コロケーションの拡大については以下の例で検討してみる。

(22)　"The farm <u>was</u> a mistake <u>is</u> all," he said.
　　　「「あの農場は間違いだったのさ」と彼は言った」

　　　　　　　　　　　　　　　　　　　　（1993 *SouthernRev*, FIC, 1993）

　（22）において、is all 構文は緩和詞としての機能を果たしつつ、発話時よりも時空間的に隔てられた以前の出来事（the farm was a mistake）を話者の発話時のスタンス（現在時制 is all）とリンクさせる機能を果たしている。破格

構文として創発された後、異なる時制の先行表現と共起可能なまで構文が拡張しており、コロケーションの拡大と判断できそうである[8]。

Chafe (1994: 195–201) の言葉を借りれば、過去の出来事が遠隔化 (displacement) により言語化され、発話時の「今、ここ」という近接性 (immediacy) と直接引用の中で無理なく融合している（山口 2009: 42, 84, 128）。こうした機能は第 2.2 節で紹介した be all 引用構文にも確認できるが、主情報の前後で構文化の進度に違いが見られる事実を加味すると、周辺部とは言語変化をより良く把握するための重要な一要素であることが分かる。

ここまで is all 構文の変化を捉える用語として「構文化」を使用してきたが「文法化」は用いなかった。これは文法化の研究成果を軽視するという意味ではなく、言語変化を構文としての変化と捉える Traugott and Trousdale (2013) 流の見解に理解を示したことによる。(20) に挙げた「あらゆるレヴェルの文法的分析は構文を含んでいる」とする Goldberg (2006: 5) の見解とも一致する。実際、Traugott (2003: 624) は「語彙項目が文法化する初期段階とは、明確な記述説明が可能な形態統語的環境で且つ特定の語用論的状況下にある場合である」と述べ、同論文タイトルにもあるように文法化における構文の役割を明示している。ほぼ同時期に Himmelmann (2004: 31) も「文法化が厳密な意味で適用する単位とは構文であって個別の語彙項目ではない」と指摘している。第 2.1 節、第 2.2 節および第 3 節で説明したように、is all 構文は通時的にも共時的にも構文的特徴を備えており、意味的にも緩和詞やスタンス・マーカーとともに引用機能を担い得る特性も確認できている。即ち、「文法化として論じられてきた諸現象を構文という点から再解釈する」(Smith et al. 2015: 1) ことは、構文の意味と拡がりを（取り分け通時的に）考察する際に回避できない方法論と言えそうである。尚、文法化と構文文法の共通点と相違点についてはナロック（2016: 248–250) および Narrog and Heine（2017）を参照されたい。

8　(22) に示した通り、is all 構文は時制の異なる出来事へ付加可能な点からも、何らかの引用機能を担い得ると思われる。安藤（2005: 28) が引用機能を認める (4) も思い起こされたい。

4.2 書きことばとしての is all 構文

　使用ジャンルも大きな課題の一つである。第 2.1 節で紹介した Follett（1998: 21）は is all 構文の使用ジャンルを口語（colloquial）に限定しており、安藤（2005）も Follett（1998）に異論を唱えてはいない。藤井（2006）が小説の直接引用部分に注目している点も看過できない。澤田（2016: 165–171）も構造的に融合した構文現象として破格構文へ言及しつつ（澤田は統語融合文と呼んでいる）、「このような統語融合文は WL〔書きことば：筆者・注〕の文法論では許されない構造であるが、実は、SL〔話しことば：筆者・注〕ではよく見られる構造である」（p. 166）と喝破している[9]。

　澤田（2016: 4–7）の定義によれば、小説（澤田の言葉ではフィクション）は書きことばの中でもフォーマルとインフォーマルの中間に位置していることが分かる。ところが、COCA を用いた調査結果では is all 構文のほぼ全てが小説ジャンル（FIC=fiction）に限定されている。COHA の場合は書きことばが中心となるが、それでも使用コンテクストのほぼ全てが直接引用中である。現在鋭意調査中であるが、小説中の特定の人物による使用が目立つ点は否めない事実である。つまり、is all 構文は「役割語」としての可能性が高いと予想している（金水（編）2014; 注 3 も参照）。(15) のように、書きことばとしての is all 構文が話しことば（SPOK=spoken）として時折（取り分け近年）使用される点も、役割語としての is all 構文を裏付けている[10]。

　本論の調査結果を鑑みると、澤田（2016）の見解を無条件に受け入れるわけにはいかない。しかし、書きことばと話しことばにスケールを設けて文体的連続性を示した点において、澤田（2016）は先行する Follett（1998）、安藤（2005）、藤井（2006）の見解を一歩推し進めたと言える。そこで、本論では「小説には口語表現が含まれる可能性があり、特に直接引用部分では当時の語法が描写されている可能性もある」と解釈するにとどめ、稿を改めて論ず

9　同様に強い主張は Linell（2005）にも見られ、Norén and Linell (eds.)（2013）に実践例が紹介されている。

10　砂川（2016）の見解も念頭に置きつつ慎重に取り組んでいる。つまり、時として役割語はイメージの固定化が良からぬ差別を生み出しかねない点である。砂川（2016）論考の翌日（2016 年 10 月 7 日）の読売新聞全国版「編集手帳」も参照されたい。

ることとする。

5. 結論と今後の課題

　本論では、アメリカ英語における破格構文の一つ is all 構文の歴史的派生過程を構文化の点から考察し、以下の点を確認した。

(23) a. 破格構文の創発には節の連続使用が起因となる。

　　b. 節連鎖により、節の周辺部が統語的融合を被る。

　　c. 左周辺部と右周辺部では言語変化（構文化）の速さが異なる。

　　d. 構文の分布にはジャンル上の偏りが生じている。

　破格構文とは使用頻度が低い場合が多く、is all 構文も文献調査のみでは取り組むことが難しい現象である。しかし、大規模コーパスの公開により調査が可能となり、コンテクストを精査することで歴史的派生過程を詳細に論じることができた。本論では更に文献学的考察も取り入れ（第 2.1 節）、言語接触による破格構文の創発の可能性へも言及した。

　紙幅制限のため考察結果を掲載できなかったが、(23d) については以下の点も加筆すべきであろう。昨今書きことば偏重の言語研究が問題視される場合が多い (Linell 2005)。ところが、is all 構文の場合には、音声記録が可能となった現代においても「書きことば」として使用される場合が殆どである。第 4.2 節で触れたように、規範文法の枠を超える現象について「話しことばで使用される」と安易に付言する研究者も少なくないため、議論に値する喫緊の課題でもある。確かに、（歴史的に）書き残された資料だけでは一言語の完全な記録にはなり得ない。しかし、どんなに音声言語の取り込みが進んでも、同じく一言語の完全な記録には決してなり得ない点も忘れてはならない (Traugott 2007: 358)。大切なことは方法論的妥当性であろう。

謝辞

　本論の一部は、*Workshop: Grammar – discourse – context: Widening the horizon for a theory of grammatical change* (org. by Ruth Möhlig-Falke and Kristin Bech), at *the 4th conference of the International Society for the Linguistics of English* (ISLE4, Poznań,

Poland, 18–21 September 2016）における口頭発表、および、「ワークショップ：内省判断では得られない言語変化・変異の事実と言語理論」（東北大学情報科学研究科「言語変化・変異研究ユニット」主催、2016年9月7–8日）における口頭発表に基づいている。なお、本研究は日本学術振興会科学研究費補助金による基盤研究（C）「投射構文の歴史的発達と構文化について—英語史からの実証研究—」（研究代表：柴﨑礼士郎，課題番号：16K02781）の研究成果の一部である。本書への機会を与えて下さった早瀬尚子先生へこの場をお借りして御礼申し述べます。

参照文献

秋元実治（2015）「文法化から構文化へ」秋元実治・青木博史・前田満（編）『日英語の文法化と構文化』1–40. 東京：ひつじ書房.

安藤貞雄（1969）『英語語法研究』東京：研究社.

安藤貞雄（2005）『現代英文法講義』東京：開拓社.

Buchstaller, Isabelle（2014）*Quotatives*. Oxford: Wiley Blackwell.

Buchstaller, Isabelle and Elizabeth C. Traugott（2006）*The lady was al demonyak*: Historical aspects of adverb *all*. *English Language and Linguistics* 10(2): 345–370.

Buchstaller, Isabelle, John. R. Rickford, Elizabeth C. Traugott, Thomas Wasow and Arnold Zwicky（2010）The sociolinguistics of a short-lived innovation: Tracing the development of quotative *all* across spoken and internet newsgroup data. *Language Variation and Change* 22(2): 191–219.

Chafe, Wallace（1994）*Discourse, consciousness, and time: The flow and displacement of conscious experience in speaking and writing*. Chicago: University of Chicago Press.

Costello, Donald P.（1959）The Language of 'The Catcher in the Rye'. *American Speech* 34 (3): 172–181.

Crystal, David（2017）*The story of BE: A verb's-eye view of the English language*. Oxford: Oxford University Press.

Du Bois, John W.（2007）The stance triangle. In: Robert Englebretson（ed.）*Stancetaking in discourse: Subjectivity, evaluation, interaction*, 139–182. Amsterdam: John Benjamins.

Fischer, Olga（2007）*Morphosyntactic change*. Oxford: Oxford University Press.

Follett, Wilson（1966）*Modern American usage*. New York: Hill & Wang.

Follett, Wilson（1998）*Modern American usage*, second ed. New York: Hill & Wang.

藤井健三（2006）『アメリカの英語』東京：南雲堂.

Goldberg, Adele E.（2006）*Constructions at work*. Oxford: Oxford University Press.

Higashiizumi, Yuko, Noriko O. Onodera and Sung-Ock Sohn（eds.）（2016）*Periphery: Diachronic and cross-linguistic approaches*. Special Issue of *Journal of Historical Pragmatics* 17(2).

Hilpert, Martin（2013）*Constructional change in English: Developments in allomorphy, word formation, and syntax*. Cambridge: Cambridge University Press.

Himmelmann, Nikolaus P.（2004）Lexicalization and grammaticalization: Opposite or orthogonal? In: Walter Bisang, Nikolaus P. Himmelmann and Björn Wiemer（eds.）*What makes grammaticalization?*, 21–42. Berlin: Mouton de Gruyter.

Hook, Julius N. and Ernst G. Mathews（1956）*Modern American grammar and usage.* New York: Roland.

金水敏（編）（2014）『〈役割語〉小辞典』東京：研究社.

Linell, Per（2005）*The written language bias in linguistics.* London: Routledge.

前田敬作（監修）（2003）『フロイデ独和辞典』東京：白水社.

Mencken, Henry L.（1948）*The American language, supplement II.* New York: Alfred A Knopf.

ナロック，ハイコ（2016）「【テーマ解説】文法化」青木博史・小柳智一・高山善行（編）『日本語文法史研究3』241–254. 東京：ひつじ書房.

Narrog, Heiko and Bernd Heine（2017）Grammaticalization. In: Adam Ledgeway and Ian Roberts（eds.）*The Cambridge handbook of historical syntax*, 7–27. Cambridge: Cambridge University Press.

Norén, Niklas and Per Linell（eds.）（2013）*Special issue: Pivot constructions in talk-in-interaction. Journal of Pragmatics* 54.

小野寺典子（編著）（2017）『発話のはじめと終わり：語用論的調整のなされる場所』東京：ひつじ書房.

尾上政次（1953）『アメリカ語法の研究』東京：研究社.

Rickford, John R., Isabelle Buchstaller, Thomas Wasow, and Arnold Zwicky（2007）Intensive and quotative *all*: Something old, something new. *American Speech* 82（1）: 3–31.

サリンジャー，J. D.（野崎孝（訳））（1984）『ライ麦畑でつかまえて』東京：白水社.

サリンジャー，J. D.（村上春樹（訳））（2006）『キャッチャー・イン・ザ・ライ』東京：白水社.

澤田茂保（2016）『ことばの実際1：話しことばの構造』東京：研究社.

柴﨑礼士郎（2005）「証拠表示化する「と」と談話構造：頻度から見た文法化の層状的拡大」『日本語の研究』1（4）: 47–60.

Shibasaki, Reijirou（2007）Ellipsis and discourse-syntactic structures in Japanese interview discourse. *Language and Linguistics* 8（4）: 939–966.

Shibasaki, Reijirou（2017）Clause combining and integration at right periphery of utterance: ..., *is what I'm saying* in American English. Paper to be presented at the 15th International Pragmatics Conference, Belfast, Northern Ireland, 16–21 July 2017.

Shibasaki, Reijirou（forthcoming）Sequentiality and the emergence of new constructions. In: Hubert Cuyckens, Hendrik De Smet, Liesbet Heyvaert, and Charlotte Maekelberghe（eds.）*Explorations in English historical syntax.* Amsterdam: John Benjamins.

Smith, Andrew D. M., Graeme Trousdale, and Richard Waltereit（2015）Introduction. In: Andrew D. M. Smith, Graeme Trousdale, and Richard Waltereit（eds.）*New directions in grammaticalization research*, 1–8. Amsterdam: John Benjamins.

砂川浩慶（2016）「イメージの固定化招く「役割語」」『読売新聞全国版』2016 年 10 月 6 日.

The American heritage dictionary of the English language, fifth ed.（2011）Boston: Houghton Mifflin Harcourt.

Traugott, Elizabeth C.（2003）Constructions in grammaticalization. In: Brian Joseph and Richard Janda（eds.）*The handbook of historical linguistics*, 624–647. Oxford: Blackwell.

Traugott, Elizabeth C.（2007）Interview with Elizabeth Closs Traugott（Interviewer: Scott A. Schwenter）. *Journal of English Linguistics* 25（4）: 353–364.

Traugott, Elizabeth C.（2008）'*All that he endeavoured to prove was...*': On the emergence of grammatical constructions in dialogic contexts. In: Robin Cooper and Ruth Kempson（eds.）*Language in flux*, 143–177. London: Kings College Publications.

トラウゴット，エリザベス・クロス（柴﨑礼士郎（訳））（2017）「「節周辺」と同領域に生起する語用論標識の構文的考察」小野寺典子（編著）『発話のはじめと終わり：語用論的調整のなされる場所』75–98. 東京：ひつじ書房.

Traugott, Elizabeth C. and Graeme Trousdale（2014）*Constructionalization and constructional changes*. Oxford: Oxford University Press.

若田部博哉（1985）『英語史 IIIB』東京：大修館書店.

山口治彦（2009）『明晰な引用、しなやかな引用』東京：くろしお出版.

コーパス

The Corpus of Contemporary American English（COCA）, 1990–2015, 450 mil. words.

The Corpus of Historical American English（COHA）, 1810–2009, 400 mil. words.

The Catcher in the Rye（http://www.pu.if.ua/depart/Inmov/resource/file/samostijna_robota/ Catcher_In_The_Rye_-_J_D_Salinger.pdf）

第13章

フランス語および西ロマンス諸語における「行く」型移動動詞の文法化

渡邊淳也

> だいたい、ぼくは「いこう」といってあるきだす。
> こんな場合、いっしょにいた者が「どこへいくんで
> す?」ときくと、バカじゃないか、とおもう。
> 　　　　　　　　　　　　　　（田中小実昌『また一日』）

1. はじめに

　本論は、フランス語および西ロマンス諸語における「行く」型移動動詞（verbe de déplacement de type *itif* ou *andatif*）の文法化について論ずることを目的とする。本論でいう「行く」型移動動詞とは、フランス語の aller、スペイン語・ポルトガル語・ガリシア語の ir、カタルーニャ語・オック語の anar などを総称するものである。ただし、フランス語以外の西ロマンス諸語に関しては、カタルーニャ語やガリシア語の迂言的過去時制を中心的な対象とし、フランス語の迂言的未来時制と対比的な（そして、現代ではロマンス諸語のなかでもめずらしい）事例としてとりあげることとする。総じて準助動詞化といえる例が多いものの、間投詞化など、それ以外の例も扱うため、本論では「文法化」の用語をひろい意味で用いることとする。

　以下では、まず第2節で aller のあらわす移動の基本的な性質について確認する。それ以降は文法化をこうむった主要な用法について、意味的な類型ごとに検討してゆく。第3節で仮構的移動をあらわす事例について、第4節で迂言的未来時制について、第5節で迂言的過去時制について、第6節で「異常なふるまい」をあらわす用法について、第7節で「特徴づけ」をあらわす用法について、第8節で間投詞化について、そして第9節でその

他の慣用表現について、それぞれ考察する。文法化したいずれの用法も、移動の図式から出発して、その拡張として説明できることを示したい。

2. aller のあらわす移動について

フランス語の移動動詞 aller は、基本的に、着点の標示を必須とする。着点は通常、à をはじめとする前置詞にみちびかれて示される。この点は、venir（一般的にいうと「来る」型移動動詞；verbe de déplacement de type *ventif*）が、着点を発話者のいる場所、対話者のいる場所など[1]と一致するものとして暗黙にできるのとは対照的である。

(1)　Paul **va** à Paris demain.　　ポールは明日パリに<u>行く</u>。

(2)　*Paul **va** demain.　　ポールは明日<u>行く</u>。

(3)　Paul **vient** à Paris demain.　　ポールは明日パリに<u>来る</u>。

(4)　Paul **vient** demain.　　ポールは明日<u>来る</u>。

実際には行き先が決まっていないときも、場所副詞を照応できる接語代名詞（pronom clitique）、y をおかなければならない。

(5)　*Bon, je **vais.**　　じゃ、ぼくは<u>行く</u>よ。

(6)　Bon, j'y **vais.**　　じゃ、ぼくは（そこに）<u>行く</u>よ。

ただし例外的に、着点の場所副詞が共起しない場合がある[2]。

(7)　Détrompe-toi. Je suis une force qui **va** !

（Victor Hugo, *Hernani*, cité dans Kerbrat-Orecchioni 1980: 235）

　　誤りに気づきなさい。わたしは<u>すすみゆく</u>力そのものなのです！

この場合は、本来義務的に標示されるべき着点があえて示されないことによって、「行く先もわからないほどの激情」といった意味効果が出てきてい

1　泉（1978: 145）によると、venir の着点は、「現在話し手がいる場所」、「その行為の主体が到着する時点に話し手がいるはずの場所」、「現在聞き手がいる場所」、「その行為の主体が到着する時点に聞き手がいるはずの場所」、「話し手にとって本拠となる場所」、「聞き手にとって本拠となる場所」の 6 つの場合がある。

2　文法化された事例には着点に相当する標示がないものもあるが、それらについては後でのべる。

第13章　フランス語および西ロマンス諸語における「行く」型移動動詞の文法化 ｜ 225

るのであるから、着点が図式上必要であることには変わりない。

　また、着点が示されてさえいればよいというものではなく、aller が標示する移動の着点は、発話者のいる場所以外でなければならないという制約がある。このことをさして、aller は遠心的（centrifuge）な性格をもつという。また、対照的に、venir は求心的（centripète）な性格をもつという。

(8)　*Paul **va ici.**　　*ポールは<u>ここに行く</u>。

(9)　Paul **vient ici.**　　ポールは<u>ここに来る</u>。

3.　仮構的移動（parcours fictif）

　「行く」型移動動詞が具象的な移動をあらわさない場合は多い。具象的でない移動を仮構的移動とよぶことにしよう。仮構的移動のなかには、第1に、位置関係を示すなどのために、実際の移動はともなわないで、心的な視線移動をしている場合がある。

(10)　Continuant de suivre la rive droite de cette rivière, la route **va** à Manosque, d'où l'on peut **aller** à Marseille ou à Toulon.

（Pierre Joseph de Bourcet, *Mémoires militaires sur les frontières de la France*）
　　　その川の右岸を伝ってゆくと、道はマノスクに<u>行く</u>。そこから、マルセイユやトゥーロンに<u>行く</u>ことができる。

　(10) では、移動動詞 aller の1度目の生起である la route **va** à Manosque（道はマノスクに<u>行く</u>）は仮構的移動の事例である。それに対し、2度目の d'où l'on peut **aller** à Marseille ou à Toulon（そこから、マルセイユやトゥーロンに<u>行く</u>ことができる）は、主語はひと一般をさす代名詞 on であり、準助動詞（semi-auxiliaire）[3] の pouvoir（... できる）によって潜在的になってはいるものの、動詞自体では具象的移動をあらわしていることから、用法がことなると考えられる。

　第2に、いかなる地理的な関係もなく、概念、あるいは特徴のあいだで

3　フランス語の伝統文法では、複合時制（完了時制）をつくる avoir、être のみを「助動詞」（auxiliaire）とよぶ慣用があるため、それら以外で他の動詞をみちびきうる動詞は「準助動詞」（semi-auxiliaire）とよばれる。

の推移をあらわす事例がある。

(11) Où **va** la musique contemporaine ?　　（Titre de débat, *France Culture*）
現代音楽はどこへ行くのか？

現代音楽は、もちろん具象的移動としてはどこにも「行き」はしない。この場合は、現代音楽の全体的趨勢を、移動になぞらえて問うているといえる。

また、仮構的移動の到達点として、高い程度が示されることがある。

(12) Les habitants de Paris sont d'une curiosité qui **va jusqu'à** l'extravagance.
パリの住民たちは、異常な域まで行く好奇心をもっている。

（Montesquieu, *Lettres persanes*）

パリの住民たちの好奇心が増してきているわけではなく、つねに高いのであるが、この例では、その程度の高さを、あたかもつき極まるかのように、仮構的移動によってあらわしている。

さらに、高い程度にいたる仮構的移動のひとつの特殊ケースとして、aller jusqu'à... （... まで行く）のあとに、動詞の不定法が来る例をあげることができる。この用法は、あとで見る「異常なふるまい」用法と均質の説明が可能であると思われるが、詳細については第 6 節でのべる。

(13) Elle **est allée jusqu'à** se prostituer pour lui.　　（Leeman 2005: 365）
彼女は彼のために売春するところまで行った。（「行く」による和訳は便宜的）

(13) では、彼女の行動の異常さが昂じた結果、売春するにいたったということを、仮構的移動によってあらわしている。

4.　迂言的未来形 (futur périphrastique)

フランス語の「aller ＋不定法」が、未来を標示する迂言形として使われることがある[4]。このとき、aller は文法化し、準助動詞に転化しているといえ

4　つぎの例に見られるような、「〜しに行く」の意味の「aller ＋不定法」は、具象的移動をあらわすので、顕著に文法化した用法とは見なさず、ここでは扱わない。

(i) Je **vais chercher** Zazie à la Gare de Lyon.
わたしはザジをリヨン駅にむかえに行きます。

第13章　フランス語および西ロマンス諸語における「行く」型移動動詞の文法化 ｜ 227

る。迂言的未来形の用法については渡邊（2013, 2014）で詳しく検討したので、以下では要点のみを＜表1＞としてまとめておく。

＜表1：迂言的未来形と単純未来形の比較＞

迂言的未来形（futur périphrastique）	単純未来形（futur simple）
移動動詞 aller の意味にふくまれる漸進性を反映し、不定法であらわされる事態へとむかって増進しつつある準備段階を発話時点に位置づける。未来時にむかうある種の仮構的移動である。発話時点と、事態の実現のあいだに断絶はなく、aller によって連続性が保証されている。	発話時点からは断絶した時として表象される未来時における事態をあらわす。
発話者の視点は発話時点におかれる。	発話者の視点は未来時におかれる。
すでに準備段階に入っていることから、事態の実現はいわば運命づけられており、もっぱら事態の実現へと漸進してゆく直線的時間（temps linéaire）が展開する。	発話時点から未来時へとむかう時間のながれは、事態の実現と非実現の双方の可能性を考慮し、それらのあいだでの選択が問題となる、分岐的時間（temps ramifié）としてとらえられる。未来の事態はその分岐の先にある可能世界（mondes possibles）のうちのひとつである。

　以上の諸点を例文に即して確認しよう。まず、迂言的未来形が発話時点指向であるのに対し、単純未来形が（発話時点からは断絶した）未来時指向であることを示すデータとして、時間副詞との共起可能性があげられる。(14)、(15) ではいずれも、迂言的未来形のあとに単純未来形をあげる。

(14)　**Maintenant** qu'il a fini ses études, il {**va retourner**/ *retournera**} au
　　Japon.　　　　　　　　　　　　　　　　　　　　　（Franckel 1984: 67）
　　いまや学業を終えたので、彼は日本に帰ることになる。

(15)　**Un jour**, je { ?? **vais t'expliquer** / **t'expliquerai**}.
　　いつかはきみに説明するよ。　　　　　　　　　（Leeman-Bouix 2002: 162）

　(14) では、maintenant（いま）という副詞が共起しているので迂言的未来形が用いられるが、単純未来形を用いるのは不自然である。(15) では未来時

をあらわす un jour（いつか）が共起しているので、単純未来形は自然である
が迂言的未来形は使いづらい（容認可能性の記号はいずれも原著者による）。

また、直線的時間と分岐的時間の対比を裏づけるデータとして、否定との
かかわりがあげられる。単純未来形の否定文がひろく見られるのに対して、
迂言的未来形が否定文におかれることは稀である（cf. Jeanjean1988: 253）。
このことは、分岐的時間によってあらかじめ否定が考慮されている単純未来
形のほうが、否定と共起しやすい、というように説明できる。通常、未来に
想定される事態の否定には、（16）のように単純未来形が用いられる。

(16) Ces gens-là **ne paieront pas** de taxe d'habitation.

（Lionel Jospin sur *France 2*, mars 2000, cité dans Novakova 2001: 169）

その人たちは住民税を払わないことになるでしょう。［単純未来形］

それに対し、もっぱら事態の実現へとむかう直線的時間を表象する迂言的
未来形に否定がかかる例は稀であるが、あえて用いられる場合は、対話者の
言動に対する、あるいは対話者の言動の可能性に対する反論を構成する、反
駁的否定（négation réfutatrice）となる[5]。

(17) —Fais attention, **tu vas casser** le verre !

—Mais non, je **ne vais pas le casser** !　　（Novakova 2001: 170）

—気をつけて、グラスを割っちゃうよ。

—とんでもない。割ったりなんかしないよ。［迂言的未来形］

(17) では、対話者の直前の発言に対する反駁において、迂言的未来形の
否定が出ている。直線的時間である（すなわち、元来肯定の方向性しかもた
ない）からこそ、それを否定するなら、ことなる主体による反駁的否定とい
うことになるのである。

さらに、迂言的未来形が示す、ある事態の準備段階が、「増進しつつある」
ものであることを裏づける事例として、de plus en plus（だんだんと）、peu à peu
（少しづつ）といった漸進性をあらわす副詞と親和性が高いことがあげられる。

(18) ［将来予想される携帯電話について］Le téléphone ordinateur *restera*

dans la poche et l'écran *sera* visible soit sur des lunettes communiquant

---

5　つねに (17) のような明示的な対話形式での反駁とはかぎらないが、(17) の「…なんか
しない」言説の他者性をはらんだ否定になる。

第 13 章　フランス語および西ロマンス諸語における「行く」型移動動詞の文法化 | 229

sans fil avec le portable soit sur un petit écran portable qui *aura* la taille d'un cadre à photo. En ce qui concerne la voix, on **va** de plus en plus **parler** à son téléphone pour lui commander un certain nombre de fonctions et, par ailleurs, l'oreillette *sera* placée sans aucun fil, un peu comme celle que portent les présentateurs de télévision.

（*Mobiles magazine*, février 2002）

コンピューターを兼ねる携帯電話はポケットに入れたままで［単純未来形］、画面は、携帯電話と無線通信する眼鏡か、フォトフレーム程度の大きさの［単純未来形］小さな携帯用画面で見ることができるようになるだろう［単純未来形］。声に関しては、一定の機能を命令するために、われわれはだんだんと自分の電話にむかって話すようになってゆく［迂言的未来形］。さらに、イヤフォンはテレヴィの司会者のように、無線で耳につけるようになるだろう［単純未来形］。

　（18）では前後の文脈をやや長めに引用しておいたが、全体としては、未来の携帯電話を想像して、その内容が明確に単純未来形（原文斜字）を基調とした文によって表現されている。それにもかかわらず、太字部分のみ、迂言的未来形に切りかえられているのである。この切りかえには、de plus en plus によってあらわされる事態の漸進性が影響していると考えられる。

　最後に、次節への布石としておさえておきたいのは、「aller + 不定法」が、発話時点から見た未来ではなく、語りや歴史叙述の現段階から見た未来をあらわす場合があるということである。

　（19）　Paris s'éveille libre, la première cité libre depuis qu'il y a des cités. Il **va tenter** une vie nouvelle : la vie nouvelle, dans laquelle les hommes *prendront* en main leur destin. Sur une base sociale définie, ni trop grande, ni trop petite　—le quartier—, les gens **vont participer** aux affaires publiques : leurs affaires. Ils **vont créer**, sur cette base, l'autogestion, le travail libre dans la joie ; ils **vont organiser** la décentralisation.

（Henri Lefebvre, *La Proclamation de la Commune*,

cité dans 小川 2016: 45）

> パリは自由な都市へと目ざめる［現在形］。都市なるものが存在し
> てから、最初の自由な都市である。パリは新しい生活を<u>試みること</u>
> <u>となる</u>［迂言的未来形］。その生活のなかで、人々は自らの運命を
> 手に握るであろう［単純未来形］。大きすぎず、小さすぎないかぎ
> られた社会的基盤―地区―で、人々は公共の仕事、自分たちの仕事
> に<u>参加しようとする</u>［迂言的未来形］。彼らはこの基盤の上で、自
> 主管理や、喜びのなかでの自由な労働を<u>創造しようとし</u>［迂言的未
> <u>来形</u>］、地方分権を<u>組織しようとする</u>［迂言的未来形］。

　(19) はパリ・コミューヌの歴史叙述の一部である。冒頭の現在形（原文
下線部）は語りの現段階を指示している。その時点から見た未来のなりゆき
を、おもに迂言的未来形（原文太字）でしるしている。迂言的未来形の基本
的図式では、発話時点からの仮構的移動を想定していたが、ここでは共起し
ている現在形で示されている歴史叙述の現段階が出発点となる [6]。1 か所だけ
単純未来形（原文斜字）が用いられている。迂言的未来形のときはパリ・コ
ミューヌ実現後比較的すぐに当然のなりゆきとしてすすめられたことが示さ
れているのに対し、単純未来形ではおそらくそれよりは遠い、いっそう不確
かな展望がのべられているという具合であり、ここにも直線的時間（迂言的
未来形）と分岐的時間（単純未来形）の対比があらわれている。

　以上、本節では、迂言的未来形が移動動詞 aller の意味を反映して、漸進
性や直線的時間を標示するにいたっていることを見た。

5.　迂言的過去形 (prérérit périphrastique)

　Fleischman (1982: 80) によると、過去・未来を移動動詞で標示しようと
するとき、「未来方向にむかって主体が移動してゆく」という、moving-ego
metaphor と、「静止している主体を、時間や出来事が通りすぎてゆく」とい
う、moving-time metaphor（あるいは、moving-event metaphor, Fleischman

---

6　したがってこの場合、歴史叙述の現段階が擬似的な発話時点になるといってもよい。物
語や歴史叙述の現段階が発話時点に準ずる働きをすることを、Lansari (2009: 124) は、「仮
構的な本源的定位」(situation-origine fictive) といっている。

第 13 章　フランス語および西ロマンス諸語における「行く」型移動動詞の文法化 | 231

1982) がある。図説すると、それぞれ＜図 1 ＞、＜図 2 ＞のようになる[7]。

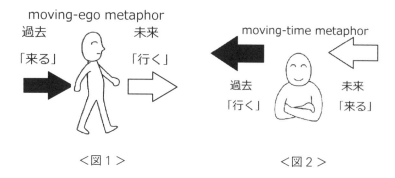

＜図 1 ＞　　　　　　　＜図 2 ＞

　一般論としてふたつのメタファーが存在することは間違いない。たとえば日本語でも、「来し方、行く末」というときは moving-ego metaphor、「行く年、来る年」というときは moving-time metaphor にあたる。
　前節で見た迂言的未来形は、moving-ego metaphor にもとづいている。
　これに対し、カタルーニャ語やガリシア語の「行く」型移動動詞＋不定法には、過去をあらわすという事例が見られる。(20) はカタルーニャ語、(21) はガリシア語の例である。

　(20)　Ahir **vaig dormir** tota la tarda.　　（Bres et Labeau 2013: 302）
　　　　きのう、わたしは午後ずっと寝ていた。
　(21)　Onte **vou ir** á feira e atopeime con Xurxo.　　（Pérez Bouza 2007: 831）
　　　　きのう、わたしは市場にゆき、シュルショに会った。

　一見、こうした事例は、moving-time metaphor にもとづいていると思うかもしれない。実際、Hagège (1993) は、迂言的過去形を moving-time の事例と見なして、つぎのように言っている。

> With the regard to the time before ego's discourse, then, the itive implies motion starting from ego, crossing a past event which has really occurred,

---

7　同様の図式については、さらに阿部 (2015: 67 sq.)、瀬戸 (2017: 38 sq.) を参照のこと。

and becoming thereafter more and more distant from ego. This explains such Catalan examples as（110）below, in which the itive indicates the past :

（110）　Ahir **vaig esmorzar** amb el meu germà.　　　　（Hagège 1993: 103）

このとき、自己の言説以前の時間に対して、「行く」型移動動詞は、自己から出発して、現実に起きた過去の出来事と交わり、そのあとだんだんと自己から遠ざかってゆくような動きを含意する。このことがたとえば（110）のような、「行く」型移動動詞が過去を標示するカタルーニャ語の例を説明しうる。

（110）　きのう、わたしは兄弟と昼食をとった。[8]

　しかしこの説は、認知論的な図式の適用を急ぐあまり、言語事実を無視する議論であり、賛同できない。事実に即していうと、カタルーニャ語などの迂言的過去形は、通時的には、前節末尾の（19）に類する用法、すなわち、物語や歴史叙述の現段階から、つぎなる事態にむかう仮構的移動をあらわす用法を母胎とし、そこから「行く」型移動動詞＋不定法のみが独立することでなり立った用法である。つまり、迂言的過去形にも迂言的未来形と同様、元来は moving-ego metaphor しかないのである。

　そのことの証拠のひとつとして、14 世紀のカタルーニャ語の例を見よう。

（22）　E com se raonassen ensems d'alscunes coses, lo maligne esperit **va prendre** aquel seu fil petit e *lançà*'l al foc, e aquí matex de continent *arrancà*-li la ànima.

　　　　　　　（Sant Gregori, *Diàlegs*, cité dans Pérez Saldanya 1998: 267）

そして、彼らがいっしょに何かを話し合っていたとき、悪霊は小さな子をさらい［迂言的過去形］、彼を火のなかに投げこみ［単純過去形］、まさにそこで、いきなり彼の魂を抜きとった［単純過去形］。

　ここでは、迂言的過去形（原文太字）が文脈上、単純過去形（原文斜字）と共起している。いずれも継起する行為のひとこまをあらわしており、両形式は交替可能である。それにもかかわらずあえて迂言的過去形を用いている理

8　Hagège (*ad loc.*) は germà を「従兄弟」と註釈しているが、誤訳である。

第13章　フランス語および西ロマンス諸語における「行く」型移動動詞の文法化｜233

由を考えてみよう。単純過去形だけをくりかえし用いても、継起する事態を
あらわすことはできる。しかし、移動動詞を用いることにより、単純過去形
の連鎖では暗黙にされていた、「つぎなる事態への移行」が明示されること
になる。迂言的過去形の使用は、移動動詞由来の、ある行為へとむかう仮構
的移動の意味を活用して、物語に動的な相貌、Gougenheim（1929: 92）の説
では「起動相的な意味」（sens inchoatif）をあたえるためであった。「起動相」
とは、行為や事態の初めの境界を越えることであるので、移動動詞の「着
点」としての本動詞（不定法）の行為にいたりつくことと対応している。し
たがって、ここでもまた、準助動詞化した移動動詞に、移動動詞本来の意味
の痕跡が見られるといえる。

　（22）のような用法では、迂言的過去形は、継起するいくつもの行為のう
ちのひとこまを示したことから、本動詞（不定法部分）の語彙的アスペクト
は点括的なものにかぎられていた。しかし、物語や歴史叙述の文脈をはな
れ、単独で用いられるようになったとき、このアスペクト制約は解除され、
（20）の dormir（ねむる）のように、継続的な語彙アスペクトの動詞も用いら
れるようになった。

　しかし、本動詞の語彙的アスペクトと、迂言的過去形全体としてのアスペ
クトはかならずしも一致しない。迂言形全体としてのアスペクトは、つねに
完了相である。（20）では tota la tarda（午後全体）という副詞句と共起してい
ることに着目しよう。午後全体を閉じた時区間としてとらえ、視野におさめ
ていることから、完了相と考えられる。迂言的過去形の母胎となった、物語
のなかでの「行く」型移動動詞＋不定法の用法においては、「起動相」とい
われたアスペクトが、文法化のすすんだ独立用法においては、迂言形全体で
の完了相という、いっそう抽象化したレヴェルへと移行していると見ること
ができる。

　迂言的過去形は、現代語ではカタルーニャ語、ガリシア語など、一部の西
ロマンス諸語にしか見られない用法であり、（22）のような語りのなかでの
使用が文脈から独立することで成立したものであるが、（22）のようなタイ
プの用法は、フランス語もふくめた、より多くの西ロマンス諸語で見られ
る。つぎの（23）は16世紀のフランス語の例であるが、同じ「aller ＋ 不定

法」が地の文では迂言的過去形、すぐ近くのせりふのなかでは迂言的未来形
として用いられているという、めずらしい例である。

(23) Le maistre de céans, qui avoit fait tuer le pourceau, estoit bon
compaignon et riche assez, lui **va dire** : « Viens çà, Morthemer, je te **vas
faire** un marché. »

（Nicolas de Troyes, *Le Grand parangon des nouvelles nouvelles*,
cité dans Gougenheim 1929: 99）

豚を屠らせ、とても豊かな、よき友づれであったその家の主人は、
彼にむかって<u>言った</u>。「こっちに来なさいモルトメール。きみと取
引を<u>しよう</u>」

なぜこのようなことが可能かというと、せりふの内容はつねにそれが発せ
られた時点からの定位がなされるが、地の文は語りの現段階を定位の原点と
できるからである。双方のちがいは定位の原点のちがいだけである。(23)
の例は、迂言的過去形と迂言的未来形を通じて、一貫して moving-ego のメ
タファーしかないことを端的に示している。

(22)、(23) のような用法と、現代フランス語に存在する (19) のような用
法は類似しているが、重要な相違点がある。それは、現代では語りの現在形
（またはそれを助動詞として用いる複合過去形）との共起が必須であるとい
うことである。かつての語りの迂言的過去形は、単純過去形 (22) や半過去
形 (23) のみと共起することができた。すなわち、自律的に定位の原点を過
去にずらす原動力があった。その力が、のちにカタルーニャ語やガリシア語
での文脈独立的な迂言的過去形を生むことになったと考えられる。

6. 異常なふるまい（allure extraordinaire）

この用法の命名は、Damourette et Pichon (1911–1936: §.2604) によるもの
であるが、先行研究では、この用法のもとに包括される事例はさまざまで、
大きく 2 種類にわけることができる。

第 1 に、Schrott (2001) のいう「異常なふるまい」用法である。Schrott の
引く例はつぎのようなものである。

第 13 章　フランス語および西ロマンス諸語における「行く」型移動動詞の文法化　|　235

(24) Bouzigue ouvrit des yeux énormes : « Vous **n'allez pas me dire** que
vous allez à La Tireille ? »

　　　　　（Marcel Pagnol, *Château de ma mère*, cité dans Schrott 2001: 159）
ブーズィーグは巨大な目を見ひらいた。「まさか、ラ・ティレイユ
まで行くとおっしゃるのではないでしょうね？」

　Schrott (2001) はこうした例を迂言的未来形とは別扱いしているが、実は
この例は、第 4 節でふれた、迂言的未来形に反駁的否定がかかった事例に
ほかならない。

　「aller ＋不定法」の、「異常なふるまい」をあらわすモーダルな用法とし
て、本当に時制形式としての迂言的未来形と区別しなければならないのは、
第 2 の種類であり、つぎの (25)、(26) のような例であると思われる。

(25) Oui, une voiture toute neuve. Et ce connard **est allé m'emboutir** une
aile !　　　　　　　　　　　　　　　　　　　　（Larreya 2005: 351）
そうだよ、まっさらの新車だよ。それを、あの莫迦はフェンダーを
へこませてくれちゃったのさ。

(26) M. le Grand **alla dire** sottement : « ...... ».

　　　　　　　　　　　　（Damourette et Pichon 1911–1936: §. 1652）
ルグラン氏はおろかにも「......」と言ってしまった。

　このような例を時制形式としての迂言的未来形と区別するべき理由は、こ
の用法においては aller をすべての時制（(25) の場合は複合過去形、(26) の
場合は単純過去形）におくことができるからである。時制としての迂言的未
来形にあらわれる aller は、直説法では、基準点をあらわすふたつの時制で
ある、現在形または半過去形にしか活用しない。したがって、移動動詞と
しての aller からの文法化を考えると、「異常なふるまい」用法のほうが aller
の原義に近く、時制形式としての迂言的未来形のほうが相対的に文法化がす
すんだ用法であると考えられる。

　「異常なふるまい」用法も、移動動詞からの文法化として説明できる。こ
の事例にも漸進性がみとめられ、直線的時間によって不可避的に、後続不定
法であらわされる行為へとむかってゆくことを「aller ＋不定法」があらわ
していると考えると、あたかも、異常と見なされる行動をとる主体が、そう

した不可避性につき動かされているかのごとき意味効果が出てくることが理解できる。またその際、仮構的移動の方向性も重要である。第2節でのべたallerの「遠心的」な性質は、ここでは一般常識からの逸脱としてとらえられる。それらの結果として、「異常なふるまい」という解釈が出てくると考えられる。

ここで、第2節で仮構的移動の事例としてとりあげた例を思いおこそう。

(27) Les habitants de Paris sont d'une curiosité qui **va jusqu'à** l'extravagance.
　　　[＝（12）]
　　　パリの住民たちは、異常な域<u>まで行く</u>好奇心をもっている。

(28) Elle **est allée jusqu'à** se prostituer pour lui. [＝（13）]
　　　彼女は彼のために売春する<u>ところまで行った</u>。

「ある場所まで行く」という具象的移動をあらわす例を別にすれば、aller jusqu'à... が示すのは、のぞましくない事態である場合が圧倒的に多い。そのことからも、（27）、（28）の例も、「異常なふるまい」用法と連続的な扱いが可能であり、allerによって標示される不可避性、遠心性によって理解することができる。

さらに、「異常なふるまい」用法のallerが命令法におかれる場合もある。

(29) **Allez travailler** avec tout ce vacarme.　　　　　　　（Forest 1993: 9）
　　　このすごい騒音のなか<u>で仕事してごらんなさいよ</u>。

(29) では、発話者と対話者の信念が衝突している。発話者は、「騒音のなかで仕事ができる」という、対話者に帰せられる信念を、常識から逸脱したものととらえており、遠心的な仮構的移動をあらわすallerを用いてその逸脱を表現しているのである。その際、命令法はもちろん修辞的であり、試みても失敗するという見込みを示している。つまり結果的には、そのような行為はまったく推奨しないという否定的な評価をくだしていることになる。

実際、つぎのような、修辞的でない否定命令の例もある。この場合は、「推奨しない」ことが直接的に示されていることになる。

第13章　フランス語および西ロマンス諸語における「行く」型移動動詞の文法化 ｜ 237

(30)　**N'allez pas croire** davantage que le démon brûle son corps.

(Geroges Brassens, *Le mouton de Panurge*)

もはや、悪魔が焼死するなどとは信じなさるな。

　この節で扱った事例はいずれも、aller がマイナス評価の内容をみちびいていた。Forest (1993) は、「行く」型移動動詞が通言語的にマイナス評価とむすびつきやすいことを、ヒンディー語、チベット語、ドラヴィダ諸語、オーストラリア先住民族の諸言語などの例を引いて示している。

　フランス語以外の西ロマンス諸語でも、同様の傾向が確認できる。まず、(31) はポルトガル語の「ir ＋不定法」の例である。

(31)　Como ela **foi cair** da escada ?　　　(Raphael Draccon, *Fios de Prata*)

どうして彼女は階段で落ちてしまったの？

　ここでは、移動動詞 ir が単純過去形におかれているところが注目される（ポルトガル語の場合は、迂言的未来形の場合もふくめて、ir の時制のヴァリエーションがたいへん自由である）。そのことにより、全体としては、過去になされた異常な行為、あるいは過去に起きた異常な事態を示している。

　つぎに、スペイン語の動詞 andar をあげることができる。「andar ＋現在分詞」はマイナス評価をあらわすことが多い。つぎの例は、それがさらに「ir ＋ a ＋不定法」（迂言的未来形）と組み合わさっている例である。

(32)　No, no **vas a andar** diciendo tú esos, esas palabras.

(Torres Cacoullos 2000: 167)

そんな（悪い）ことばを言ってまわるんじゃないよ。

　否定命令であるが、これについても、「異常なふるまい」用法と類似した理解が可能ではなかろうか。ただし、スペイン語では ir / andar という、フランス語にはない（多くの場合、どちらをフランス語に訳するときも aller が対応する）移動動詞の区別があるので、andar が ir にくらべて有標項としての色づけがされやすかったという事情があると思われる。

　細部には言語によってちがいがあるものの、「行く」型移動動詞が仮構的移動の次元であらわす不可避性や遠心性が、マイナス評価につながっていると考えることができる。

7. 特徴づけ (caractérisation)

この用法は、つぎのような例に関して、Larreya (2005: 339) が名づけたものである。

(33) Il [= George W. Bush] dit tout et n'importe quoi. Un jour, il dit qu'il faut faire la guerre parce que Saddam Hussein a des armes de destruction massive, un jour il dit que Saddam Hussein soutient le terrorisme international, et un autre jour il **va expliquer** qu'il faut installer en Irak un régime démocratique qui sera un modèle pour tout le Moyen-Orient.

(*France Inter,* le 12 mars 2003, cité dans Larreya 2005: 339)

彼 [= ジョージ・W・ブッシュ] はなんでも言うし、なんとでも言う [現在形]。ある日には、サダム・フセインが大量破壊兵器をもっているから戦争をしないといけないと言う [現在形]。ある日には、フセインが国際的テロリズムを支援していると言う [現在形]。そしてまたある日には、中東全体の模範となるような民主的政体をイラクに樹立しなければならないと説明しさえするのだ。

この例では、動詞 dire (言う) が現在形で 3 度くりかえして使われたあと、最後で動詞 expliquer (説明する) が移動動詞 aller によってみちびかれている。ブッシュの発言を枚挙してゆくなかで、極めつきのような、いっそうおどろくべき内容を aller ＋不定法で提示している。「特徴づけ」とは、ここでは、問題の発言をブッシュの属性と見なしているということである。属性は主語に内在的なものであるから、前節で見た「異常なふるまい」と同様、aller のあらわす不可避性の意味と合致するのである。

しかしこの用法は、「異常なふるまい」用法とちがって、つぎの例に見るように、かならずしもマイナス評価の内容がのべられるわけではない。

(34) Un chameau **va rester** plusieurs jours sans boire. (Larreya 2005: 348)

ラクダは何日も飲まずに過ごしさえする。

しかし、マイナス評価ではないとはいえ、ここでもある種の「異常さ」の評価はなされているというべきである。(33) におけるブッシュがのべる戦

争の口実や、（34）におけるラクダの渇きに対する強さを、よかれ悪しかれ、並外れた特徴としてとらえていることがわかる。この並外れた特徴が、aller のあらわす遠心性と合致しているのである。

　もうひとつ、この用法が「異常なふるまい」用法とちがうところは、時制のヴァリエーションがとぼしく、ほぼ現在形しかありえないということである。その現在形は、汎時的（総称的）な意味の現在形であり、主語に一般的にみとめられる属性として内容をのべていることからきている。

8.　間投詞化

　Aller の命令法が間投詞に転化している事例がいくつかある。Allez（2 人称複数形）、allons（1 人称複数形）、va（2 人称単数形）の順で見てゆこう。これらの形は、allez-y、allon-y、vas-y のように場所副詞を照応できる接語代名詞 y をつけた場合は字義どおりの命令と解され、人称・数に対応する対話者にむけての具象的移動（をともなう行動）をうながす表現になる。それに対し、まず allez に関しては、間投詞化した場合は、日野（2011: 148）も指摘するように、この形式自体は 2 人称複数形でありながら、共起する文の人称・数は無差別になる。

（35）　**Allez**, j'y vais.　さあ、ぼくは行くよ。

　　　　　　　（Anna Gavalda, *Ensemble, c'est tout,* cité dans 日野 2011: 148）

（36）　**Allez**, on s'en va.　さあ、（われわれは）行こう。

　　　　　　　　　　　　　　　　　　　（Sierra Soriano 2006: 74）

　間投詞としては、allez は新たな行動や、態度の転換をうながす働きがある。（36）ではいっしょに行こうという誘いであり、（35）では立ち去るのは発話者だけであるが、たとえば、話をきりあげるといった態度の転換を対話者にうながしている。Allez が間投詞としてそのような意味をもつのは、新たな行動や態度の転換へとむかうある種の仮構的移動が想定されるからである。そして、この間投詞がつねに 2 人称複数形である理由は、（35）のように行動を起こすのは自分である場合でも、態度の転換を求めるのは単数また

は複数の対話者に対してであることにある[9]。

　ところで、第2節で見たように、移動動詞としての aller には、場所副詞などによる着点の標示が必須であった。比較的文法化した用法でも、「aller ＋不定法」における不定法のように、仮構的移動の「着点」のメタファーと見なすことのできる要素が随伴していた。しかし間投詞化した場合は、この制約はなく、動詞由来の形式のみが完全に単独で生起する。この点については、基本的には、間投詞化した事例が文法化がもっともすすみ、動詞的性格をもっとも喪失した事例であるというように考えることができる。しかし一方で、共起する他の文が、着点の痕跡をなしているように考えられる場合もある。たとえば (36) では、on s'en va という行為にむかう仮構的移動を想定することもできる。

　つぎに allons（1人称複数形由来）の例を見よう。こちらも共起する文の人称・数の制約はない。(37) では直後に命令法2人称複数 soyez が来ている。

(37)　**Allons**, ne soyez pas triste !　　　　　　　　（Sierra Soriano 2006: 74）
　　　ほら、悲しそうにしないで。

Sierra Soriano (2006: 75) はこの例について、allez と同様の意味ではあるが、allons のほうが「より優しい色づけ」(coloration plus douce) であるという。なぜかというと、日野 (2011: 150) が指摘するとおり、allons は1人称複数形であることにより、「話し手も心理的に参与する」ようであり、「話者自身が寄り添うという姿勢を見せる」ことにつながるからであろう。

　最後に va（2人称単数形由来）をとりあげる。

(38)　**Va**, dépense tout mon crédit !　　　（Vladimir Vysotskij, *Plus rien ne va*）
　　　さあ、おれの貯金を全部使いきれ！

Va についても、部分的には allez に類似しており、「新たな行動や、態度の転換をうながす」機能をみとめてもよいかもしれないが、(38) のように自棄ぎみであったり、ときには反語的な命令と解することができる例が多

9　フランス語では、2人称複数形は、対話者が複数の場合だけでなく、単数の対話者に対しても遠慮をおく表現として用いられる。これに対し、2人称単数形は家族や友人など、遠慮をおかない単数の対話者に対して用いられる。

第 13 章　フランス語および西ロマンス諸語における「行く」型移動動詞の文法化 ｜ 241

い[10]。Allez、allons とちがって、va の場合だけ、第 6 節で検討した「異常なふ
るまい」のニュアンスが感じられる。その理由は、va がとっている 2 人称
単数形が、さきにのべたように、遠慮をおかない単数の対話者に対して用い
られるので、その遠慮のなさが、否定的評価に踏みこむことを容易にしてい
るからであると思われる。動詞 aller が語彙的にもっている遠心性は、allez、
allons の場合は、新たな行動や態度の転換をうながしていることから、「現
状を脱する」というところにあらわれているのに対し、va の場合は、それ
にくわえて「異常なふるまい」を示すので、「常軌を逸する」というところ
にあらわれていることになる。

　間投詞としての va にはもっぱら文末にあらわれる変種があり、実際には
その変種のほうが使用頻度は高い。

（39）　Oh, allez, j'ai compris, **va** !　ああもう、わかってるってば。［日野
　　　　訳］　　　　　　　（Patrick Rambaud, *La Bataille,* cité dans 日野 2011: 152）

　対話者のながい話を切りあげさせるために、allez とならんで va が用いら
れているが、日野 (*ad loc.*) が指摘しているように、* va, j'ai compris, allez !
という順にすることは困難である。この種の va は文末で、直前の発話との
あいだにポーズをおかずに発せられるものであり、日本語でいう終助詞に類
する間投詞になっている。文末はとりわけ対話者への働きかけが出やすい位
置であることからしても、いっそう強い苛立ちの表現になっている。

9.　その他の慣用表現

　Aller はつぎに見るような慣用表現でも用いられる。

（40）　Comment **allez**-vous ? — Je **vais** très bien, merci.
　　　　いかがお過ごしですか？—とても元気にしています。ありがとう。

（41）　Tu **va** bien ? — Oui, je **vais** bien.　元気かい？—うん、元気だよ。

（42）　Ça **va** ? — Ça **va**.　元気かい？—元気だよ。

　これらは、日本語の「うまく行く」と比較可能であり、日常を過ごすこ

10　森 (2006) が「うそつけ」に類する反語的命令を詳しく検討している。

とや、その際の調子を、仮構的な「行程」になぞらえていると考えられる。「行程」のみに興味があるので、aller が基本的には要求していた着点の標示は不要になっている。ただし、日本語の「うまく行く」とちがうところは、副詞 bien（よく）を省いて単に ça va というだけでも、「うまく行っている」、「元気だ」という意味になるところである。ça va 単独でそのような意味になるのは、たとえば、単に il boit（彼は飲む）というだけで大酒飲みであることを意味しうるのと類似しており、概念の典型部分を示すだけで高い程度をあらわすタイプの表現ではなかろうか。その裏返しとして、ça va の否定の ça ne va pas（調子がわるい）は、ça va に副詞 mal（わるく）をつけた ça va mal と類義である。

　しかし一方で、ça va がかならずしものぞましい意味になるとはかぎらない。つぎの例では、ça va は「もうやめろ」という意味である。

(43)　Oh ça **va** ! arrête de me parler comme à un bébé !　（Brès 2003: 117）
　　　やめろよ！赤ちゃんに言うみたいにしゃべるなよ！

　これについては、日本語で「もういい」「結構だ」という、のぞましい意味の語彙を用いた断りの表現が存在するのと同様の現象であると思われる。フランス語でも ça va のほか、c'est bon（それはいい）でも断りの表現になるなど、類似の事例が存在する。

　つぎに、与格補語をともない、「都合が合う」、「似合う」という意味になる事例を見ておこう。

(44)　Vendredi soir huit heures ça vous **va** ?　（Lionel Alexis, *Baisers encrés*）
　　　金曜の夜 8 時は（あなたに）都合が合いますか？

(45)　Cette jupe te **va** bien.　　　　　（Natacha Nisic, *La tentation de Lazar*）
　　　そのスカートはきみによく似合っている。

　これらの用法においては、本論で動詞 aller の基本的な性質とみとめてきた遠心性が、例外的に失われている場合がある。なぜなら、(44) にこたえて ça me va（（わたしの）都合に合う）、あるいは (45) のかわりに cette jupe me va bien（このスカートはわたしに似合う）などといえるので、直示の原点のはずの「わたし」を仮構的移動の着点にできるからである。Ça me va のかわりに、ça me **convient**（わたしの都合に合う）と、「来る」型移動動詞

第 13 章　フランス語および西ロマンス諸語における「行く」型移動動詞の文法化　|　243

venir から派生した動詞 convenir をも類義で使うことができることからも、遠心的か求心的かという対立そのものが問題外になっているといえる。この点は、仮構的移動のメタファー的な性質の結果であると思われる。この種の例では、問題となるものが、経験者与格で示される人物にむかって仮構的に移動することに対する評価がのべられていることになる。評価をあらわす副詞 bien があってもなくてもよい点は、（40）〜（42）の場合と同様の理路を介して説明できる。

　最後に、つぎの例を検討しよう。

（46）　Ce plat **va** au four jusqu'à 260°C.　　（Meyer 社グラタン皿の説明書）
　　　　この皿は 260°C 以下のオーヴンにかけられる（直訳：オーヴンに<u>行く</u>）。

　この例においても、Ce plat **convient** au four と convenir を使って言いかえられることからも、遠心性・求心性の対立が中和されており、グラタン皿が、オーヴンにむかって仮構的に移動することに対する評価がのべられている。この用法も、（44）（45）に類する、適合性をあらわす例であるといえる。

10.　おわりに

　以上、本論では、「行く」型移動動詞の文法化について、さまざまな事例を検討してきた。文法化した用法は、全般的に、移動の概念から出発して、「着点の標示」、「不可避性」、「遠心性」などをかぎとしながら、仮構的移動としてとらえることができた。文法化した結果出てくる意味の幅のひろさを示すため、なるべく多くのタイプの例を扱うことに主眼があったので、個々の用法の詳細な分析についてはなお不満な点も残っている。今後の課題としたい。

付記

　本論は、科学研究費助成基金（JSPS Kakenhi）基盤研究（C）課題番号 25370422「フランス語および日本語におけるモダリティの発展的研究」（研究代表者：渡邊淳也）、同基盤研究（C）課題番号 15K02482「現代ロマンス諸語におけるテンス・アスペクト

体系の対照研究」（研究代表者：山村ひろみ）、同基盤研究 (C) 課題番号 17K02804「日英語ならびに西欧諸語における時制とその関連領域に関する発展的研究」（研究代表者：和田尚明）の助成を得て遂行された研究の成果の一部である。前段階の内容に対して貴重なコメントをたまわったかたがた、とりわけ益岡隆志先生、泉邦寿先生、小熊和郎先生、阿部宏先生、早瀬尚子さん、金子真さん、和田尚明さん、菱川邦俊さん、伊藤達也さん、芦野文武さん、酒井智宏さん、守田貴弘さん、小川紋奈さん、水落理子さんに深甚の謝意を申し添えたい。

参照文献

阿部宏（2015）『言葉に心の声を聞く』仙台：東北大学出版会.

Bres, Jacques（2003）Mais oui, il était un joli temps du passé comme les autres, le petit imparfait hypocoristique. *Langue française* 138: 111–125.

Bres, Jacques et Emanuelle Labeau（2013）The narrative construction *va* + infinitive in contemporary French. *Diachronica* 30（3）: 295–322.

Damourette, Jacques et Édouard Pichon（1911–1936）*Des mots à la pensée*, 5 vols. Paris: d'Artrey.

Fleischman, Suzanne（1982）*The future in thought and language.* Cambridge: Cambridge University Press.

Forest, Robert（1993）« Aller » et l'empathie. *Bulletin de la Société de Linguistique de Paris* 88: 1–24.

Franckel, Jean-Jacques（1984）Futur « simple » et futur « proche ». *Le Français dans le Monde* 182: 65–70.

Gougenheim, Georges（1929）*Etude sur les périphrases verbales du français.* Paris: Nizet.

Hagège, Claude（1993）*The language builder.* Amsterdam: John Benjamins.

日野真樹子（2011）「フランス語口語に見られる va！の対話調整用法について」『西南学院大学大学院文学研究論集』30: 145–163.

泉邦寿（1978）『フランス語を考える 20 章』東京：白水社.

Lansari, Laure（2009）*Les périphrases verbales* aller + infinitif *et* be going to. Paris: Ophrys.

Larreya, Paul（2005）Sur les emplois de la périphrase *aller* + infinitif. In: Hava Bat-Zeev Shyldkrot et Nicole Le Querler（éds.）*Les périphrases verbales*, 337–360. Amsterdam: John Benjamins.

Leeman-Bouix, Danielle（2002）*Grammaire du verbe français.* Paris: Nathan.

Leeman, Danielle（2005）Un nouvel auxiliaire: *aller jusqu'à.* In: Hava Bat-Zeev Shyldkrot et Nicole Le Querler（éds.）*Les périphrases verbales*, 243–260. Amsterdam: John Benjamins.

森英樹（2006）「3 つの命令文：日英語の命令文と潜在型／既存型スケール」『言語研究』129: 135–160.

Novakova, Iva（2001）*Sémantique du futur.* Paris: L'Harmattan.

小川紋奈（2016）「歴史テクストにおけるフランス語の単純未来形の機能に関する研究：La Proclamation de la Commune をコーパスとして」『筑波大学フランス語・フランス文学論集』31: 25–79.

Pérez Bouza, Xosé A.（2007）Verbo catalán e verbo galego: Consideracións aspectuais. *Actas do VII Congres Internacional do Estudos Galegos*, 831–846. Asociación Internacional de Estudos Galegos.

Pérez Saldanya, Manuel（1998）*Del llatí al català: Morfosintaxi verbal històrica*. València: Universitat de València.

Schrott, Angela（2001）Le futur périphrastique et l'allure extraordinaire. *Cahiers Chronos* 8: 159–170.

瀬戸賢一（2017）『時間の言語学』東京：筑摩書房.

Sierra Soriano, Ascension（2006）Interjections issues d'un verbe de mouvement: Étude comparée français-espagnol, *Langages*, 161: 73–90.

Torres Cacoullos, Rena（2000）*Grammaticization, synchronic variation, and language contact: A study of Spanish progressive -ndo constructions*. Amsterdam: John Benjamins.

渡邊淳也（2013）「単純未来形と迂言的未来形について」『文藝言語研究 言語篇』62: 69–106. 筑波大学.

渡邊淳也（2014）『フランス語の時制とモダリティ』東京：早美出版社.

執筆者紹介 (論文掲載順・＊は編者)

早瀬尚子 (はやせ　なおこ)＊

大阪大学大学院言語文化研究科准教授。主な業績として「懸垂分詞構文を動機づける「内」の視点」(『「内」と「外」の言語学』開拓社、2009)、"The motivation for using English suspended dangling participles: A usage-based development of (inter) subjectivity" (*Usage-based approaches to language change*, John Benjamins, 2014) などがある。

天野みどり (あまの　みどり)＊

大妻女子大学文学部教授。主な業績として『文の理解と意味の創造』(笠間書院、2002)、『日本語構文の意味と類推拡張』(笠間書院、2011) などがある。

有馬道子 (ありま　みちこ)

元京都女子大学文学部教授。主な業績として『[改訂版]パースの思想—記号論と認知言語学』(岩波書店、2014)、『日英語と文化の記号論』(開拓社、2015) などがある。

三宅知宏 (みやけ　ともひろ)

大阪大学大学院文学研究科准教授。主な業績として『日本語研究のインターフェイス』(くろしお出版、2011)、「日本語学の課題—「記述」と「理論」の壁を越えて」(『ことばの科学』開拓社、2017) などがある。

益岡隆志 (ますおか　たかし)

神戸市外国語大学名誉教授。現在、関西外国語大学外国語学部教授。主な業績として『命題の文法』(くろしお出版、1987)、『日本語構文意味論』(くろしお出版、2013) などがある。

加藤重広 (かとう　しげひろ)

北海道大学大学院文学研究科教授。主な業績として『日本語修飾構造の語用論的研究』(ひつじ書房、2003)、『日本語統語特性論』(北海道大学出版会、2013) などがある。

執筆者紹介 | 247

大澤　舞（おおさわ　まい）

東邦大学薬学部准教授。主な業績として「cause 使役受身文の語用論的生起条件とその意味合い」（『英語語法文法研究』15、2008）、"On pragmatically motivated constructions"（*Tsukuba English Studies* 29, 2011）などがある。

今野弘章（こんの　ひろあき）

奈良女子大学研究院人文科学系准教授。主な業績として「イ落ち─形と意味のインターフェイスの観点から」（『言語研究』141、2012）、"The grammatical significance of private expression and its implications for the three-tier model of language use"（*English Linguistics* 32, 2015）などがある。

本多　啓（ほんだ　あきら）

神戸市外国語大学英米学科教授。主な業績として『アフォーダンスの認知意味論─生態心理学から見た文法現象』（東京大学出版会、2005）、『知覚と行為の認知言語学─「私」は自分の外にある』（開拓社、2013）などがある。

柴﨑礼士郎（しばさき　れいじろう）

明治大学総合数理学部准教授。主な業績として「現代アメリカ英語の二重コピュラ構文」（『日英語の文法化と構文化』ひつじ書房、2015）、"More thoughts on the grammaticalization of personal pronouns"（*Grammaticalization theory and data*, John Benjamins, 2014）などがある。

渡邊淳也（わたなべ　じゅんや）

筑波大学人文社会系准教授。主な業績として『フランス語の時制とモダリティ』（早美出版社、2014）、『フランス語学概論』（共著、駿河台出版社、2010）などがある。

構文の意味と拡がり

発　行	2017 年 11 月 15 日　　初版第 1 刷発行

編　者	天野みどり・早瀬尚子

発行人	岡野秀夫
発行所	株式会社　くろしお出版
	〒113-0033　東京都文京区本郷 3-21-10
	TEL: 03-5684-3389　FAX: 03-5684-4762
	URL: http://www.9640.jp　e-mail: kurosio@9640.jp
印刷所	シナノ書籍印刷株式会社
装　丁	折原カズヒロ

© Midori AMANO and Naoko HAYASE 2017　Printed in Japan

ISBN 978-4-87424-744-0　C3080

● 乱丁・落丁はおとりかえいたします。本書の無断転載・複製を禁じます。